VIENNA PHARAON

Deine FAMILIE *ist* NICHT *dein* SCHICKSAL

Befreie dich von frühen Prägungen, um unbeschwert zu leben und zu lieben

Deine FAMILIE *ist* NICHT *dein* SCHICKSAL

Befreie dich von frühen Prägungen, um unbeschwert zu leben und zu lieben

VIENNA PHARAON

YES

1. Auflage 2024

Türkenstraße 89, 80799 München
info@yes-publishing.de

Übersetzung: Max Limper
Redaktion: Caroline Kazianka
Umschlaggestaltung: Marija Džafo
Umschlagabbildung: Dedraw Studio / stock.adobe.com
Layout und Satz: inpunkt[w]o, Wilnsdorf (www.inpunktwo.de)
Druck: GGP Media GmbH, Pößneck
Printed in Germany

ISBN Print 978-3-96905-304-1
ISBN E-Book (EPUB, Mobi) 978-3-96905-305-8
ISBN E-Book (PDF) 978-3-96905-306-5

Für meine Seelenhelfer Connor, Code und Bronx.
Ihr seid das Gute auf dieser Welt.

INHALT

TEIL III
DAS VERHALTEN IN BEZIEHUNGEN VERÄNDERN

TEIL IV
DEINE SELBSTBEHAUPTUNG

VORBEMERKUNG

Ich hätte dieses Buch nicht schreiben können, wenn ich nicht die Möglichkeit gehabt hätte, mit so vielen unglaublichen Menschen zusammenzuarbeiten, die den Mut hatten, mir ihre Geschichten zu erzählen. Ich habe alle persönlichen und typischen Merkmale meiner Klienten und Klientinnen sorgfältig verschleiert. In einigen Fällen habe ich Eigenschaften mehrerer Klient:innen kombiniert und sie einer Person zugeschrieben. Doch alle Geschichten entsprechen der Wahrheit, und ich habe sehr darauf geachtet, dass die Änderungen den Kern der Geschichten nicht berühren.

Vorsichtshalber möchte ich darauf hinweisen, dass im 7. Kapitel, »Ich möchte mich sicher fühlen«, Gewalt, Selbsttötung und schwere psychische Probleme behandelt werden. Achte beim Lesen bitte darauf, wie es dir dabei geht.

Eine letzte Anmerkung noch: So sehr ich hoffe, dass du in diesem Buch Informationen findest, die dir helfen – es kann natürlich nicht alles abdecken. Veränderungen bringen für jeden Menschen ganz eigene Schwierigkeiten mit sich, und die Erkenntnisse, mit denen du konfrontiert wirst, können dich verunsichern oder in deiner Familie neue Dynamiken auslösen. Auf der Suche nach gesünderen Beziehungen kann das Gespräch mit einem Therapeuten oder einer Therapeutin durchaus hilfreich sein. Das gilt vor allem für diejenigen, die ein Trauma verarbeiten, denn da braucht es oft eine tiefergehende Arbeit. Wenn du ein Trauma oder ein komplexes Trauma erlebt hast, kannst du von der Zusammenarbeit mit auf Traumaarbeit spezialisierten Fachleuten auf jeden Fall profitieren.

EINFÜHRUNG: UNSERE HERKUNFTSFAMILIEN

Ich war fünf Jahre alt, als ein Ereignis in meiner Familie eine Wunde in mir riss, die die Entwicklung meiner Beziehungen über Jahre bestimmen sollte. Lange Zeit weigerte ich mich anzuerkennen, wie stark sich meine Vergangenheit auf mein Leben auswirkte. Ohne mein Psychologiestudium, meine beruflichen Erfahrungen mit den Auswirkungen von Traumata und meinen großen Wissensdrang in puncto Beziehungen hätte ich die Bedeutung dieses frühen Erlebnisses vielleicht nie ganz verstanden. Erst nach Jahren harter Arbeit erkannte ich all die Auswirkungen und konnte aktiv und bewusst bestimmen, wie ich in meinen Beziehungen sein wollte. Diese wertvolle Entwicklung möchte ich in diesem Buch mit dir teilen. Aber ich greife vor, lass uns am besten von vorne beginnen.

Lass uns mit meiner Kindheit beginnen.

Es war ein schöner, sonniger Tag im Sommer 1991. Ich bastelte mir gerade aus einem goldfarbenen Armreif einen trendigen Ohrring – ich war zwar erst fünf, aber in Modefragen schon weit voraus! Plötzlich hörte ich durch die geschlossene Zimmertür die laute Stimme meines Vaters. Seine Wut war mir schon immer unheimlich gewesen. Er gehörte zu den Männern, die Situationen gern dominierten, und die

Macht, die er ausstrahlte und über andere ausübte, fühlte sich bedrohlich und manipulativ an. Mir verging augenblicklich die Freude an meiner Schmuckbastelei.

»Wenn du gehst, dann komm bloß nicht wieder«, schrie er meine Mutter an.

Die Worte durchbohrten mich. Ich hatte noch nie einen solchen Zorn auf jemanden erlebt, den ich liebte, auf jemanden, den er eigentlich auch lieben müsste: *Wenn du gehst, dann komm bloß nicht wieder.*

Kurz darauf kam meine Mutter die Treppe hinaufgestürmt und befahl mir, eine Tasche zu packen. Mir blieb nicht viel Zeit, das Geschehene zu verarbeiten. Ich begriff nur, dass wir verreisen würden.

Wir holten meine Großmutter mütterlicherseits ab und fuhren an die Küste von Jersey. Wahrscheinlich habe ich dort in den Wellen gespielt, Sandburgen gebaut und meine Mutter zu überreden versucht, auf dem Heimweg noch ein Eis zu kaufen. Mir war natürlich nicht klar, dass der Heimweg diesmal ein anderer sein würde. Denn wir würden nicht nur meine Großmutter absetzen und dann weiterfahren. Wir würden dort bleiben.

Bei Oma machten wir es uns erst einmal gemütlich und erholten uns von dem Tag an der Sonne. Es dauerte nicht lange, bis das Telefon klingelte. Obwohl es damals noch keine Anruferkennung gab, war klar, wer am anderen Ende der Leitung sein würde. Mein Vater wollte meine Mutter sprechen, aber meine Oma ließ das nicht zu. Stattdessen flüchteten wir sofort ins Nachbarhaus. Keine Zeit zum Verstehen, nur zum Rennen.

Etwa zehn Minuten später fuhren mein Vater und sein Bruder, mein Onkel, in die Einfahrt meiner Oma. Wir beobachteten aus der Ferne, wie sie an die Haustür klopften, um das Haus herumgingen und versuchten, irgendeine Bewegung im Inneren zu erspähen. Da das Auto meiner Mutter vor dem Haus stand, wussten sie, dass wir nicht weit weg sein konnten. Ich kann mich noch erinnern, dass ich vorsichtig über die Fensterbank lugte, um zu sehen, was da vor sich ging. Mein Vater und mein Onkel waren zwar weit entfernt, dennoch konnte ich ihre Wut erkennen.

Einerseits wollte ich meinen Vater rufen, aber andererseits hatte ich auch Angst. Ich versteckte mich mit meiner Mutter und fühlte mich verängstigt und bedroht, gleichzeitig dachte ich: *Hier bin ich, Papa.*

Kurz darauf fuhr die Polizei bei meiner Großmutter vor. Ich spürte die Furcht in der Stimme meiner Mutter, als sie mich aufforderte, mich mit ihr im Schrank zu verstecken. *Das passiert gerade wirklich.* Sie befahl mir, keinen Mucks von mir zu geben. Dann klopfte es.

Die Nachbarin öffnete die Tür und stand zwei wütenden Männern und zwei Polizeibeamten gegenüber. Die Polizisten stellten Fragen, mein Vater und mein Onkel schrien nur Anschuldigungen. Sie wussten, dass wir im Haus waren, wurden aber nicht hereingelassen.

Ich hörte, dass die Wut immer größer wurde. *Irgendwie muss ich das doch in Ordnung bringen,* dachte ich. *Was kann ich nur tun, damit das aufhört? Ich möchte doch, dass es beiden gut geht.*

Doch es war unmöglich, beide Elternteile zufriedenzustellen. Ich konnte nicht gleichzeitig zu beiden halten. Wenn ich mich auf die Seite eines Elternteils stellte, dann musste ich den anderen kränken oder enttäuschen. Zumindest glaubte ich das damals. Ich konnte den Streit nicht beenden.

Meine Mutter und ich saßen die ganze Zeit Hand in Hand und stocksteif im Kleiderschrank.

Und obwohl mir damals noch der Begriff dafür fehlte, um es beschreiben zu können, ist in diesem Augenblick eine emotionale Wunde in mir entstanden. Ich ahnte noch nicht, wie lange mich dieser Augenblick prägen sollte.

Auch wenn meine Eltern ihr Bestes versuchten, konnten sie mich nicht vor ihrer Wut bewahren oder abschirmen. Körperlich war ich nie in Gefahr, aber das System, das für mich Familie war, war bedroht und lag in Trümmern. Das Chaos wurde zum Status quo. Ich erlebte, wie sich zwei Erwachsene Drohungen an den Kopf warfen, es gab

Manipulation, Paranoia, Gefühlsausbrüche, Missbrauch, Machtspiele und Angst. Obwohl sie sich bemühten, es vor mir zu verbergen, sah ich alles, spürte es und durchlebte es mit ihnen. Meine Welt war plötzlich keine behütete mehr. Die beiden Menschen, die mich beschützen sollten, waren so sehr in ihren Kampf verwickelt, dass sie mich eine Zeit lang aus dem Blick verloren.

Mir wurde klar, dass ich selbst dafür sorgen musste, dass sich das Gefühlt von Sicherheit wieder einstellte.

Im Bemühen, die Wogen zu glätten und die Familie zusammenzuhalten, übernahm ich die Rolle der Friedenswächterin. Eine ziemlich schwierige Rolle für eine Fünfjährige. Da ich nicht wusste, dass das nicht meine Aufgabe war, versuchte ich, sie perfekt auszufüllen. Ich wurde eine phänomenale Schauspielerin. Da ich mir sicher war, dass es meine Eltern überfordern würde, wenn es mir nicht gut ging, sagte ich nur: »Mir geht es gut«, um sie nicht noch mehr zu belasten. Weil ich es ihnen immer rechtmachen und ihnen das sagen wollte, was sie meiner Meinung nach hören wollten, teilte ich ihnen nie wirklich meine Wünsche mit, sondern bestätigte nur die ihren. Ich wurde zu einem Kind ohne eigene Bedürfnisse, gut in allem, was ich anpackte, und bemüht, die Last zu mindern und davon abzulenken, was gerade passierte.

Meine emotionale Wunde – mehr dazu auf den folgenden Seiten – blieb unversorgt, wurde immer wieder neu aufgerissen und bestimmte unbewusst mein Leben. Ich war stets auf der Hut, immer bereit zum Feuerlöschen, egal ob Anzündholz und Streichholz von meinen Eltern, meinen Freundinnen oder später dann meinen Partnern kamen. Diese unangemessene Rolle der Friedenswächterin und die ständigen Bemühungen, alles in Ordnung zu bringen, hatten langfristige Auswirkungen, die ich erst nach vielen Jahren überwinden konnte. Ich lernte, mich und meine Erfahrungen zu verbiegen, als unwichtig anzusehen, zu minimieren, zu maximieren und zu verzerren, nur um anderen zu gefallen. Diese Angewohnheit musste ich später mühsam loswerden, um authentische Beziehungen führen zu können.

Ich passte mein Verhalten so geschickt an, damit das, was meinen Eltern passiert war, mir auf keinen Fall passierte, dass ich am Ende genau das erzeugte, wovor ich Angst hatte. Meine Angst, so beherrscht zu werden, wie mein Vater meine Mutter dominiert hatte, hatte nur zur Folge, dass ich mich selbst beherrschte. Meine Sehnsucht nach Anerkennung und mein Bedürfnis, anderen zu gefallen, führten dazu, dass ich unangreifbar war, wenig authentisch und keine echten Beziehungen eingehen konnte. Ich gab mich so, als hätte ich alles im Griff, doch das machte es mir nur unmöglich, meine wahren Gefühle zu zeigen oder um die Erfüllung meiner Bedürfnisse zu bitten. Ich steckte in meinen privaten und beruflichen Beziehungen fest und wiederholte genau die Muster, die ich niemals hatte wiederholen wollen.

Als ich mit einer Therapie begann, war mir das überhaupt nicht bewusst. Meines Erachtens musste ich an der Verbesserung der Kommunikation und der Konfliktlösung in meinen Beziehungen arbeiten. Denn aus irgendeinem Grund hatte ich in allen Lebensbereichen Streit mit anderen – mit Freunden, Kolleg:innen und vor allem mit Partnern. Aber all diese Frustrationen und Konflikte führte ich nie auf den einen Vorfall in meiner Kindheit zurück. *Das habe ich überlebt,* sagte ich mir. *Ich habe den Frieden gewahrt.*

Doch tief in meinem Inneren wusste ich es besser. Das wahre Problem – das, worum es bei all den Konflikten *wirklich* ging – lag in diesem schrecklichen Tag begründet. Meine Familie und meine damals entstandene emotionale Wunde waren der Grund dafür. Und erst als ich anfing, mich selbst im Rahmen meiner Familie zu sehen, konnte ich mich endlich freimachen.

Unter diesem neuen Aspekt betrachtet ergaben mein Dasein und die Art, wie ich war, plötzlich Sinn. Eine Erfahrung, die Jahrzehnte zurücklag, hatte eine dauerhafte Wirkung auf mich ausgeübt. Ich hatte versucht, die Wunde zu ignorieren, die mein Sicherheitsgefühl erschüttert hatte, ich wollte dem daraus entstehenden Schmerz entgehen. So wurde ich zu jemandem, der möglichst unter dem Radar fliegt, um in der Familie und in jeder nachfolgenden Beziehung bloß keinen Stress zu machen.

Spoilerwarnung: Der Versuch, anderen Stress zu ersparen, verursacht nur noch mehr Stress – und Schmerz für einen selbst. Konflikte mit zusammengebissenen Zähnen durchzustehen, ohne ihre Ursache wirklich zu begreifen, hat in meinen Erwachsenenbeziehungen nicht funktioniert. Genauso wenig wie mein anderer Abwehrmechanismus: das Vorgaukeln, über allem zu stehen. Mein Versuch, Schmerz zu vermeiden und mich »sicher« zu fühlen, hatte genau den gegenteiligen Effekt. Weil ich verbarg, wie ich mich wirklich fühlte, meine Bedürfnisse nicht wahrnahm oder nicht aussprach, unterdrückte ich Konflikte, die dann an anderer Stelle wieder aufbrachen. Indem ich meinen Schmerz und meine Verletztheit nicht zuließ – und nicht einmal merkte, dass da etwas war, was Aufmerksamkeit verdiente –, versagte ich mir meine eigene Gesundung.

Dass das nicht so sein muss, ist die gute Nachricht – die ich durch harte Arbeit an mir selbst und mit Hunderten von Klient:innen in 15 Jahren als Ehe- und Familientherapeutin erfahren habe. Nur weil wir Wunden aus unserer Kindheit in uns tragen, heißt das nicht, dass wir dazu verdammt sind, die damit einhergehenden Muster zu wiederholen. Wenn wir innehalten und begreifen, woher (aus unserer Familie und Vergangenheit) diese Wunden kommen, und wenn wir dann mit Bedacht andere Entscheidungen treffen, können wir starke Heilungsprozesse in Gang setzen. Trauen wir uns, wirklich hinzusehen, kann unsere Vergangenheit sogar als Wegweiser für unsere Heilung dienen.

Ich habe im Laufe meiner Karriere mehr als 20 000 Therapiestunden mit Klient:innen abgehalten. Außerdem tausche ich mich auf Instagram regelmäßig mit über 600 000 Menschen aus. In diesem Buch erzähle ich meine eigene Geschichte und die Geschichten anderer, mit denen ich gearbeitet habe. Ihre Namen und viele ihrer speziellen

Merkmale sind verändert, um ihre Identität zu schützen. Doch ihre Geschichten sollen dir etwas widerspiegeln, sodass du dich selbst und andere wirklich erkennst. Ich möchte dir helfen, deine Vergangenheit zu erforschen, deine Wunden zu benennen, die Verbindung zwischen diesen Wunden und deinen ungesunden Verhaltensweisen herzustellen und schließlich zu lernen, wie du fortan gesunde Beziehungen in deinem Leben aufbauen und pflegen kannst.

Dieses Buch soll dich dabei unterstützen, das zu definieren, was wir im Therapeutenjargon als *Anliegen* bezeichnen, also das Problem, weswegen jemand zur Therapie kommt. Dieses Buch will dich ermutigen, den Ursprung deiner Überzeugungen, Verhaltensweisen und Denkmuster zu ergründen und zu erkennen, welche Rolle dabei deine Familie einnimmt. Von all den schädlichen und frustrierenden Mustern, in denen wir feststecken, entstehen die meisten aus Wunden, die wir in der Kindheit erlitten haben. Kannst du die urspüngliche Wunde identifizieren und die hartnäckigen, destruktiven Muster durchschauen, zu denen sie geführt hat, kommst du besser mit den Konflikten und Verhaltensweisen zurecht, die dich in der Gegenwart belasten.

Die Arbeit beginnt mit unserer Herkunftsfamilie. Hier wird der Grundstein dafür gelegt, wie wir mit anderen, mit uns selbst und mit der Welt um uns herum in Beziehung treten. Deine frühen Beziehungen – ihr Vorhandensein, ihr Nichtvorhandensein, die fehlende oder auch übertriebene Fürsorge – beeinflussen, wie du fast alles in deinem heutigen Leben siehst. Deine Herkunftsfamilie war vielleicht durchgehend funktionell, manchmal funktionell oder selten funktionell. Egal wie, sie war nicht perfekt. Du hast dich vielleicht nach Dingen gesehnt, die man dir nicht geben konnte oder wollte, du hast Schutz vor Dingen gebraucht, die man womöglich gar nicht wahrnahm, und du wolltest Dinge fühlen und erleben, die man dir vorenthielt, weil sie die eigene Art zu fühlen und zu erleben bedrohten.

Die meisten Beziehungsprobleme, mit denen Einzelpersonen oder Paare zu mir kommen, sind auf anhaltende und ungelöste Schmerzen und Traumata zurückzuführen, die aus früheren Beziehungen stammen, vor allem aus der Herkunftsfamilie. Deshalb nenne ich das, was ich mit meinen Klient:innen mache, *Herkunftsheilungsarbeit*.

Herkunftsheilungsarbeit ist eine Kombination aus systemischer Familientherapie und psychodynamischer Theorie. Sie basiert auf der systemisch-integrativen Therapie[1], einer Methode, die ich in meiner Ausbildung zur Ehe- und Familientherapeutin an der Northwestern University erlernt habe. Dabei wird untersucht, wie das Familiensystem, in dem jemand aufgewachsen ist, sein gegenwärtiges Verhalten prägt. Die Probleme, mit denen eine Person zu kämpfen hat, werden so im Kontext eines viel größeren Systems um sie herum betrachtet.

Wird diese Arbeit nicht geleistet, bleiben Schmerz und Trauma meist unbewältigt, wie wir in Teil I noch sehen werden. Egal wie sehr man der schmerzhaften Vergangenheit aus dem Weg zu gehen versucht, wie weit man wegzieht (»geografische Therapie« nennt dies die Psychologin Dr. Froma Walsh) und wie konsequent man sich von einem schädlichen Familienmitglied fernhält, wichtig ist, eine innere Ablösung zu erreichen, wenn man gesund werden will. Damit diese innere Ablösung gelingt, muss man die ursprünglichen, immer noch das Dasein bestimmenden Wunden erkennen und begreifen.

Ich habe noch keinen Menschen getroffen, der nicht irgendeine Art von emotionaler Wunde aus der Vergangenheit mitbringt. In diesem Buch lernen wir fünf davon kennen. Vielleicht erkennst du sogar mehr als eine davon in dir selbst. Vielleicht fiel es dir in deiner Kindheit schwer zu glauben, dass du Liebe verdienst. Oder du hast immer das Gefühl gehabt, nicht dazuzugehören. Womöglich hast du dich gefragt, ob du überhaupt wichtig genug bist, um beachtet zu werden. Vielleicht fiel es dir schwer, den dir am nächsten stehenden Menschen zu vertrauen, oder du hast dich körperlich oder emotional bedroht gefühlt.

Deine Herkunftswunden zu benennen ist der erste Schritt zur Heilung. In jedem Kapitel in Teil II ergründen wir die Ursprünge einer bestimmten Wunde und den erlernten destruktiven Umgang damit.

Dann folgen einige Berichte von Heilung. Anschließend führe ich dich durch deine eigene Herkunftsheilungsarbeit. Dabei durchläufst du vier Stufen: die Wunde benennen, verstehen, betrauern (ja, Gefühle können aufkommen) und dann Veränderungen vornehmen, damit sich die Muster nicht mehr wiederholen, die du in deinen Erwachsenenbeziehungen auflösen möchtest. Wenn du die destruktive Dynamik durchbrechen willst, die zwischen dir und den wichtigen Menschen in deinem Leben wirkt, solltest du diesem Heilungsprozess deine ganze Aufmerksamkeit schenken. Und nein, du kannst den Schmerz dabei nicht einfach überspringen. Wie sehr du auch möchtest, du kannst deine Herkunftswunde nicht ignorieren und einen neuen Weg suchen. Der einzige Weg führt mitten hindurch. Und ich bin hier, um dich auf deinem Weg zu begleiten.

Sobald du deine emotionale Wunde besser verstehst, erkennst du auch, wie die aus deinem Familiensystem herrührenden Verletzungen und Verhaltensmuster dein heutiges Beziehungsverhalten beeinflussen. In Teil III untersuchen wir genauer, wie du gelernt hast, zu kommunizieren, Konflikte zu bewältigen und Grenzen zu ziehen (oder nicht zu ziehen). Während du dir die Muster aus deiner Vergangenheit bewusst machst, kannst du mit meiner Unterstützung verändern, wie du kommunizierst, streitest und mit Grenzen umgehst. Du erreichst gesündere Verhaltensweisen und mehr Authentizität.

Du wirst lernen, dir immer dann, wenn du merkst, dass du nur noch reagierst oder in ein destruktives Muster verfällst, bestimmte Fragen zu stellen, damit du mit dem, was gerade passiert, anders umgehen kannst, als du es bisher getan hast. Es reicht nicht, zu wissen, warum du immer wieder dieselben Partner:innen wählst, und es reicht auch nicht, zu wissen, warum du in einer bestimmten Art reagierst. Zur Herkunftsheilungsarbeit gehört, dass du das, was du *weißt*, im Leben umsetzen kannst, und dass du das, was dir genommen wurde, mit Mitgefühl, Verständnis und Empathie für dich selbst und oft auch für andere zurückforderst. Wir haben vor, deine Vergangenheit zu heilen, aber wir werden auch die Programmierungen und Konditionierungen, die dich in der Gegenwart behindern, mit gezielten Maßnahmen durchbrechen und verändern.

Zwischendurch gibt es viele Anregungen, Übungen und geführte Meditationen, sodass du dich schon beim Lesen des Buches an die Arbeit machen kannst. Du kannst anfangen, dich von unerwünschten Mustern und Verhaltensweisen zu lösen, die deine Beziehungen und deinen Alltag sabotieren. Und du kannst konkrete Schritte unternehmen, um Heilungsprozesse anzustoßen und zu dir selbst zu finden.

Eins möchte ich noch klarstellen. Es geht in diesem Buch *nicht* darum, Eltern, Erziehungsberechtigte oder andere Erwachsene, die dir als Bezugsperson gedient haben, an den Pranger zu stellen. (Hinweis: In diesem Buch spreche ich meistens von *Eltern*, *Erziehungsberechtigten* oder *Erwachsenen*, aber damit ist immer auch jede andere Person gemeint, die in deiner Kindheit eine wichtige Bezugsperson war.) In der Arbeit mit Klient:innen zeige ich bewusst nicht mit dem Finger auf die Eltern oder gebe ihnen die Schuld. Meine Arbeit sieht immer den Zusammenhang und fordert, wenn es möglich ist, auch Erbarmen und Mitgefühl. Wir dürfen schließlich nicht vergessen, dass auch unsere Erziehungsberechtigten einen komplexen Hintergrund aus unperfekten Familiensystemen und Herkunftsgeschichten haben, in denen die Wurzeln ihres Verhaltens liegen.

Doch auch wenn wir bei unserer Arbeit andere nicht verdammen, darf das nicht dazu führen, dass wir schädigendes Verhalten entschuldigen. Wir blicken auf unsere Erfahrungen, um sie anzuerkennen und zu benennen, ohne sie zu verharmlosen oder abzuwerten. Unsere Familie hat wahrscheinlich nach bestem Wissen und Gewissen gehandelt, aber vielleicht trotzdem nicht alles richtig gemacht. Schädliche Erfahrungen wegzuerklären erleichtert die Arbeit nicht, die wir leisten müssen.

Natürlich sind deine Geschichten anders als meine und die von deinen Nächsten. Vielleicht hast du viel mehr traumatische Erlebnisse gehabt als die meisten Menschen in deinem Umfeld. Oder du bist dankbar dafür, dass deine Geschichte nicht so schlimm ist. Wo auch immer du dich in diesem Spektrum siehst, deine Geschichte verdient deine behutsame und gezielte Aufmerksamkeit.

Deine Aufgabe ist es, den Einfluss deiner Herkunftsfamilie zu benennen, anzunehmen, zu spüren und zu erkennen. Das dadurch gewonnene Bewusstsein und Verständnis kannst du als Leitfaden nutzen, um gesunde, dauerhafte Veränderungen in deinem Leben zu erwirken. Damit bist du nicht eines Tages einfach fertig. Du wirst immer mehr über dich, deinen Partner und deine Familie lernen. Du wirst immer wieder auf neue Reaktionen stoßen, egal in welchem Alter. Du wirst Trauer spüren, die deine Aufmerksamkeit erfordert. Und du wirst wahrscheinlich oft deinem verletzten inneren Kind begegnen, das sich nach deiner Anerkennung, deinem Beistand, deiner Trauer und deiner Anwesenheit sehnt.

Herkunftsheilungsarbeit ist nicht nur das, was ich tagtäglich mit meinen Klient:innen mache, sondern auch mein ganz persönlicher Weg vorwärts. Sie ermöglicht Veränderung (dauerhafte, tiefe Veränderung), befreit aus Sackgassen und erlaubt den Zugriff auf Erinnerungen und Wahrheiten, die galten, bevor der Schmerz und die Traumata der Herkunftsfamilie auf dich übertragen wurden.

Ich glaube nicht, dass es nur einen richtigen Weg gibt. Wahrscheinlich gibt es so viele Wege, wie Menschen auf dieser Erde leben. Aber eines weiß ich: Als ich anfing, meine Vergangenheit im Zusammenhang mit meiner Familie zu erkunden, ergab mein Dasein und die Art, wie ich war, auf einmal Sinn, und ich konnte den Versuch der Heilung annehmen.

Statt immer wieder Partner zu wählen, die die Wunden aus meiner Kindheit aufrissen, entschied ich mich nun für einen Partner, der bereit war, die Ärmel hochzukrempeln und mich bei meiner schweren Arbeit zu unterstützen. Das Bild, das ich bis dahin von Liebesbeziehungen gehabt hatte, begann aufzuweichen.

- Statt immer gut drauf zu sein, lernte ich, meine Verletzlichkeit zu zeigen – und zu merken, wer es verdient, mein wahres, verletzliches Ich zu sehen.

- Statt die Friedenswärterin zu spielen und zu versuchen, es allen rechtzumachen, begann ich, auf mich selbst zu achten – auch wenn ich andere damit enttäuschte.

- Statt andere dazu zu drängen, sich zu ändern, einen anderen Weg einzuschlagen oder das Leid zu erkennen, in dem sie lebten, nahm ich ihr Wesen als gegeben an – und änderte die Art und Weise, wie ich mit ihnen umging.

- Und statt immer alles zu bestimmen, lernte ich, darauf zu vertrauen, dass jemand mich führen kann, ohne mich auszunutzen.

Unsere Herkunftsgeschichten sind unglaublich komplex und manchmal furchtbar schmerzhaft. Die Trennung meiner Eltern wurde im November 1991 offiziell, und meine Mutter und ich zogen im Mai 1992 aus. Damit begann ein neunjähriger Scheidungsprozess, damals der längste in der Geschichte von New Jersey. Ich musste viel Angst und Trauer verarbeiten, auch wenn sich die Beziehung zwischen meinen Eltern stark verändert hat und ihr Umgang heute freundschaftlich ist. Ich habe Jahre damit verbracht, die Botschaften, die ich in dieser Zeit erhalten habe, hervorzuholen und wieder loszuwerden. Viele meiner Fähigkeiten als Therapeutin lassen sich direkt auf meine über Jahre ausgeübte Rolle als Beschwichtigerin und Vermittlerin zwischen meinen Eltern zurückführen. Wie meine liebe Freundin und Kollegin Dr. Alexandra Solomon sagt: »Unsere Wunden und unsere Gaben sind direkte Nachbarn.« Was für ein schönes Bild dafür, dass einige unserer größten Gaben gerade aus dem Schmerz hervorgehen, den wir erlitten haben.

Und doch kann alles gut werden. Eine enge Beziehung zur eigenen Herkunftsgeschichten zu haben, hilft nicht nur dabei, sich selbst oder die eigene Familie besser kennenzulernen oder die Vergangenheit aufzuarbeiten. Eine solche enge Beziehung bietet auch Gelegenheit zur Heilung – für einen selbst, für die Vorfahren und ebenso für die Nachfahren. Die Familientherapeutin und Autorin Terry Real sagt: »Familiäre Dysfunktion überträgt sich von einer Generation zur nächsten, wie ein Waldbrand, der alles auf seinem Weg mitreißt, bis in einer Generation jemand den Mut hat, sich umzudrehen und sich den Flammen zu stellen. Diese Person bringt Frieden für ihre Vorfahren und entlastet ihre Nachfahren.« Stellst du dich den Flammen?

Es spielt keine Rolle, ob du schon seit Jahrzehnten in Therapie bist oder ob Therapie nichts für dich ist. Es ist auch egal, ob du schon einmal systemisch gearbeitet hast oder das erste Mal damit in Berührung kommst. Es ist ebenfalls irrelevant, ob du viele Kindheitserinnerungen hast oder kaum welche. Manchmal verschwindet eine Erinnerung an ein Ereignis, weil der Schmerz so groß war, aber fühlen kannst du es immer noch. Was zählt, ist deine Offenheit, deine Bereitschaft, nachzuforschen, nachzuspüren und hinzusehen, auch wenn etwas schwer zu akzeptieren oder zu erkennen ist. Es ist wichtig, dass du bei der Arbeit mit diesem Buch gut auf dich aufpasst und dich zwischendurch fragst, ob du weitermachen willst oder einen Moment innehalten musst.

Wie du dieses Buch nutzt, bleibt dir überlassen. Es gibt kein richtig oder falsch. Du kannst die Kapitel mit deinem Therapeuten durcharbeiten oder alles selbst lesen und das reflektieren, was dabei hochkommt. Oder du gehst es gemeinsam mit deiner Partnerin, einem Familienmitglied oder einem Freund durch und nutzt den Text als Gesprächsgrundlage.

Welchen Weg du auch einschlägst, du liest dieses Buch, weil du etwas suchst. Weil du etwas in dir trägst, das deine Aufmerksamkeit braucht. Du liest es, weil du erschöpft bist von der Last, die du trägst, von den zermürbenden Mustern, in denen du festhängst, und von dem Frust darüber, dass deine Hoffnung auf Veränderung immer wieder enttäuscht wird. Ich sehe dich, ich höre dich, ich habe das alles auch schon erlebt und ich freue mich darauf, dir bei dieser schweren Arbeit zur Seite zu stehen.

Die Erkundung deiner Herkunftsgeschichten ist ein mutiger und entscheidender Schritt in deinem Heilungsprozess. Lass uns anfangen!

TEIL I
UNSERE WURZELN

1

DEINE VERGANGENHEIT IST DEINE GEGENWART

Auf dem Brief, den sie mir geschickt hatte, standen nicht viele Informationen. Nur ihr Name, ihr Alter und ein paar Zeilen darüber, was sie gerne besprechen würde.

> *Natasha Harris, 38*
>
> *Ich muss herausfinden, ob mein Partner wirklich der ist, mit dem ich mein Leben verbringen kann. Ich habe schon seit Längerem Bedenken, aber jetzt kann ich die Sache irgendwie nicht mehr ignorieren. Können Sie mir helfen?*

Therapie war für Natasha etwas Neues. Freundinnen hatten sie dazu überredet, endlich mit jemandem zu sprechen – mit mir. Auf unsere erste Sitzung blickte sie mit Vorfreude und Angst.

»Ich hab's echt nötig«, sagte sie. »Danke, dass du dir Zeit für mich nimmst. Ich schiebe das schon so lange vor mir her und spüre, dass ich das nicht mehr kann. Außerdem haben meine Freundinnen es satt, dass ich mich immer bei ihnen beklage.« Sie lachte nervös.

Ich lächelte.

»Natürlich wird es irgendwann langweilig, wenn man immer wieder dieselbe alte Leier hört. Ich beschwere mich, seit sie mich kennen.«

»Wie lange kennen sie dich schon?«, fragte ich.

»Wir sind seit der Jugendzeit befreundet. Wir kennen uns schon ewig. Sie sind seit über 30 Jahren meine Freundinnen.«

Die Klagen, die ihre Freundinnen nicht mehr hören wollten, betrafen nicht nur ihren jetzigen Partner. Die gleichen Beschwerden hatte sie über fast jeden Partner geäußert, seit sie ernsthafte Beziehungen eingegangen war.

»Kannst du mir sagen, was sie von dir zu hören bekommen?«, fragte ich.

»Na ja, eigentlich, dass es eher so ein Gefühl ist, ein Gefühl, dass etwas nicht stimmt. Sie finden, dass ich nur *darauf warte*, dass etwas nicht gut läuft, verstehst du? Als würde ich versuchen, etwas Gutes zu zerstören. Ich weiß nicht. Vielleicht lasse ich tatsächlich Menschen, die gut für mich sind, nicht an mich heran. Das sagen zumindest alle, also stimmt es womöglich.«

Ich merkte, wie es Natasha ging. In ihre Einschätzung von sich selbst waren eindeutig schon all die Äußerungen und Botschaften der anderen eingeflossen. Es war schwer für sie zu erkennen, was sie wirklich fühlte, und anzunehmen, was sie wusste, und sich darüber klar zu werden, was für sie die Wahrheit war.

»Klingt so, als wüssten deine Freundinnen genau, wie du dich in Beziehungen verhältst. Aber ich möchte gerne erfahren, wie du deinen Partner und eure Beziehung einschätzt.«

»Okay, klar. Clyde ist ein toller Mann. Er ist klug, attraktiv, interessant, erfolgreich und so nett und fürsorglich. Wenn man ihn sieht, gibt es nichts auszusetzen. Alle halten ihn für einen Glücksgriff und glauben, dass ich endlich den richtigen Mann gefunden habe.«

Ich unterbrach sie. »Hältst *du* Clyde denn für einen Glücksgriff?« Ich versuchte, sie wieder auf ihre eigene Einschätzung zurückzubringen.

»Auf jeden Fall. Er ist ein wunderbarer Partner für mich. Er ist ein toller Mann und ich kann mich wirklich nicht beschweren. Ich glaube nur, dass irgendwas nicht gut ist oder nicht gut sein wird. Vielleicht übersehe ich ja was, weißt du? Was ist, wenn irgendwann die Bombe platzt?«

»Ist denn in früheren Beziehungen schon mal eine Bombe geplatzt?«

Meine plötzliche Abkehr von Clyde schien sie zu überraschen.

»Ich glaube nicht, nein«, antwortete sie.

»Ist in deiner Familie mal irgendeine Bombe geplatzt?«, fuhr ich fort.

Sie hielt inne und schaute mich verwirrt an. »Ich glaube wirklich nicht, dass das was mit meiner Familie zu tun hat. Warum kommen Therapeuten immer darauf zu sprechen? Ehrlich gesagt, war meine Kindheit echt toll. Da gibt es nicht viel zu erforschen. Ich möchte lieber herausfinden, was mit Clyde los ist.«

In Momenten wie diesen muss ich innerlich immer – liebevoll! – schmunzeln und denke an Brené Browns TEDx-Talk »The Power of Vulnerability«, in dem sie erzählt, wie sie ihrer Therapeutin in der ersten Sitzung eine Grenze setzte: »Keine Familienangelegenheiten, kein Kindheitsscheiß, ich brauche nur Lösungen.«[2]

Spoilerwarnung: Dieser Ansatz hat bei Brené nicht funktioniert, und er wird auch bei dir nicht funktionieren. Denn ob du es nun zugeben willst oder nicht, die »Familienangelegenheiten« und der »Kindheitsscheiß« sind eben die Wurzel von allem.

Ich weiß, ich weiß, das ist womöglich nicht das, was du hören wolltest. Du magst sogar beteuern, dass das, was vor so langer Zeit geschehen ist, dich heute überhaupt nicht mehr betrifft. Schließlich bist du gewachsen und hast dich weiterentwickelt. Vielleicht hast du sogar verziehen. Kaum vorstellbar, dass Dinge, die Jahrzehnte zurückliegen, immer noch dein Leben und deinen Alltag bestimmen.

Doch eines ist ganz sicher: Deine Vergangenheit erzeugt Muster, die dein heutiges Leben beeinflussen.

Selbst wenn du dich weiterentwickelt hast, in vielerlei Hinsicht gewachsen oder auch nicht mehr derselbe Mensch bist wie früher, bist du immer noch ein Glied in einer die Generationen verbindenden Kette.[3]

Und ob du dir dessen bewusst bist oder nicht, das übergeordnete Familiensystem wirkt im Großen wie im Kleinen auf Bereiche deines Lebens. Ziemlich sicher beeinflusst deine Vergangenheit dein Leben, und wenn du dir dessen nicht bewusst bist, leidest du wahrscheinlich darunter.

Glaub mir, die Vergangenheit ist unerbittlich. Je mehr du dich von ihr abwendest, desto mehr verfolgt sie dich und verlangt nach deiner Aufmerksamkeit. Hast du dich schon mal gefragt, warum du immer wieder wegen der gleichen Dinge in Streit gerätst? Warum du jedes Mal ähnliche Partner wählst? Warum du in einer bestimmten Art reagierst, obwohl du es doch anders machen willst? Oder warum dir die kritische Stimme in deinem Kopf ständig dieselben Vorwürfe macht? Das ist deine Vergangenheit, die nach Aufmerksamkeit ruft. Dieser »Kindheitsscheiß« bestimmt dein gegenwärtiges Leben so sehr, dass sich eine nähere Untersuchung wirklich lohnt.

Mit ihrem Wunsch, sich nicht mit ihrer Kindheit zu beschäftigen, hat Natasha tatsächlich einiges über sich verraten. Für mich ist schnell klar geworden, dass es noch ein bisschen dauern würde, bis sie und ich diese Erkundungsreise gemeinsam beginnen konnten. Sie war noch nicht so weit, und das war okay. Aber das Spannende war, dass diese Reise in die Geschichte ihrer Familie unweigerlich wichtige Verbindungen zwischen ihrer Vergangenheit und ihrer Gegenwart aufdecken würde. Natasha würde einen Zusammenhang zwischen ihrer Herkunftsfamilie und den Fragen feststellen, die sich in ihrem heutigen Leben stellten. Wenn sie dranbliebe, würde sie bald merken, dass das, was sie mit Clyde erlebte, nicht so einfach und klar war, wie sie vielleicht glaubte.

Natasha ist da keine Ausnahme. Wie die meisten meiner Klient:innen wollte sie über das Anliegen sprechen, dessentwegen sie zur Therapie gekommen war: ob sie in ihrer Beziehung bleiben sollte oder nicht. Ein zu tiefer Blick in ihre Vergangenheit – auf ihre Familiendynamik, ihre Programmierung und Konditionierung, ihre Erfahrungen aus früheren Jahrzehnten – erschien ihr weder relevant noch nützlich oder bedeutend. Da eine Verlobung anstand (Clyde suchte bereits Verlobungsringe aus), erschien es ihr als Zeitverschwendung, sich mit irgendetwas anderem als dieser einen Beziehung zu beschäftigen. Bei Clyde bleiben oder ihn verlassen – das war die Entscheidung, die ihr Probleme bereitete.

Aus ihrer Sicht ergab das natürlich Sinn. Die meisten Menschen fragen sich lieber, wo sie hinwollen, als woher sie gekommen sind. Was Natasha da noch nicht wusste, war, dass sie durch die *ausschließliche* Beschäftigung mit Clyde keinerlei Klarheit finden würde. Im Rahmen unserer gemeinsamen Arbeit in den nächsten Monaten ergründete Natasha nicht nur ihre Kindheit und ihre früheren Beziehungen, sondern erfuhr auch einiges über ihre Eltern und ihre Schwester. Mit der Zeit ergab vieles einen Sinn – sowohl in Bezug auf Clyde als auch in Bezug auf andere Probleme, mit denen sie sich seit Jahren herumgeschlagen hatte.

Es lohnt sich, die eigene Herkunftsfamilie zu untersuchen, aber es ist nicht immer einfach. Auf den folgenden Seiten werden wir dies gemeinsam angehen. Denn wenn wir uns der Muster, nach denen wir handeln, nicht bewusst werden, wiederholen wir sie zwangsläufig auf vorhersehbare und oft destruktive Art und Weise. So wie Natasha.

Wie viele andere glaubte Natasha vor ihrer Therapie, dass ihre Kindheit gut war. Die Ehe ihrer Eltern war intakt, und sie wuchs in einem liebevollen Familiensystem auf. »Es gibt nichts, worüber ich mich beschweren könnte. Ich hatte eine schöne Kindheit und käme mir albern vor, wenn ich hier und da was kritisieren würde, vor allem, weil viele andere es viel schwerer hatten als ich.«

Natasha verfiel hier sowohl der Idealisierung als auch dem, was ich »Wundenvergleich« nenne. Sie gestattete sich nicht, nur auf ihre Geschichte zu schauen, weil »andere es viel schwerer hatten«. Andere in ihrem Umkreis, um genau zu sein. Eine Freundin von ihr war von ihrem Vater misshandelt worden. Eine andere Freundin hatte mit 13 ihre Mutter verloren. Und bei einer weiteren Freundin hatte der Bruder das ganze Vermögen der Familie verspielt.

»Das sind echte Probleme. Das sind echte Dramen, echter Schmerz und echte Traumata«, sagte sie. Ihr Schmerz war nicht vergleichbar mit dem von Bekannten und anderen Menschen. Sie fand nicht, dass sie ein Recht auf ihre Gefühle hatte.

Mir fiel auf, wie oft sie das Wort »echt« benutzte. Was ich zwischen den Zeilen hörte, war: *Dass ich Schmerz und Trauma erlebt habe, ist nicht so offensichtlich. Können Außenstehende das trotzdem anerkennen, auch wenn es nicht so deutlich ist? Kann ich selbst das annehmen? Hat mein Schmerz da einen Platz?*

Denn Natasha hatte Schmerz in ihrer Vergangenheit erlebt – das hörte ich aus ihrer Stimme heraus und aus Kleinigkeiten in den Geschichten, die sie mir erzählte. Aber solange sie diesen Schmerz nicht für erwähnenswert hielt, konnten wir ihn nicht gemeinsam angehen.

Der Wundenvergleich dient als Ablenkung, egal, ob man ihn minimierend oder maximierend einsetzt. Man lenkt damit die Aufmerksamkeit von sich selbst ab – von der eigenen Geschichte, der eigenen Verletzlichkeit und letztlich vom eigenen Heilungsprozess.

Es kommt auch häufig vor, dass man wie Natasha die eigene Vergangenheit idealisiert. Das ist ein Versuch, sich zu schützen. Solange man die eigene Familie weiterhin durch eine positive Brille sehen kann, muss man sich nicht mit dem negativen Gefühl auseinandersetzen, der Familie gegenüber illoyal zu sein oder die erhaltene Fürsorge und Liebe nicht zu schätzen. Und wenn die Vergangenheit dann doch nicht so behütet war, wie man sich erinnern möchte, kann man einen großen Verlust spüren wegen dem, was war oder eben nicht war, und man hat Angst davor, in welchem Licht sich Gegenwart und Zukunft zeigen.

Das ist ein Paradoxon, mit dem viele zu kämpfen haben: einerseits kritisch über die Herkunftsfamilie nachzudenken und gleichzeitig die Liebe und Anstrengung zu würdigen, die es dort gab. Es ist schwierig, zwei widersprüchliche Ideen gleichzeitig im Kopf zu behalten. Aber wenn man die eigene Herkunftsgeschichte, den Schmerz und das Trauma nicht in den Blick nehmen kann, wenn man merkt, dass man das Erlebte kleiner oder größer macht, als es war, wenn man es weiterhin idealisiert oder durch Erklärungen wegschiebt, dann läuft man Gefahr, im eigenen Leben nur Zuschauer:in zu sein.

Natasha musste erst aufhören zu vergleichen und ihrem Schmerz ohne Ablenkung einen Platz geben. Sie musste sich ihre wahre Geschichte eingestehen. Und sie musste endlich die Rolle erkennen, die sie in ihrer Familie übernommen hatte.

Deine Rolle in der Herkunftsfamilie

Kinder sind unglaublich aufmerksam. Sie beobachten, fühlen und spüren ständig, was um sie herum passiert. Sie achten sehr genau auf den emotionalen Zustand anderer und umarmen oder küssen Eltern oder Geschwister oft, wenn sie glauben, dass sie traurig oder zornig sind. Es ist wirklich bemerkenswert zu sehen, dass Kinder einfach erkennen, was viele Erwachsene übersehen. Ihre Intuition ist noch intakt, und sie werden nicht durch ständige Ablenkungen behindert. Sie sind präsent und auf ihre Umgebung eingestimmt. Sie haben noch nicht gelernt, ihren Schmerz oder den Schmerz anderer mit Ausreden oder Verharmlosungen zu überdecken. Sie scheuen sich auch nicht, den Schmerz, den sie bei anderen wahrnehmen, zu benennen. Und wie die meisten von uns wollen sie oft instinktiv alle Probleme lösen, die sie sehen.

Diese unglaubliche Sensibilität für Schmerz und der Drang, ihn zu lindern, führen oft dazu, dass ein Kind in der Familie eine wichtige Rolle übernimmt, indem es zum Beispiel emotionale Unterstützung leistet oder als Bezugsperson für ein jüngeres Geschwisterkind einspringt. Vielleicht versucht es, die Eltern von belastenden Ereignissen abzulenken, oder möchte den Eltern Last abnehmen. Gibt es beispielsweise ein Geschwisterkind mit Behinderung, bemerkt das Kind den Stress und die Erschöpfung der Eltern und beschließt deshalb, selbst die Rolle des pflegeleichten Kindes zu übernehmen, des Kindes, das sich um sich selbst kümmert und alles tut, um das schwierige Familienleben nicht noch mehr zu belasten. Ein aufmerksames Kind erkennt, was gebraucht wird, und schlüpft dann in eine Rolle, von der es glaubt, dass sie ihm oder seiner Familie Schutz bietet.

Und jetzt kommt das Tückische: Was ist mit der Rolle, die du vor langer Zeit übernommen hast? Sie beeinflusst womöglich auch heute noch dein Agieren und Reagieren. Sie ist eine der Hauptursachen dafür, dass deine Vergangenheit noch immer Einfluss auf dich hat. Womöglich achtest du unbewusst bei der Auswahl deiner Partner, Freunde oder sogar Arbeitsstellen darauf, dass du dich genau in der Rolle wiederfindest, die du nur zu gut kennst. Wenn du in der Familie der Perfektionist warst, behältst du deine perfektionistischen Tendenzen vielleicht auch in deinen Erwachsenenbeziehungen bei. Wenn du dich um einen Elternteil oder um deine Geschwister gekümmert hast, spürst du womöglich immer noch den Drang, dich um die Bedürfnisse aller anderen zu kümmern. Warst du das verlorene Kind, das unsichtbare, das sich klein und still gemacht hat und fällt es dir heute noch schwer, deine Meinung zu vertreten? Warst du der Familienclown und siehst es weiterhin als deine Aufgabe an, andere aufzuheitern? Es gibt aber auch eine subtilere Art und Weise, eine Kindheitsrolle mit ins weitere Leben zu nehmen, nämlich indem man die Rolle ablehnt, in der man als Kind steckte. Wenn man als Vertraute oder emotionale Stütze eines Elternteils gedient hat, hat man später vielleicht Probleme mit emotionaler Zuwendung und Intimität in einer Partnerschaft. Denn jedes Anzeichen für emotionale Bedürfnisse eines Partners oder einer Freundin weckt die Erinnerung daran, wie anstrengend es war, als Kind eine Bezugsperson zu sein. Da verschließt man sich lieber jeglicher Bindung, vermeidet Nähe und Verletzlichkeit.

Die Rolle, die du übernommen hast, war früher womöglich wichtig, um deine Familie am Laufen zu halten. Aber heute wird sie eventuell gar nicht mehr gebraucht. Es könnte sogar sein, dass ausgerechnet diese Rolle, die du übernommen hast, dich von deinem Heilungsprozess abhält. Sie hindert dich daran, eine tiefere Verwundung zu entdecken, zu benennen und zu bewältigen. Und so verhindert sie auch Bindung und Nähe in deiner Partnerschaft.

Das fanden wir heraus, als ich mit Natasha über ihr Zögern nachdachte, sich fester an ihren liebevollen Partner Clyde zu binden.

Über Wochen beharrte Natasha weiterhin darauf, eine glückliche Kindheit verlebt zu haben. In mehreren Sitzungen hatte ich sie nach ihrer Angst davor gefragt, dass sich in ihrer Beziehung plötzlich etwas Negatives erweisen könnte, dass Clyde eines Tages etwas von sich preisgeben könnte, das er bisher verheimlicht hatte. Auf meine Fragen, wann es in ihrer Familie oder in früheren Beziehungen je so eine unangenehme Überraschung gegeben hatte, bekam ich keine Antwort. Aber als ich Natasha fragte, ob sie selbst jemals etwas verheimlicht hatte, öffnete sich eine Tür.

Sie erzählte, dass sie mit 15 Jahren einmal zufällig eine E-Mail auf dem Rechner ihres Vaters entdeckt hatte. Sie hatte Probleme mit ihrem eigenen Computer und musste dringend etwas für die Schule fertigstellen. Daher hatte sie ihren Vater gefragt, ob sie seinen Rechner benutzen durfte, und er hatte zugestimmt.

»Er wusste wohl nicht mehr, dass die Mail noch geöffnet war«, sagte sie, während ihr Tränen in die Augen stiegen.

»Da war ein ganzer Mail-Austausch. Er stand direkt vor meinen Augen. Ich habe jede Mail der beiden gelesen. Jede einzelne. Ich konnte einfach nicht wegschauen. Das ergab für mich keinen Sinn. Eine Frau, nicht meine Mutter, schrieb meinem Vater, wie sehr sie ihn liebte, wie toll das Wochenende gewesen war und dass sie es nicht erwarten konnte, mit ihm ihr Leben zu verbringen. Und mein Vater erwiderte genau dasselbe. Das lief schon seit Jahren so. Seit Jahren. Und niemand wusste es. Als mein Vater hereinkam, starrte ich ihn mit Tränen in den Augen an und fing dann an zu weinen. Meine Mutter war in dieser Woche geschäftlich verreist, und meine Schwester war beim Basketballtraining. Er sah mich an und sagte: ›Bitte erzähl deiner Mutter nichts davon. Ich verspreche dir, ich mache Schluss.‹ Wir haben nie wieder darüber gesprochen, und ich habe es meiner Mutter nie erzählt. Er beendete die Affäre tatsächlich – ich schaute regelmäßig in seine Mails und Handynachrichten, um mich davon zu überzeugen. Und er ließ das zu. Ich glaube, wir haben so unausgesprochen dafür gesorgt, dass unsere ›Vereinbarung‹ eingehalten wurde.«

Sie hielt inne und schüttelte den Kopf. Während sie mir das erzählt hatte, hatte sie auf den Boden geschaut. Jetzt hob sie ihren Blick und sah mir in die Augen.

»Was für eine schwere Bürde«, sagte ich. »Und dieses Geheimnis hast du über zwei Jahrzehnte lang für dich behalten. Ich kann mir den Schmerz, die Verwirrung und die Fragen, die du dir gestellt hast, kaum vorstellen.«

Natasha hatte das Geheimnis bewahrt und ihre Rolle großartig gespielt. Sie hatte das Geheimnis so tief verborgen, auch vor sich selbst, dass es fast in Vergessenheit geraten war. Sie hatte es so weit weggeschoben, dass ihre Familie weitermachen konnte wie zuvor: fröhlich, zugewandt, liebevoll – als ob alles in Ordnung wäre.

Kein Wunder, dass sie glaubte, ihre Kindheit sei gut gewesen. Natashas Rolle als Geheimnisträgerin hatte alles überdeckt und alle vor dem dahinter verborgenen Schmerz und der Traurigkeit bewahrt. Aber gerade weil Natasha ihre Rolle so erfolgreich ausgefüllt hatte, hielt die Vergangenheit sie umso fester im Griff und hinderte sie daran, für sich einen guten Weg zu finden.

Authentizität oder Bindung

Als du ein Kind warst, gab es wahrscheinlich viele, viele Momente, in denen du gebeten oder ermutigt wurdest, ein bisschen mehr von diesem und ein bisschen weniger von jenem zu sein, um Liebe, Zuwendung, Wertschätzung, Sicherheit oder Bestätigung von deinen Eltern und Bezugspersonen zu bekommen. Vielleicht hast du von deinen Eltern Botschaften erhalten, die sie für harmlos hielten, die dich aber in

Wirklichkeit dazu brachten, weniger von dem zu sein, was du wirklich warst. Und rate mal, was du als Kind getan hast? Wahrscheinlich hast du dich darauf eingelassen. Willst du wissen, warum? Weil du auf Bindung programmiert bist. Weil Bindung für dein Überleben notwendig ist. Und weil dein Bedürfnis, geliebt, geschätzt, ausgewählt, beschützt, bevorzugt und sicher zu sein, alles andere übertrifft.

Aber genauso wichtig wie dein Bedürfnis nach Bindung ist auch dein Bedürfnis nach Authentizität. Authentisch zu sein bedeutet, so sein und fühlen zu dürfen, wie es einem entspricht. Es heißt, sich selbst und denjenigen gegenüber, die einem wichtig sind, vollständig offen zu sein. Authentizität ist der Kern unserer Existenz. Ohne sie findet ein innerer Tod statt. Authentizität und Bindung sind beides starke Bedürfnisse. Doch wie der Trauma- und Suchtexperte Dr. Gabor Maté sagt: »Wenn Authentizität die Bindung bedroht, übertrumpft die Bindung die Authentizität.«[4] Schlimm eigentlich, dass viele von uns ein existenzielles Bedürfnis über das andere stellen müssen: *Um mit dir verbunden zu bleiben, muss ich mich von mir selbst trennen. Oder: Um mir selbst treu zu bleiben, muss ich mich von dir lossagen.* Es ist auch furchtbar, dass so viele Kinder, auch du, immer wieder diese Entscheidung treffen mussten und müssen.

Als Kinder stellen wir Bindung über Authentizität, denn Bindung ist die wichtigere Lebensgrundlage. Perfekte Noten machen Papa glücklich. Wenn du leise bist, ist Mama weniger gereizt. Nimmst du ab, bekommst du Zuwendung. Geht es dir gut, sind deine Eltern weniger gestresst. Benimmst du dich, hört Papa auf, deiner Schwester wehzutun. Stimmst du zu, bleibt der Frieden erhalten. Hilfst du Mama, ist sie weniger traurig. Du hast gelernt, dich anzupassen, damit deine Eltern dich nicht verlassen, ablehnen, hassen, kritisieren, verurteilen oder verleugnen. Und als Erwachsene machen wir leider damit weiter. Aber nur, weil wir darauf konditioniert sind. Weil wir gelernt haben, dass wir lediglich dann wertgeschätzt und beachtet werden, dazugehören, Vertrauen und Sicherheit bekommen, wenn wir uns so verändern, wie es andere erwarten.

Irgendwo in deiner Vergangenheit gibt es im Zusammenhang mit Bindung und Authentizität einen Punkt, an dem du dich erstmals auf einen wiederkehrenden Selbstbetrug eingelassen hast. An dem du bereit warst, dein wahres Ich um der Bindung willen aufzugeben. An dem du dich verändert hast, um zu bekommen, was du zu brauchen geglaubt hast.

Lass das einen Moment lang sacken. Dir wurde beigebracht, dass du das, wonach du dich am meisten sehnst, nur bekommst, wenn du jemand anderes bist als du selbst. *Wenn ich so werde, wie du mich brauchst, bekomme ich garantiert Liebe, Zuwendung, Anerkennung, Sicherheit und Bestätigung.* Das ist eine Form des Selbstschutzes, und du hast dein Bestes gegeben, um dich anzupassen. Aber ein erfolgreicher Gestaltwandler zu werden, ist nicht wirklich ein Sieg. Es bringt dir nicht das, was du dir wünschst. Selbst wenn du Anerkennung für deine gute Noten, deinen Hattrick oder deine Selbstbeherrschung bekommst, weißt du tief in deinem Inneren, was los ist. Du durchschaust dein Umfeld und misstraust ihm, weil es Verstellung belohnt. Kein Wunder, dass wir so zu unsicheren Erwachsenen werden, die an sich selbst und anderen zweifeln. Und kein Wunder, dass es dann so schwer ist, authentisch zu sein und darauf zu vertrauen, dass man dennoch geliebt, beachtet, respektiert und wertgeschätzt wird.

Natashas Geschichte ist ein gutes Beispiel dafür. Sie war eine außergewöhnlich gute Gestaltwandlerin. Sie hat den Schmerz über die Untreue ihres Vaters nicht zugelassen, damit ihre Familie weiterbestehen konnte. Doch schlechtere Siege gibt es kaum. Sie trug diese schwere Last so lange mit sich herum, dass sie nicht mehr wusste, wie sie mit ihrem Schmerz, ihrer Traurigkeit und ihrem Verlust umgehen sollte. Sie hat ihr authentisches Selbst gegen die Bindung an ihren Vater eingetauscht, der sein Geheimnis bewahren wollte, und gegen die Bindung an ihre Mutter, die unwissend gehalten wurde. Dieser Tausch kostete sie ihre Freiheit, ihre Resilienz und ihre Fähigkeit, mit den normalen Höhen und Tiefen einer Beziehung zurechtzukommen und mit ihrem Partner einen positiven Weg zu beschreiten. Natasha sah ihrem eigenen Leben zu und ließ es geschehen, dass die ungelösten Probleme der Vergangenheit ihre Lebensgeschichte bestimmten und ein gesundes Beziehungsleben beeinträchtigten.

Die Vergangenheit ist der Schlüssel zur Gegenwart – und zur Zukunft

Ich weiß, es ist verlockend, das Ziel im Blick zu haben, nach vorne zu schauen. Trotzdem muss ich dich bitten, rückwärts zu blicken. Die Vergangenheit, die Familie, all das spielt eine Rolle ... eine wichtige Rolle. Wenn du deine Beziehung zu dir selbst und anderen heilen willst, musst du deine Herkunftsgeschichten verstehen. Deine ungeheilte und unbewältigte Vergangenheit bestimmt dein heutiges Leben, aber das muss nicht so bleiben.

Altlasten, Familiengeheimnisse, Ängste und Unsicherheiten werden in der Generationenkette weitergegeben. Manche Dinge werden offen angeboten und bewusst übernommen, etwa lieb gewonnene Feiertagsrituale, Familienmantras oder das Taco-Essen jeden Dienstagabend. Aber andere Dinge, die weitergegeben werden, sind ungesund und gefährlich. Etwa wenn eine Frau das Gewicht ihrer Tochter kritisiert, so wie ihre Mutter es ihr gegenüber getan hat. Oder wenn ein Vater wenig Verständnis dafür zeigt, dass seine Kinder seine unrealistischen Erwartungen nicht erfüllen, obwohl er seinen eigenen Vater für dessen Unverständnis und starre Regeln gehasst hat. Wenn aus Angst vor dem Urteil des sozialen Umfelds nicht über eine Affäre gesprochen werden darf oder wenn der Tod eines kleinen Kindes nie ganz akzeptiert und betrauert wird.

Als Natasha die E-Mails ihres Vaters fand, hinterließ diese Erfahrung bei ihr nicht nur Zweifel an anderen, sondern auch an sich selbst. Obwohl sie sich dessen nicht bewusst war, lebte Natasha ihr Leben fortan mit Misstrauen. Sie wusste nicht, was sie glauben durfte und was nicht. Sie fühlte sich zu »guten« Menschen hingezogen, zu ungefährlichen

Menschen, die sie als ehrlich, freundlich, aufmerksam und rücksichtsvoll beschrieb. Aber egal wie verlässlich sie waren, Natasha rechnete immer damit, dass irgendetwas schiefging. Sie zog daraus die Konsequenz, Beziehungen vorzeitig zu beenden, um nicht negativ überrascht zu werden, so wie sie es Jahrzehnte zuvor mit ihrem Vater erlebt hatte.

Das war Natasha nicht klar. Sie hatte noch nie jemandem davon erzählt, wie sie die Untreue ihres Vaters entdeckt hatte. Das war tief in ihrem Inneren verschlossen, bis sie es mir gegenüber aussprach. In den nächsten Wochen begriff Natasha, dass ihre Zweifel an Clyde und ihre Sorge, dass irgendetwas passieren würde, die Folgen der gewaltigen Verletzung waren, die sie durch ihren Vater erfahren hatte. Das Vermeiden und Verschweigen, das ihr Vater ihr unterschwellig abverlangte, hielt sie gefangen, und das fortgesetzte Vermeiden und Verschweigen, das sie in ihrem Leben betrieb, ließ sie außergewöhnliche Partner wählen, von denen sie erwartete, dass sie sie letztlich irgendwann enttäuschen würden. Erst als wir tief in die Herkunftsheilungsarbeit eingedrungen waren, konnte sie sich von ihrer Vergangenheit befreien und ein besseres Verhalten und einen gesünderen Weg finden.

Viele Menschen – vielleicht auch du – müssen sich erst einmal mit der Tatsache abfinden, dass die wichtige Erforschung der eigenen Ursprünge nicht immer einfach ist. Der Gedanke, auf die eigene Kindheit zurückzublicken, kann verunsichern. Denn die Angst, etwas Unangenehmes aufzudecken, kann einen davon abhalten. Die Frage, ob man mit den Enthüllungen auch gut umgehen kann, kann einem Sorge bereiten. Und es mag so scheinen, als würde das alles nur von den wichtigen Problemen ablenken, die auf der Hand liegen.

Tatsache ist, dass die meisten von uns lieber warten, bis sie in einer Krise stecken. Und aus meiner beruflichen Erfahrung weiß ich, dass Paare und Einzelpersonen in der Regel länger warten, als sie sollten, bevor sie Unterstützung suchen.

Unabhängig davon, ob du eine Beziehung führst oder nicht, spürst du vielleicht, dass du mit dir selbst verhandelst und nach einem einfacheren Ausweg suchst.

Ich müsste das doch irgendwie selbst regeln können.

Wenn ich zur Therapie gehe, wird bestimmt noch mehr Schlimmes aufgedeckt.

Meine Familie hat ihr Bestes getan, und ich will niemanden hassen, weil ich unnötig alte Sachen ausgrabe.

Aber was ist, wenn genau dieses Graben in deiner Herkunftsgeschichte die Lösungen und Antworten bringt, nach denen du die ganze Zeit gesucht hast?

2
DIE WUNDE BENENNEN

Jeden Tag kommt jemand wie Natasha zum ersten Mal in die Therapie und möchte über aktuelle Probleme sprechen. Ich habe schon Hunderte von Erstgesprächen mit Einzelpersonen, Paaren und Familien geführt, und die Aussagen klingen oft ähnlich: *Wir streiten uns ständig über das Gleiche und finden nie eine Lösung. Wir finden sexuell nicht mehr zueinander. Es macht mich fertig, nicht zu wissen, wie es weitergehen und was ich tun soll. Ich muss endlich aufhören, von meiner Mutter zu verlangen, dass sie mich versteht.*

Die meisten Menschen wollen so schnell wie möglich eine Lösung. Sie wollen rasch von Punkt A (Not) zu Punkt B (Erlösung) gelangen. *Wie schaffen wir es, nicht mehr so zu streiten? Hilfst du uns, eine Lösung zu finden?* Oder noch besser: *Kannst du uns nicht einfach sagen, wer recht und wer unrecht hat?* Natürlich können wir Regeln und Richtlinien aufstellen, wie wir besser streiten, wie wir in hitzigen Momenten freundlich bleiben, wie wir Dankbarkeit ausdrücken und wie wir in Bezug auf den Abwasch, die Schwiegereltern oder das Geldausgeben auch mal den Blickwinkel unseres Gegenübers einnehmen. Und vielleicht verschafft uns die Therapiesitzung ein Gefühl der Erleichterung, als ob echte Fortschritte gemacht worden wären.

Aber lass mich dir verraten, was fast immer als Nächstes passiert. Dasselbe Paar kommt in der nächsten Woche wieder und erzählt eine

Geschichte, die der letzten ziemlich ähnlich ist. Die junge Frau, die eigentlich kein Verständnis von ihrer Mutter mehr einfordern wollte, hat mit ihr gesprochen, und es ist wieder schiefgelaufen. Das Paar, das neue Arten der Intimität ausprobieren wollte, ist immer verzweifelter, weil alle Versuche scheitern.

Damit du dich nicht auch in diesen Wiederholungen verlierst, möchte ich dir an dieser Stelle eine einfache, aber wichtige Tatsache verraten. Vielleicht ahnst du aufgrund des bereits Gelesenen schon, worauf ich hinauswill, aber falls noch Unklarheiten bestehen, ist dies der richtige Zeitpunkt, um mögliche Missverständnisse auszuräumen.

Und darum geht es: *Unter der Oberfläche brodelt mit Sicherheit viel mehr als das Problem, das du in der Therapie besprechen willst.*

Wenn du eine dauerhafte, tiefgreifende Veränderung erreichen willst, musst du verstehen, was hinter dem Problem steckt. Du musst dich deinen Herkunftsgeschichten und dem ungelösten Schmerz aus deiner Familie widmen, damit du in der Gegenwart eine Chance auf Besserung und Linderung bekommst. Wenn du das, was dich gerade beschäftigt, nicht einfach hinter dir lassen kannst, dann gibt es dafür einen Grund. Herkunftsheilungsarbeit erfordert, dass wir unsere Familiengeschichte erforschen, die schmerzenden Stellen entdecken oder bestimmen und das bisher Unbenannte in Worte fassen.

Deine Ursprünge

Wo fangen wir also an? Wir beginnen dort, wo *du* beginnst. Vielleicht nicht ganz am Anfang, aber wir spulen ziemlich weit zurück. Du wirst gleich etwas über deine Ursprünge erfahren.

Starten wir mit deiner Herkunftsfamilie. Das ist das Familiensystem, in dem du aufgewachsen bist und zu dessen Mitgliedern du eine emotionale Bindung hattest und vielleicht immer noch hast. Ich verwende im Folgenden die Begriffe »Herkunftsfamilie« und »Familiensystem« gleichbedeutend. Die Menschen in deiner Herkunftsfamilie haben den

Grundstein für deine Überzeugungen, deine Werte und deine Identität gelegt, egal ob sie mit dir blutsverwandt sind oder nicht. Sie haben dir grundsätzliche Dinge von Liebe über Konfliktbewältigung bis zum Umgang mit Kritik beigebracht. Deine Herkunftsfamilie bestimmt, wie du bist, wie du mit anderen umgehst und was du von Beziehungen erwartest. Vielleicht hast du nur eine Familie, aber wenn es bei dir so ist wie bei mir – mit geschiedenen Eltern und jeweils unterschiedlichen Familien– hast du eventuell zwei. Womöglich sogar noch mehr.

Für viele sind Eltern und Geschwister die wichtigsten Bezugspersonen. Für andere gehören zur Herkunftsfamilie auch die Großeltern, die Stiefeltern und Stiefgeschwister, Adoptiv- oder Pflegefamilienmitglieder oder eine Tante oder ein Onkel, die im Haushalt leben. Ich hatte Klient:innen, die mehr Zeit mit Kindermädchen verbracht haben als mit ihren eigenen Verwandten, und andere, die nach der Schule bei den Nachbarn blieben, bis ihre Eltern spätabends von der Arbeit zurückkamen. All diese Personen sind Teil der Herkunftsfamilie.

Bist du in mehreren Familiensystemen aufgewachsen, solltest du dir jedes einzeln ansehen. Zu mehreren Familien zu gehören und sich in ihnen zurechtzufinden, ist keine leichte Aufgabe. Jede Familie hat dich auf ihre eigene Weise geprägt. Vielleicht hast du in jeder Familie unterschiedliche Botschaften über Arbeitsmoral, den Wert von Bildung oder richtiges Benehmen erhalten. Oder du musstest dich in jedem Elternhaus an andere Regeln halten: Wie viel Fernsehen war erlaubt, wann musstest du ins Bett, was durftest du essen oder welche Aufgaben waren zu erledigen? Unter Umständen hast du auch verschiedene Lebenseinstellungen erlernt, wenn sich die Familien im sozioökonomischen Status oder in der Konfession unterschieden.

Was ebenfalls verschieden gewesen sein kann, ist, wo du Schmerz, Trauer, Leichtigkeit oder Freude erfahren hast. Womöglich hast du dich in einer Familie wertgeschätzt gefühlt und in der anderen nicht. Oder du hast in einem Zuhause Sicherheit und im anderen Bedrohung gespürt. Eventuell hast du dich bei einem Elternteil ernst genommen gefühlt und beim anderen nicht. Sich in mehreren Herkunftsfamilien zurechtzufinden, ist meist schwierig. Aber die Unterschiede festzumachen, ist ein wichtiger Punkt, bevor es mit der eigentlichen Arbeit losgeht, damit du daran denkst, an mehreren Stellen nach deinen Herkunftsgeschichten zu suchen, nicht nur in deinem ersten Zuhause.

Die Herkunftsgeschichte ist die Geschichte all der Dinge, die zum ersten Mal passiert sind. Das erste Mal, dass dir etwas beigebracht wurde, das erste Mal, dass du etwas beobachtet und erlebt hast, das erste Mal, dass dir etwas erzählt wurde, was dich geprägt hat, und – für unsere Arbeit ganz wichtig – das erste Mal, dass du eine emotionale Wunde erlitten hast. Und auch wenn jedes einzelne erste Mal wichtig ist, hinterlässt das erste Mal, dass etwas zutiefst Schmerzhaftes oder Lebensveränderndes passiert ist oder dass dir eine Veränderung abverlangt wurde, einen besonders tiefen Eindruck – auch wenn die eigentliche Erinnerung an das Geschehene schon lange verschüttet ist.

Ich möchte noch anmerken, dass man zwar in der Herkunftsfamilie die ersten Erfahrungen mit Dingen wie Liebe, Kommunikation und Grenzen macht, aber Herkunftsgeschichten nicht immer in der Familie entstehen. Sie haben nicht einmal unbedingt ihren Ursprung in der Kindheit! Es gibt prägende Herkunftsgeschichten und Einflüsse aus der Gesellschaft, den Medien, der Religion, von Lehrern und Lehrerinnen und aus vergangenen Liebesbeziehungen. Diese Geschichten können in den Teenagerjahren, im frühen Erwachsenenalter oder erst vor Kurzem entstanden sein – immer dann, wenn man etwas zum ersten Mal erlebt. Herkunftsgeschichten sind oft – aber nicht immer – Kindheitsgeschichten. Wir schreiben die Geschichte unseres Lebens ständig weiter und ständig neu.

Du denkst wahrscheinlich, dass du das meiste doch kennst – natürlich, denn nur du hast ja dein Leben gelebt. Aber jedes Mal, wenn ich zurückschaue und zurückreise, lerne ich etwas Neues über mich. Ich sehe mich jedes Mal aus einem neuen Blickwinkel, und dir wird es gewiss auch so gehen. Lass uns also mit einer Reihe von Fragen loslegen, die dir den Einstieg erleichtern sollen.

Fragen zur Herkunft: der Einstieg

Wenn ich die Arbeit mit einer neuen Klientin beginne, muss ich wissen, wie sie aufgewachsen ist. Ich möchte etwas über ihre Herkunftsfamilie, ihre Beziehungsdynamik (früher und heute), die Eigenschaften der einzelnen Familienmitglieder, die Erfahrungen und Beobachtungen, die sie in ihrer Kindheit gemacht hat, und vieles mehr erfahren. Bei diesen Nachforschungen finden wir auch heraus, was sie als Kind wollte, brauchte und nicht bekam. Ich weiß, das ist nicht einfach, aber es ist wichtig, um heutige Befindlichkeiten zu verstehen.

Vielleicht werden dir in diesem Prozess Eigenschaften oder Merkmale deiner Familienmitglieder bewusst, an die du schon lange nicht mehr gedacht hast. Oder dir fällt wieder ein, wie sich euer Familienleben nach einem bestimmten Ereignis verändert hat oder wie bestimmte Verhaltensweisen und Überzeugungen von Generation zu Generation weitergegeben wurden. Es ist wichtig, dass du dich mit diesen Aspekten des Systems vertraut machst. So erlangst du mehr Überblick über deine Herkunftsfamilie, über deine Beziehungen zu ihren Mitgliedern und über ihre Beziehungen zueinander. Dann kannst du anfangen, Muster zu erkennen.

Am besten machst du dir Notizen, während du dieses Buch liest und die Übungen durcharbeitest. Schreib alles auf, was dich besonders berührt. Halt deine Antworten auf die vielen Fragen fest, die ich dir zwischendurch stelle. Und achte gut auf dich, wenn du anfängst nachzubohren.

Natürlich variieren die Fragen, die ich stelle, von Klient zu Klientin, aber einige sind immer dabei:

- Welche Personen haben dich beim Aufwachsen begleitet?
- Wie sind die Erwachsenen miteinander umgegangen?
- Auf welche Weise haben sie einander Liebe gezeigt?
- Beschreib mir deinen Vater: Wie war er als Mensch und welche Bedeutung hatte er für dich? Was hast du an ihm bewundert, kritisiert, was hast du gemocht und was nicht?

- Beschreib mir deine Mutter: Wie war sie als Mensch und welche Bedeutung hatte sie für dich? Was hast du an ihr bewundert, kritisiert, was hast du gemocht und was nicht?
- Wenn du Stiefeltern oder andere wichtige Bezugspersonen in deinem Leben hattest, dann stell dir zu ihnen bitte dieselben Fragen.
- Gab es Ereignisse, die die Art und Weise, wie die Erwachsenen miteinander oder mit dir umgegangen sind, verändert haben? Wenn ja, dann schreib auf, welches Ereignis was genau verändert hat.
- Hatte irgendjemand in deiner Familie mit psychischen Problemen zu kämpfen?
- Wurden diese Probleme behandelt, und wenn ja, wie?
- Gab es in deiner Familie Untreue, Verrat, große Veränderungen, Verlust oder Tod?
- Wie hat sich das auf die Familie ausgewirkt?
- Gibt es etwas an dir, was dein Vater hätte verstehen sollen? Gibt es etwas an dir, was deine Mutter hätte verstehen sollen?
- Wenn sie diese Sache verstanden hätten, was wäre dann in deiner Beziehung zu ihnen anders gewesen?
- Wonach hast du dich als Kind gesehnt?
- Falls du Geschwister hast, dann beschreib deine Beziehung zu jedem von ihnen.
- Wenn du deinem Vater eine Sache sagen könntest, ohne dass das Konsequenzen hätte, was würdest du ihm sagen?
- Wenn du deiner Mutter eine Sache sagen könntest, ohne dass das Konsequenzen hätte, was würdest du ihr sagen?
- Was ist deine schönste Erinnerung aus der Kindheit?
- Welche Erinnerung aus der Kindheit ist am schmerzhaftesten?

Die Beantwortung dieser Fragen erfordert Zeit, Neugier, Offenheit, Mut und die Bereitschaft, verletzt zu werden. Aber wenn du ehrlich vorgehst, erhältst du selbst wertvolle Einsichten und kannst vergangene sowie gegenwärtige Erfahrungen in ihrem Kontext sehen.

Die Wunde freilegen

Wenn du in deine Erinnerungen eintauchst, stößt du wahrscheinlich auf schwierige Momente, die Gefühle in dir erzeugen. Das ist völlig normal. Herkunftsarbeit setzt voraus, dass du deine emotionale Wunde erkennst und benennst, dass du den unverheilten, stets schwärenden Schmerz aus der Vergangenheit in deinem Leben annimmst. Diese Wunde zu identifizieren und in Worte zu fassen, ist einer der wichtigsten Schritte im Heilungsprozess.

Wenn ich das Wort *Wunde* höre, denke ich immer zuerst an eine körperliche Wunde. Erinnerst du dich daran, wie du dir als Kind das Knie oder den Ellbogen aufgeschürft hast? Deine Eltern haben die Wunde gesäubert, ein Pflaster daraufgeklebt und dir gesagt, dass du immer wieder Luft an die Wunde lassen sollst, damit sie heilt. Irgendwann hat sich ein Schorf gebildet. Aber dann hast du dich an der Tischkante gestoßen oder du hast den Schorf abgezupft (wie Kinder es gern tun), und es fing wieder an zu bluten. Die Wunde ist neu aufgerissen und du hast den körperlichen Schmerz wie beim ersten Mal erlebt.

Bei emotionalen Wunden verhält es sich ähnlich. Sie entstehen, weil du eine schmerzhafte Erfahrung gemacht hast, die dich auf emotionaler und seelischer Ebene geprägt hat. Auch wenn man nichts von der Wunde sieht, wirkt sie dauerhaft und tief nach. Diese emotionalen Wunden werden genau wie die körperlichen im Laufe des Lebens immer wieder neu aufgerissen.

Doch anders als körperliche Wunden, die ohne besonderes Zutun verheilen, heilen emotionale Wunden, die nicht behandelt werden, nicht von selbst. Leider heilt die Zeit eben *nicht* alle Wunden. Manche werden dadurch vielleicht schwächer und erträglicher, aber tiefe emotionale Verletzungen brauchen deine Zuwendung, deine Aufmerksamkeit, deine Gefühle und deine Anstrengung. Du musst dich um sie kümmern. Wunden verschwinden nicht, sie verblassen nur.

Deshalb kannst du auch nicht einfach wegschauen. Die Suche nach deinen emotionalen Wunden soll nicht in eine wilde Jagd ausarten, sondern dich zur Quelle deines Schmerzes führen. Und weil bei so vielen Menschen emotionale Verletzungen ihren Ursprung im Familiensystem haben, beginnen wir genau dort mit der Suche.

Dein größter Wunsch

Ich möchte unsere gemeinsame Arbeit mit einer der wichtigsten Fragen beginnen, die mir je ein Therapeut gestellt hat, einer Frage, die mir im Gedächtnis geblieben ist: Was hast du dir als Kind am meisten gewünscht und nicht bekommen?

Moment. Lies nicht weiter, sondern nimm dir einen Moment Zeit, um die Frage zu beantworten. Ich weiß, dass sie viele Gefühle auslösen kann. Und ich weiß, dass es eine Menge Mut und Offenheit erfordert, sich mit dieser Frage auseinanderzusetzen und sie ehrlich zu beantworten. Aber in deiner Antwort stecken einige wichtige Informationen.

Was du dir in deinem Familiensystem am meisten gewünscht, aber nicht bekommen hast, war wahrscheinlich etwas, was du wirklich hättest gebrauchen können. Vielleicht wolltest du dich wertgeschätzt fühlen, auch wenn du keine Einsen nach Hause gebracht hast. Oder du wolltest dazugehören und dich in all deiner Andersartigkeit akzeptiert und geliebt fühlen. Wolltest du die Aufmerksamkeit, die dir zugestanden hätte? Wolltest du darauf vertrauen, dass die Erwachsenen ehrlich zu dir sind und dir nichts verheimlichen? Oder hast du dir in einem Zuhause, das dir oft Angst gemacht hat, Geborgenheit gewünscht?

Wenn solche Bedürfnisse nicht erfüllt werden, entsteht eine Wunde.

Mit anderen Worten: Vielleicht hast du eine Würdigkeitswunde, eine Zugehörigkeitswunde, eine Aufmerksamkeitswunde, eine Vertrauenswunde oder eine Sicherheitswunde. Auf all diese Dinge gehen wir in Teil II noch genauer ein. Im Moment musst du nur wissen, dass dadurch, dass du nicht das bekommen hast, was du am meisten wolltest und was du wirklich gebraucht hättest, ein Schmerz entstanden ist, der untersucht werden muss.

Das soll keine Aufforderung sein, überall nur nach dem Schlechten zu suchen. Deine Eltern haben sich vielleicht sehr um dich gekümmert, aber sie konnten deine emotionalen Bedürfnisse einfach nicht erfüllen. Du musst auch nichts Schreckliches erlebt haben, um eine Wunde zu haben. Wichtig ist, dass du das Erlebte anerkennst, ohne es zu verfälschen, zu verdrehen oder durch Erklärungen wegzuschieben. Es geht darum, unerfüllte Bedürfnisse zu benennen und zu begreifen, welche Teile deines Selbst Aufmerksamkeit brauchen. Wenn dir das gelingt, erkennst du deine Wunden.

Denk noch einmal an Natasha, die das Geheimnis ihres Vaters für sich behielt, um den Frieden in ihrer Familie zu wahren, und der es nicht gelang, ihren eigenen Schmerz anzuerkennen. Sie hat die Entdeckung der Seitensprung-Mails verdrängt, um die Beziehung ihrer Eltern zu retten. Egal, ob sie es sich eingestanden hat oder nicht, Natashas Bild von ihrem Vater – ihre Vorstellung von ihm und der Ehe ihrer Eltern – brach im Moment der Entdeckung entzwei. Sie hatte fest daran geglaubt, dass ihre Eltern glücklich waren und sich liebten. Sie war auch überzeugt, dass ihr Vater ein guter, ehrlicher Mann war. Er war jeden Abend um sechs Uhr zu Hause und verbrachte gern Zeit mit seiner Frau und seinen Kindern. Er war liebevoll zu seiner Frau und schien zufrieden mit seiner Familie.

Natasha konnte das, was sie bisher erlebt und erfahren hatte, was sie für wahr hielt, nicht mit dem Mann in Einklang bringen, der seit Jahren eine Affäre hatte. Ihr Familienleben, ihre schönen Erinnerungen – all das war infrage gestellt. Sie war belogen und betrogen worden, so wie auch ihre Mutter und ihre Schwester belogen und betrogen worden waren. In einem Augenblick änderte sich die Beziehung zu ihrem Vater grundlegend und ebenso die zu ihrer Mutter und ihrer Schwester.

Ihre Vertrauenswunde war entstanden.

In den Monaten, nachdem Natasha ihre Wunde und ihren größten Kindheitswunsch entdeckt hatte, erforschten wir gemeinsam ihre Kindheit, diesen einen Bruch und seine anhaltenden Auswirkungen. Als sie ihre Vertrauenswunde beim Namen nannte und sich eingestand, dass das, was sie sich als Kind am meisten gewünscht hatte, Vertrauen war und dass sie stattdessen betrogen worden war, offenbarte sich ein ganz neuer Teil von ihr, der, wie sie nun wusste, ihre Aufmerksamkeit brauchte. Und zum ersten Mal zeigte sich ihr die Möglichkeit der Heilung.

Was ich mir als Kind am meisten gewünscht habe, war die Zuversicht, dass es für mich auch dann einen Platz gibt, wenn es mir nicht gut geht. Ich hätte gern gespürt und darauf vertrauen können, dass ich mich nicht verstellen muss, dass es Raum für meine Schwierigkeiten und meinen Schmerz gibt und dass ich kein ausgeglichenes Kind sein muss, das vorgibt, alles im Griff zu haben. Diese Signale hätte ich mir von meinen Eltern gewünscht. Ich wollte von ihnen gesehen und verstanden werden, und zwar so, wie ich war, und nicht so, wie ich vorgab zu sein. Ich wünschte mir, dass sie hinter meine Fassade blicken. Dass *sie* die Verantwortung für ihre Gefühle und ihre Bewältigung übernehmen, damit ich nicht dachte, dies tun zu müssen. Ich wollte nicht immer nur überlegen, was ich sagen sollte, um sie nicht zu verärgern oder ihre Gefühle zu verletzen. *Das* war es, was ich mir gewünscht hätte.

So, und jetzt bist du dran.

Vielleicht weißt du ja genau, was du als Kind – oder in einer wichtigen Erwachsenenbeziehung – wolltest und nicht bekommen hast. Womöglich ist es für dich so offensichtlich, dass du gar nicht viel darüber nachdenken musst. Aber wenn die Antwort nicht so klar ist, solltest du dir ein bisschen Zeit nehmen und überlegen, was es gewesen sein könnte, das du gebraucht hättest und nicht bekommen hast. Wir können die Frage auch anders stellen: Wenn du in deiner Kindheit etwas verändern könntest, was wäre es?

Fällt dir etwas ein? Gut. Wenn nicht, ist das auch okay. Vertrau einfach darauf, dass alles irgendwann erkennbar wird.

Wie wir unsere Wunden verdecken

Therapeuten auf der ganzen Welt fragen gern danach, was jemanden an etwas hindert. Statt zu überlegen, warum du etwas tust oder nicht, ist die Frage, was dich davon abhält, etwas zu tun oder es nicht zu tun, wichtig. Was ist dein Hinderungsgrund?

Beim Benennen und Betrachten von Wunden gilt die gleiche Frage: Was hält dich davon ab, deine Wunde zu sehen? Tatsächlich ist es oft so, dass wir verschiedene Methoden entwickeln, um unsere Wunde nicht zu sehen, zu begreifen oder zu verarbeiten. Manchmal tun wir das bewusst und manchmal nicht.

Verstecken

Eine der Methoden, um unsere Wunden zu verdecken, ist das Verstecken – etwas, was ich sehr gut konnte. Nicht erstaunlich, denn verstecken konnte ich mich schon als Kind bestens – mit meiner Mutter in einem Schrank. Aber die Fähigkeit wurde in meinen Teenagerjahren und Anfang 20 immer ausgeprägter. Ich habe *alles* an mir versteckt, was verletzlich war. Wenn Partner etwas machten, was ich nicht mochte, tat ich so, als wäre es in Ordnung. Nutzten Freundinnen mich aus, gab ich vor, es sei mir egal. Ich behauptete immer, dass alles gut sei, obwohl es in Wirklichkeit überhaupt nicht gut war.

Ich war so gut darin, mich zu verstecken, dass niemand erkannt hat, wie ängstlich und unsicher ich tatsächlich war.

Verstecken ist eine gute Methode, um die Außenwelt etwas glauben zu lassen, was der Innenwelt gar nicht entspricht. Aber wenn man Verletzungen, Schmerz, Ängste und Unsicherheit vor anderen verbirgt, existiert man nicht authentisch in der Welt. So wie meine Klientin Aazam, die aufgrund einer Sicherheitswunde unter Depressionen leidet. Manchmal schafft sie es kaum, den Tag zu überstehen, aber anstatt ihrem Freundeskreis mitzuteilen, dass sie gerade eine schwierige

Phase durchmacht, bleibt sie am Wochenende einfach zu Hause und isoliert sich. Warum? Damit ihre Bekannten sie nicht für langweilig oder kaputt halten und sie fallen lassen. Oder Dom, der mit einer Würdigkeitswunde zu kämpfen hat und sich so sehr für sein Elternhaus schämt, dass er noch nie eine Partnerin zu seinen Eltern mitgenommen hat, aus Angst davor, was sie darüber denken könnte. Wenn man sich versteckt, fühlt man sich vielleicht kurzfristig sicher, man ist aber in wichtigen Beziehungen nie ganz ehrlich.

VERMEIDEN

Eine andere Art des Selbstschutzes ist das Vermeiden. Man vermeidet Schmerzen, indem man versucht, nicht an die Wunde zu kommen. Man errichtet so viel Distanz wie möglich zu der Wunde. Vielleicht fürchtet man sich vor Ablehnung oder Nähe, und anstatt sich der Wunde zu stellen, trifft man sich lieber mit niemandem. Oder man bittet nicht um eine Beförderung, weil man Angst hat zu versagen. Wird die Wunde nie berührt oder auch nur angeschaut, muss man sich nicht damit auseinandersetzen. Davor schützt das Vermeiden.

DARSTELLEN

Manche von uns verdecken ihre Wunden dadurch, dass sie ständig etwas darstellen. Diese Menschen können eine tolle Show abziehen. So kann jemand wie ein Perfektionist wirken und den Anschein erwecken, ein großartig organisiertes Leben zu führen. Das schützt davor, sich Ängsten, Zweifeln und Unsicherheiten stellen zu müssen. Wer erfolgreich ist, muss sich nicht mit dem Schmerz auseinandersetzen. So war es auch bei Jennie, die eine 90-Stunden-Woche ableistete, um Chefin und Kollegen zu beeindrucken. Es funktionierte – ihre Show war herausragend. Aber irgendwann fühlte sich die berufliche Anerkennung nicht mehr so erfüllend an wie früher. Jahrelang war ihre Leistung im Job Gradmesser für ihren Erfolg.

Denn solange sie in der Arbeit erfolgreich war, musste sie sich nie minderwertig oder ungenügend fühlen – Gefühle, die sie seit ihrer Kindheit begleiteten.

GEFALLEN

Wir überdecken unsere Wunden auch, indem wir versuchen, jemand zu werden, der bei anderen immer ankommt. Wer anderen gefallen will, gibt sich alle Mühe, niemanden zu enttäuschen, und arbeitet unermüdlich daran, diese Rolle aufrechtzuerhalten. Rob, ein Mann, der in seinem Bekanntenkreis allseits beliebt ist, erzählte mir, dass er zu jeder Veranstaltung seines Umfelds erscheint. Er lehnt nie eine Einladung ab, kommt immer als Erster und geht als Letzter. Rob möchte stets Anerkennung bekommen, denn wenn er gemocht wird, muss er sich nicht mit dem Gefühl auseinandersetzen, in der Kindheit nicht gemocht oder gewollt worden zu sein.

Sich verletzlich zu zeigen, ist ein angsteinflößendes Wagnis voller Tücken. Aber es ist ein Wagnis, das wir eingehen, um uns aus der Erstarrung zu befreien. Wunden verheilen nicht, wenn man sie vor sich selbst versteckt; sie verheilen nicht, wenn man sich den eigenen Schmerz nicht eingesteht.

Und deine Wunden verheilen nicht, wenn du weiterhin vor anderen etwas darzustellen oder ihnen zu gefallen versuchst, um dich von deinen Verletzungen abzulenken. Denk einen Moment darüber nach.

Du kannst dein Leben nicht verändern, wenn du deinen Schmerz verdrängst. Du wirst nicht anders leben können, wenn du das beiseiteschiebst, was eigentlich deine Aufmerksamkeit braucht. Tust du das, steckst du fest. Ich habe volles Verständnis dafür, dass du vielleicht noch nicht *so weit bist* (deinen Schmerz anderen zu zeigen oder dich selbst ganz zu spüren). Aber versuch, beim Lesen dieses Buches ein wenig Raum für deine Gefühle zu schaffen. Wir sind hier unter uns. Du musst es niemandem verraten, wenn du nicht willst.

Das Verdecken hat seinen Preis

Wir decken unsere Wunden zu, weil es schwerfällt, sie direkt anzuschauen. Sie lösen Gefühle in uns aus und verweisen auf Vergangenes, das Schmerz und Schaden gebracht hat. Es ist einfacher weiterzumachen, als *genau* hinzuschauen. Wenn wir einfach weitermachen könnten, ohne uns mit der Wunde zu beschäftigen, würden das wahrscheinlich alle tun.

Aber einfach weitermachen funktioniert nicht. Und weißt du, warum?

Weil Wunden nicht verschwinden. Sie nehmen nicht weniger Raum ein, nur weil man sich von ihnen abwendet. Sie verheilen nicht von selbst, weil man sie ignoriert oder verdrängt.

Sie bleiben bestehen, weil sie behandelt werden wollen.

Versuchst du, eine Wunde zuzudecken, wird sie sich auf irgendeine Weise bemerkbar machen. Womöglich hat sie dies bereits getan, aber du hast es gar nicht wirklich mitbekommen. Das passiert wahrscheinlich häufiger, als du denkst. Eventuell wollte deine Wunde letzte Woche oder letzten Monat deine Aufmerksamkeit, aber du wusstest einfach nicht, worauf du achten solltest.

Vielleicht hast du festgestellt, dass du unbewusst wie ein Elternteil von dir agiert hast, etwa indem du deinen Partner so kritisiert hast, wie deine Mutter das gegenüber deinem Vater gemacht hat, oder indem du deine Partnerin so angebrüllt hast, wie du das von deinen Eltern kennst. Oder versuchst du im Gegenteil nur ja nicht so zu handeln wie deine Eltern und ihre Muster auf keinen Fall zu wiederholen? Das kann durchaus ein gesunder Impuls sein, aber er führt dazu, dass du von Angst getriebene Entscheidungen triffst – beispielsweise die Entscheidung, Konflikte um jeden Preis zu vermeiden.

Kommt dir irgendetwas davon bekannt vor? Wahrscheinlich kennst du solche Verhaltensweisen aus deinen Freundschaften, aus dem Arbeitsleben oder deinen aktuellen oder früheren Liebesbeziehungen (keine Sorge, du bist nicht die oder der Einzige, dem das so geht). Egal ob bewusst oder unbewusst, solche Verhaltensweisen sind gute Indikatoren dafür, dass eine emotionale Wunde aus der Vergangenheit deine Aufmerksamkeit sucht.

ÜBERREAKTION

Überreaktionen sind besonders deutliche Indikatoren dafür, dass eine Wunde existiert. Wenn du sehr stark auf etwas reagierst, ist dies ein Alarmsignal. Dein inneres Selbst weiß *irgendetwas* über das, was gerade passiert, und deine Reaktion signalisiert dir, dass dir die Situation nicht geheuer ist, dass du dich unwohl oder bedroht fühlst oder dass du in Gefahr bist.

Manchmal ist die Überreaktion darauf zurückzuführen, dass du tief im Inneren etwas Bekanntes erkennst. Dein Partner schaut auf sein Handy, während du ihm etwas Schwieriges mitteilst, und schon bist du wütend. Seine Abgelenktheit erinnert dich an deine Eltern, die dir in deiner Kindheit keine Aufmerksamkeit geschenkt haben. Eine Freundin sagt dir zum dritten Mal ab, und du beschimpfst sie. Ihre Unzuverlässigkeit lässt dich daran denken, dass deine Eltern ihre Versprechungen nie eingehalten haben.

Wir alle kennen das. Als ich die Mitglieder meiner Instagram-Community fragte, was sie überreagieren lässt, gab es Hunderte von Beiträgen. Einige der Antworten waren: wenn ich kritisiert werde; wenn ich abgewiesen werde; wenn ich beschuldigt werde; wenn jemand Verantwortung verweigert; wenn es heißt, ich sei zu sensibel; wenn ich unterbrochen werde; wenn ich nicht gehört werde; wenn ich zurückgewiesen werde und vieles mehr. Aber warum reagieren wir so übertrieben? Auf die Frage kommen wir noch genauer zurück, wenn wir die unterschiedlichen Wunden untersuchen, aber im Moment nur so viel: Diese starken Reaktionen sind wie ein Fähnchen im Sand, das darauf hinweist, dass man hier ein bisschen graben müsste, um eine emotionale Wunde zu finden, die behandelt werden muss.

DINGE UNVERHÄLTNISMÄSSIG ÜBERTREIBEN

Ein weiteres Anzeichen für eine Wunde unter der Oberfläche ist, wenn jemand unverhältnismäßig übertreibt oder wenn es zwischen dem Ausbruch und dem Auslöser keinen nachvollziehbaren Zusammenhang gibt. Mahika wollte einmal für eine Frau kochen, mit der sie seit ein paar Monaten zusammen war. Als die Frau dann mit leeren Händen vor ihrer Tür stand und sich aufs Sofa fallen ließ, während Mahika kochte, veränderten sich deren Gefühle. Ihre Freundin war keineswegs unaufmerksam, erzählte von ihren Erlebnissen und fragte bei Mahika nach. Aber Mahikas Inneres war immer mehr im Aufruhr: *Unglaublich, wie rücksichtslos sie ist. Warum fragt sie nicht, ob sie helfen kann? Sie nutzt mich aus. Ich bin es leid, mich um andere zu kümmern.* Kurze Zeit später brach es aus ihr heraus. »Warum bist du überhaupt hergekommen, wenn du gar nicht bei mir sein willst?« Tränen flossen. Für die meisten wäre dieser Ausbruch irritierend. Die Freundin verstand wahrscheinlich nicht, worum es gerade ging. Sie war doch da und freute sich darüber. Aber Mahika reagierte heftig auf etwas, was in diesem Moment geschah und auch nicht geschah.

Wenn du oder jemand anders unverhältnismäßig reagiert, kannst du davon ausgehen, dass dahinter eine tiefe und komplexe Geschichte steckt – eine Geschichte, die der Situation einen Sinn oder zumindest einen Kontext geben kann. In Mahikas Fall war es so, dass sie mit einem alkoholkranken Elternteil aufgewachsen war, der sich gerne aufs Sofa fallen ließ, Forderungen stellte und immer erwartete, dass man sich um ihn kümmerte. Als ihre Freundin mit leeren Händen auftauchte und keine Hilfe anbot, stieg in Mahika unbewusst die Wut auf, die aus dem Gefühl erwuchs, ausgenutzt zu werden. Tief in ihrem Inneren kamen negative Gefühle aus der Vergangenheit hoch, nicht aus der Gegenwart. Sie reagierte stark auf eine ungeheilte Aufmerksamkeitswunde, auf die wir in Kapitel 5 noch näher eingehen werden.

DYSFUNKTIONALE MUSTER

Eine weitere Möglichkeit, wie sich zugedeckte oder unbenannte Wunden zeigen können, sind wiederholte Verhaltensweisen und Entscheidungen, die dem emotionalen, körperlichen, geistigen, zwischenmenschlichen oder spirituellen Wohlbefinden nicht zuträglich sind. Vielleicht wählt jemand immer wieder die gleichen Partner: Partner, die betrügen oder etwas verheimlichen, die emotional unbeteiligt oder bindungsunwillig sind. Oder man nimmt sich vor, keine One-Night-Stands mehr zu haben, weil man sich am nächsten Tag immer so schrecklich fühlt ... und ertappt sich dennoch immer wieder dabei. Oder man plündert sein Bankkonto, um finanziell mit dem Bekanntenkreis »mithalten« zu können, nur um am Ende des Monats in Probleme zu geraten, weil es nicht mehr für die Miete reicht.

Kommt dir irgendetwas bekannt vor?

Das sind alles dysfunktionale Muster. Dazu gehören Prokrastination, manipulatives Verhalten in Beziehungen, Lügen, Ausreden für verletzendes oder schädliches Verhalten, Verstrickung in nutzlose Streitereien, negative Selbstgespräche und Beziehungen, in denen man mehr gibt als nimmt (einseitige Beziehungen). All diese Muster haben gemeinsam, dass sie Ausdruck einer uneingestandenen Wunde sind.

SABOTAGE

Ein besonders dysfunktionales Muster besteht darin, sich selbst und die eigenen Beziehungen zu sabotieren. Wer sabotiert, fordert andere unbewusst heraus, in der Hoffnung, die Wunde entweder weiter verbergen zu können und damit zu verstärken oder sie endlich an die Oberfläche zu bringen.

Eine der häufigsten Arten, eine Beziehung zu strapazieren oder zu sabotieren, ist Untreue. Menschen gehen natürlich aus vielen Gründen fremd, aber ich hatte unzählige Klient:innen, die es getan haben, um ihre Beziehung zu sabotieren. *Wenn ich fremdgehe, wirst du es herausfinden und mich verlassen, weil ich diese Beziehung sowieso nicht verdiene.* Das verstärkt eine Wunde, die daran erinnert, dass man Liebe, Intimität und Partnerschaft nicht verdient – und suggeriert letztlich, dass man es nicht wert ist, als Partner oder Partnerin gewählt zu werden.

Sabotage kann aber auch der Versuch sein, eine Wunde zu korrigieren. Die Korrektur könnte in etwa so aussehen: *Wenn ich dich betrüge, wirst du es herausfinden. Das wird unsere Beziehung belasten, aber vielleicht können wir dann anfangen, darüber zu reden, warum ich das Gefühl habe, dich als Partner nicht zu verdienen, warum ich denke, nicht gut genug für dich zu sein. Und vielleicht hilfst du mir dann, zu begreifen, dass ich ein wertvoller und wichtiger Mensch in deinem Leben bin, der eine Zukunft mit dir verdient.* Puh, ich weiß. Und doch ist das häufiger der Fall, als du vielleicht denkst.

RATSCHLÄGE GEBEN, ABER NICHT ANNEHMEN

Schließlich gibt es noch ein eher ungewöhnlich erscheinendes Anzeichen für eine Wunde, die an die Oberfläche drängt: wenn eine Person gerne Ratschläge austeilt, sie aber selbst nicht annehmen kann. Ich wette, dass sich hier viele angesprochen fühlen, denn die meisten von uns haben das schon irgendwann in ihrem Leben getan. Du sagst einem Freund zum Beispiel, dass er nicht mehr mit seiner Ex chatten soll, aber wenn deine Ex sich meldet, schreibst du sofort zurück. Du gibst deinen Geschwistern Ratschläge, wie sie sich mental auf ein Vorstellungsgespräch vorbereiten sollen, aber wenn du in der gleichen Situation bist, fällt es dir schwer, selbstsicher aufzutreten. Auf deiner Instagram-Seite empfiehlst du anderen mehr Selbstliebe, aber eigentlich magst du an dir selbst kaum etwas.

Wenn du Ratschläge austeilst, die du selbst nur schwer annehmen oder umsetzen kannst, ist das ein Zeichen dafür, dass du etwas Ungelöstes in dir trägst. Vielleicht tust du dir mit den Selbstliebe-Tipps, die du anderen gibst, deshalb selbst so schwer, weil du in dem Glauben aufgewachsen bist, dass dich niemand liebt. Predigen wir etwas, praktizieren es aber selbst nicht, ist das nur ein weiterer Indikator dafür, dass wir innehalten und uns für das Ungeheilte in uns interessieren sollten.

Das alles sind nicht die einzigen Anzeichen für Wunden, die an die Oberfläche drängen, aber es sind die häufigsten, die mir untergekommen sind und die mir und meinen Klient:innen signalisieren, dass sich genaueres Hinschauen lohnen würde. Kannst du einen dieser Indikatoren bei dir festmachen, kann ich dir im Grunde garantieren, dass es da etwas aufzudecken gibt.

Die Wunde benennen

Du wirst merken, dass ich in diesem Buch einige Geschichten erzähle. Das tue ich, weil viele von uns ihre Wunden geschickt verbergen und es manchmal am einfachsten ist, die eigenen Wunden durch die Geschichte von jemand anderem zu erkennen. Die Geschichten anderer können als Beispiel dienen und zu Erkenntnissen führen. Das Lesen dieser Geschichten und die Übungen werden dir helfen, Verdrängtes oder schwer Erkennbares an die Oberfläche zu bringen. Nicht in jeder der Geschichten oder Wunden, die ich beschreibe, wirst du dich wiedererkennen. Aber ich hoffe doch, dass die Geschichten und die hier und in Teil II beschriebenen Wunden dich bestimmte Mechanismen durchschauen lassen und dich in deinem Prozess, deine Wunden zu benennen, unterstützen. Beginnen wir mit meiner Klientin Monika.

Ich begann mit Monika zu arbeiten, als sie 41 war und erfüllt von Trauer über ihren unerfüllten Kinderwunsch zu mir kam. Sie hatte alles in ihrer Macht Stehende getan, um schwanger zu werden, aber nichts hatte funktioniert. Das war lähmend und emotional anstrengend, denn sie dachte an nichts anderes mehr als an die angestrebte Schwangerschaft.

Sie lobte ihren zweiten Ehemann Michael, den sie als hilfsbereit, liebevoll und zugewandt beschrieb, ganz anders als ihr erster Mann, der sich als »funktionierender Alkoholiker« erwiesen hatte. Am Abend zuvor hatten Michael und sie allerdings einen heftigen Streit gehabt, der eskaliert war. Monika erzählte mir von dem Streit und schämte sich für ihr Verhalten.

»Ich wusste, dass Michael nach der Arbeit zum Abendessen verabredet war. Er hat mir vor über einer Woche davon erzählt, und es stand im Kalender. Aber als er gegen 23 Uhr nach Hause kam, habe ich wegen nichts einen Streit vom Zaun gebrochen und sogar sein Handy durch den Raum geschmissen. Das ist mir so peinlich.«

Ihre Reaktion war sehr heftig und unverständlich – sogar für sie selbst. »Ich weiß gar nicht, warum ich das getan habe. Er hatte doch nichts falsch gemacht. Er ist gleich nach dem Essen nach Hause gekommen und war auch den ganzen Abend erreichbar. Was ist nur los mit mir?«, fragte sie.

Monikas unverhältnismäßige Reaktion war ein dramatisches Indiz für Wunden, die nach Aufmerksamkeit schrien. Also fingen wir an nachzuforschen, ob an dem Abend bei ihr eine Wunde berührt worden war.

Monikas Eltern waren Anfang 20, als sie zur Welt kam. »Dad war nie da, und Mom hatte keine Ahnung vom Muttersein. Niemand hat sich um mich gekümmert. Keiner hat mir etwas beigebracht oder mich bei irgendetwas unterstützt. Ich hatte das Gefühl, dass niemand wirklich gemerkt hat, dass ich existiere. Ich musste alles selbst schaffen: Hausaufgaben, Essen zubereiten, den Schulweg meistern. Es war furchtbar.«

Das war der Moment für die wichtige Frage, die mir meine Therapeutin einmal gestellt hat. »Was hast du dir als Kind am meisten gewünscht und nicht bekommen?«, fragte ich sie.

»Alles«, antwortete sie.

Irgendwie war das die Wahrheit, aber es war auch eine Ablenkung. Ich schwieg und ließ ihr einen Moment Zeit, in sich hineinzuhören.

Tränen stiegen ihr in die Augen. »Ich wollte nur spüren, dass ich es wert bin, dass mir jemand Aufmerksamkeit schenkt, dass sich jemand für mich interessiert und fragt, wie es mir geht. Es war so anstrengend, alles allein machen zu müssen. Ist das zu viel verlangt?«

Das war es natürlich nicht, aber das änderte nichts an ihrer Erfahrung.

»Was ist gestern tagsüber passiert?«, fragte ich.

»Ich war in der Arbeit und hatte einen Arzttermin.«

»Wie lief der Arzttermin? Stand das in Zusammenhang mit deinem Kinderwunsch?«

»Ja. Es war eigentlich eher furchtbar und frustrierend. Denn der Arzt hat mir gesagt, dass er davon ausgeht, dass ich kein Kind austragen kann, und mir geraten, über Adoption nachzudenken.«

Das war eine schockierende Nachricht für sie.

In früheren Sitzungen hatte ich erfahren, dass bei ihrem ersten Mann Nick der Alkohol lebensbestimmend war. Er vergaß wichtige Absprachen, verpasste Veranstaltungen, die seit Monaten im Kalender standen, und konnte nur selten helfen, weil er entweder verkatert oder betrunken war. In dieser Ehe wiederholte sich die Dynamik aus ihrer Kindheit so offensichtlich, dass sie zwangsläufig scheitern musste.

Für Michael hatte sich Monika ganz bewusst entschieden. »Keine Warnlämpchen«, sagte sie. »Er liebt mich und plant Unternehmungen zu zweit. Wir haben viel Spaß zusammen und erleben einiges gemeinsam.« Sie war sich sicher, dass sich hier kein Muster wiederholte.

»Was hält Michael von Adoption?«, fragte ich.

»Das weiß ich nicht. Ich hab es ihm nicht gesagt.«

»Gibt es einen Grund, warum du es nicht gesagt hast?«

»Wir reden nicht so oft über das Thema. Er wünscht sich so sehr ein Baby, und das alles ist schwer für ihn. In seiner ersten Ehe war das ein Knackpunkt. Seine Ex wollte keine Kinder, und daran zerbrach die Beziehung. Also versuche ich, das Ganze von ihm fernzuhalten. Er weiß, dass ich zu meinen Terminen gehe und alles Nötige unternehme. Ich bin da zuverlässig.«

»Das glaube ich«, sagte ich. »Ich weiß ja, dass du dich immer um deine Angelegenheiten gekümmert hast. Und ich frage mich, ob etwas dadurch ausgelöst wurde, dass du mit dieser Nachricht gestern Abend allein warst? Du wusstest zwar, dass Michael nur essen gegangen war, aber vielleicht hast du dich ja danach gesehnt, dass er dich fragt, wie es gelaufen ist. Und dass du die nächsten Schritte nicht allein entscheiden und unternehmen musst.«

Wir saßen einige Zeit schweigend da. Dann veränderte sich plötzlich ihre Körperhaltung. Sie stützte ihr Gesicht in die Hände und weinte. Natürlich hatte Michael keine Ahnung gehabt, was bei dem Arzttermin passiert war. Er hatte ja nicht einmal gewusst, dass sie überhaupt einen Arzttermin gehabt hatte. Nun fügten sich die Puzzleteile, die zu Monikas heftiger Reaktion geführt hatten, allmählich zusammen.

Michael und Monika führten in vielerlei Hinsicht eine wunderbare Ehe, aber sie konnte das Thema Kinderwunsch nicht allein schultern. Beide wollten ein Kind, und das bedeutete, dass beide daran mitwirken mussten. Monika musste spüren, dass er mitmachte, dass er sich interessierte und sich engagierte. Ihre irritierende Überreaktion führte uns geradewegs zu einer Wunde aus der Kindheit (eine Aufmerksamkeitswunde, auf die wir im 5. Kapitel näher eingehen werden), die aktiviert worden war, weil von Michael zu wenig Unterstützung, Rat und Beteiligung kamen.

Wenn man einmal zu oft auf den »Schon wieder«-Knopf gedrückt hat, kommen oft Selbstzweifel auf, manchmal sogar Selbstekel. Wie Monika fragt man sich dann vielleicht: *Was ist mit mir los? Warum mache ich das immer wieder? Warum kann ich dieses Muster nicht ändern? Warum entscheide ich mich immer wieder für diesen Typ Mensch? Warum drehe ich bei meiner Mutter stets durch? Warum komme ich nicht darüber hinweg?* Aber mit diesen Fragen dreht man sich nur im Kreis und kann keine eindeutige Richtung einschlagen. Tatsächlich verhält man sich aus einem sehr guten Grund so: Das innere Selbst versucht, sich zu schützen. Um aus den alten Mustern auszubrechen und einen neuen, gesünderen und konstruktiveren Weg zu gehen, muss man sich bestimmte Dinge bewusst machen. Als Erstes muss man die Wunde aufdecken und benennen, die die wiederkehrenden Muster auslöst.

Du hast dieses Buch in die Hand genommen, weil dein Verhalten und das Verhalten anderer dir zeigen, dass etwas deine Aufmerksamkeit erfordert. Es soll dir bewusst machen, dass du ein gesünderes Vorgehen nur dann erlangst, wenn du deine Herkunftsgeschichten und die Wunden untersuchst, die dadurch entstanden sind, dass du in deiner Familie nicht das bekommen hast, was du dir am meisten gewünscht hast. Du wirst lernen, Fragen zu stellen wie diese: *Was kommt mir daran bekannt vor? Wann habe ich so etwas zum ersten Mal erlebt? Mit wem habe ich es erlebt? Was taucht da aus meiner Vergangenheit auf?* Du wirst deine dysfunktionalen Verhaltensweisen entlarven und die emotionalen Wunden, die behandelt werden müssen, erkennen und verstehen.

Du wirst lernen, deine Wunden zu benennen, Schmerz aus der Vergangenheit wahrzunehmen, anzuerkennen und zu betrauern und dann dein Leben und deine Muster zu verändern. Das alles gehört zur Heilungsarbeit, über die du im nächsten Kapitel mehr erfährst.

Zum Abschluss dieses Kapitels möchte ich dir noch etwas Wichtiges mitgeben: Dein Leben ist nicht gegen dich. Es möchte geheilt werden. Deine Wunden wollen dir nichts Böses. Sie brechen immer wieder auf, weil du Heilung verdienst. Der Prozess, die Verantwortung für sich selbst und das eigene Leben zu übernehmen, ist lang und hört nie auf. Aber wenn du die Auswirkungen deiner emotionalen Wunden erkennst und dich bemühst, ihren Einfluss auf dein gegenwärtiges Verhalten zu verringern, kommt der Heilungsprozess in Gang.

Die Frage ist nur: Bist du bereit?

TEIL II

UNSERE WUNDEN UND IHR URSPRUNG

3

ICH MÖCHTE MICH WÜRDIG FÜHLEN

Vor vielen Jahren gab ich den Teilnehmenden bei einer Veranstaltung einen Satz vor, den sie vollenden sollten: »Ich bin unwürdig, weil ...« Im Raum wurde es still. Allmählich kamen die ersten mutigen Aussagen. Eine Stimme aus dem hinteren Teil des Raumes sagte leise:

»Weil ich nicht schlank genug bin.«

Eine andere Stimme ergänzte: »Weil ich immer dieselben Fehler mache.«

Und eine andere: »Weil ich nicht erfolgreich bin.«

Eine weitere: »Weil ich keinen Beruf habe und finanziell auf meinen Mann angewiesen bin.«

Immer mehr meldeten sich zu Wort:

»Weil es attraktivere Menschen gibt.«

»Weil ich faul bin.«

»Weil ich besessen von meiner Arbeit bin.«

»Weil ich zu emotional bin.«

»Weil ich zu viele Probleme in der Familie habe.«

»Weil ich nichts richtig mache.«

»Weil ich nicht schlau genug bin.«

»Weil ich nie offen bin.«

»Weil ich zu sensibel bin.«
»Weil ich dick bin.«
»Weil ich geschieden bin.«
»Weil ich Menschen verletzt habe.«
»Weil ich immer noch Single bin.«
»Weil mich alle verlassen.«

Manche der Teilnehmenden hatten Tränen in den Augen. Einige schüttelten den Kopf, als sie die Antworten der anderen hörten. Diese Übung schuf ein Gefühl der Zusammengehörigkeit und Solidarität: *Wir haben alle irgendetwas, wir sitzen im selben Boot.* Wir hätten wahrscheinlich noch viele Runden weitermachen können, aber wir waren uns einig, dass es reichte.

Wer sich in seinem Innersten nicht würdig fühlt, hat das Gefühl, Gutes nicht zu verdienen. So, wie man ist, ist man es nicht wert, Liebe, Aufmerksamkeit, Nähe und Vertrauen zu bekommen. Man kann einfach nicht glauben, dass man Freude, Leichtigkeit und Partnerschaft genießen darf. Eine Würdigkeitswunde erschwert es zu glauben, dass man wertvoll ist und wertgeschätzt wird und dass man Ersehntes verdient, ohne etwas dafür leisten oder perfekt sein zu müssen.

Viele Menschen haben tief im Inneren damit zu kämpfen. Sie denken, dass sie zu dysfunktional, zu faul sind oder eine Beziehung einfach nicht verdienen. Sie stellen sich Fragen wie: *Wie kann mich jemand lieben, wenn meine eigenen Eltern es nicht getan haben? Habe ich überhaupt Liebe verdient, wenn ich nicht erfolgreich bin? Will irgendjemand mit mir zusammen sein? Wieso sollte mich jemand auswählen, wenn ich doch gar kein guter Mensch bin?* Die Liste ist lang.

Ich bin unwürdig, weil … Die Gründe sind zahllos.

Aber was, wenn die Grundannahme falsch ist? Was, wenn du würdig bist und Gutes dir zusteht? Was, wenn du Liebe, Freude und starke Partnerschaften verdienst?

Schließlich wirst du nicht unwürdig geboren. Was ist also zwischen deiner Geburt und der Gegenwart passiert, das dich daran zweifeln lässt?

Wie die Seminarteilnehmenden siehst auch du dich vielleicht als unwürdig. Die Vorstellung, dass du würdig bist, nur weil du geboren wurdest, kommt dir wahrscheinlich weit hergeholt vor. Genau das habe ich schon oft zu Menschen mit Würdigkeitswunde gesagt und meist so eine Antwort bekommen: »Das ist eine nette Vorstellung und ich höre, was du sagst, aber ich fühle mich einfach nicht so. Ich begreife nicht, was das heißen soll.« Es ist vollkommen in Ordnung, wenn du das im Moment nicht nachvollziehen kannst. Es ist okay, wenn du glaubst, dass alle anderen auf der Welt würdig sind und du nicht. Aber ich würde mich freuen, wenn wir da gemeinsam etwas nachbohren würden. Vielleicht können wir ja etwas finden, das dem Ganzen Sinn gibt.

Wie bist du zu der Überzeugung gekommen, dass du zu dick, zu emotional oder nicht gut genug für die Liebe bist? Woher stammt dieser Glaube? Wer hat ihn befördert? Und wieso hältst du dich für unwürdig? Wie bei allen unseren Wunden ist die Antwort einfacher, als man meint.

Es gibt eine Herkunftsgeschichte, die dir sagt, dass du unwürdig bist.

Der Ursprung der Würdigkeitswunde

Je mehr Menschen ich kennenlerne, desto überzeugter bin ich, dass wir alle eine Würdigkeitswunde haben. Zumindest stellen wir alle es von Zeit zu Zeit infrage, ob wir etwas wert sind.

Corinna wacht jeden Morgen vor ihrem Freund auf, schminkt sich und legt sich dann wieder ins Bett, damit er beim Aufwachen glaubt, sie sei von Natur aus so hübsch.

Christof ist überzeugt, dass die Frauen, zu denen er sich hingezogen fühlt, ihn nicht beachten, solange er nicht genug Geld verdient.

Ari denkt, dass er nie heiraten wird, weil seine chronische Krankheit für eine Partnerschaft zu belastend ist.

Die Geschichten, die sich diese Leute über sich selbst erzählen, zeugen von einer Würdigkeitswunde.

Wo hat sie angefangen, die Geschichte, die dich davon überzeugt hat, dass du nicht würdig bist, geliebt, auserwählt oder begehrt zu werden? Die dich denken lässt, dass du nicht gut genug bist, dass es sich nicht lohnt, bei dir zu bleiben? Erinnerst du dich an Äußerungen oder Handlungen, in denen sich so etwas ausgedrückt hat? Erinnerst du dich daran, wann du erstmals gedacht hast, dass Liebe an Bedingungen geknüpft ist? Oder wie es sich angefühlt hat, als du verlassen wurdest?

Als ich mit Veronica zu arbeiten begann, war sie Anfang 50. Sie war ledig, unverheiratet und hatte keine Kinder. Sie war schon seit Jahrzehnten in Therapie, aber bisher hatte sie keine großen Fortschritte gemacht. Seit 30 Jahren arbeitete sie an der Börse und hatte sich einen rauen und schroffen Tonfall angeeignet. Sie sagte, ihre Stimmbänder seien erschöpft, weil sie so viel geraucht hatte und jahrzehntelang die Männer hatte übertönen müssen.

Sie warf mir einen Blick zu, lächelte und sagte: »Ich bin nicht aggressiv, ich bin nur müde. Dieser Ort macht einen fertig. Ich hatte gehofft, dass dieser Therapiekram funktionieren würde. Bei mir aber wohl nicht. Du bist mein letzter Versuch.«

So begann unsere erste Sitzung.

»Das ist ganz schön viel Erfolgsdruck.« Ich lächelte. »Dann machen wir uns gleich an die Arbeit.«

Veronica war noch nicht bereit dafür, ihr zu sagen, dass nicht ich ihr letzter Versuch war, sondern sie selbst. Aber das würde sie im Verlauf unserer weiteren Sitzungen noch erfahren.

Veronica gab zu, dass ihr die Therapie gefiel, weil ihr jemand zuhörte. Es fühlte sich gut an, Druck abzulassen. Was ihr allerdings nicht gefiel, war, dass sich offenbar nichts veränderte.

»Da stimmt die Rendite nicht«, sagte sie.

So etwas Ähnliches höre ich von fast allen Klient:innen aus der Finanzwelt. Sie reden von Rendite, Kosten-Nutzen-Analysen und Datenpunkten. (Immer schön auf die Datenpunkte achten!)

Veronica hatte das Gefühl, dass sie jahrelang viel Zeit und Geld in Therapien gesteckt hatte und die Bilanz für sie stagnierte: Ihre Investitionen in die Therapie brachten nicht den erhofften Gewinn.

»Ich wünsche mir einen Partner. Kinder habe ich schon abgeschrieben, aber ich möchte wirklich lieben und geliebt werden.«

Ohne groß nachzufragen erfuhr ich, dass Veronica mit ihren bisherigen Therapeut:innen nie über ihre Familie gesprochen hatte. Aus meiner Sicht ist es wichtig, dass es verschiedene Methoden und Ansätze gibt; ich würde sogar sagen, dass kein Therapiemodell sich für alle Menschen eignet. Aber – und das ist ein großes Aber – ich kann mir beim besten Willen keine Therapie vorstellen, bei der die Beziehungen im Familiensystem und die damit verbundenen Herkunftsgeschichten nicht vorrangig untersucht werden.

»Ist es okay, wenn wir über deine Familie reden?«, fragte ich.

»Ja, klar. Leg los!«

Da ich Veronicas letzter Versuch war, war sie bereit, alles mitzumachen, was ich vorschlug. Auf meine Nachfrage erfuhr ich schnell, dass ihre Mutter sie verlassen hatte, als sie fünf Jahre alt gewesen war.

»Weißt du, warum sie gegangen ist?«, fuhr ich fort.

»Ja, sie wollte eigentlich nie Kinder. Meine Mutter wollte einfach nur das Leben genießen. Sie wollte keine Verantwortung tragen, sich nicht einschränken lassen und ihre Freiheit nicht verlieren. Sie packte an einem Samstagmorgen eine Tasche und verhielt sich, als wäre es ein ganz normaler Samstag. Dann kam eine Frau in die Einfahrt gefahren und hupte. Meine Mutter zog meine Schwester und mich an sich, kniete sich zu uns und sagte: ›Ich habe euch beide sehr lieb, aber das hier ist nicht gut für eure Mom.‹ Sie lächelte und winkte uns zu, als ihre Freundin losfuhr. Wir sahen sie nie wieder.«

Veronica zeigte keinerlei Gefühle, als sie mir das erzählte. Sie konzentrierte sich auf das, was ich *sachliches Berichten* nenne. Dabei erzählt man die Details eines Ereignisses, ohne die damit verbundenen Gefühle oder die damaligen und gegenwärtigen Auswirkungen zu erwähnen. Sachliches Berichten ist eine Spielart der Unverletzbarkeit.

Man schützt sich vor allem, was zu groß sein könnte, um es zu fühlen und auszuhalten. Veronica war eine geübte Berichterstatterin. Sie erzählte unterhaltsam und fesselnd. Sie konnte andere dazu bringen, etwas zu fühlen, ließ es aber nicht zu, selbst *irgendetwas* zu fühlen.

Veronica hatte ihre Geschichte schon oft Freundinnen, Kolleginnen und Bekanntschaften erzählt. Nur in ihren Therapien hatte sie nie davon berichtet. Warum auch?

»Die haben nie danach gefragt.« Sie zuckte mit den Schultern.

Und sie hatte ja recht. Das hatten sie nicht getan. Aber Veronica hatte es auch nicht von sich aus mitgeteilt. Denn sie war schlau. Sie wusste, dass dies ein wichtiger Teil ihrer Geschichte war, wollte aber nicht darauf eingehen. Zumindest nicht bis jetzt.

Veronica war mir seit über einem Jahr auf Instagram gefolgt und kannte meinen Ansatz. Sie wusste, dass sie sich auf eine Reise zu ihrer Herkunftsfamilie einließ und dass sich diese Art der Therapie nicht darauf beschränkte, Dampf abzulassen. Also krempelten wir die Ärmel hoch und machten uns gemeinsam an die Arbeit.

Als ihre Mutter wegging, blieb Veronica mit einer Herkunftsgeschichte der Unwürdigkeit zurück.

Manchmal wird das Gefühl, würdig zu sein, in einem einzigen Augenblick ausgelöscht, in anderen Fällen wird es durch eine Reihe von Ereignissen oder Botschaften sukzessive getilgt. In Veronicas Fall hatte das Verlassenwerden den Glauben befördert, als Tochter nicht gut genug gewesen zu sein, um ihre Mutter zum Bleiben zu bewegen.

Wie viele andere, die sich unwürdig fühlen, suchte auch Veronica verzweifelt nach jemandem, der ihr bewies, dass sie würdig war. Aber so sehr sie sich auch eine Partnerschaft wünschte, es klappte einfach nicht. Sie fing Liebesbeziehungen an, die immer nach ein paar Monaten zu Ende gingen. Zu einer Würdigkeitswunde können viele Dinge beitragen, und bei Veronica traf einiges davon zu. Sie glaubte nicht, dass irgendjemand bei ihr bleiben würde. Sie fand, dass sie nicht gut, wertvoll oder wichtig genug war, dass irgendjemand mit ihr zusammen sein wollte. Sie suchte sich Männer aus, die nicht verfügbar waren. Und fand sie doch mal einen, der frei war, gelang es ihr, ihn zu vergraulen.

Sie erzählte, dass sie diesen Männern immer Aufgaben übertrug. Diesen Trick kannte ich von mir selbst. Sie ließ sie ihre Wäsche wegbringen und abholen, ihre Putzkräfte organisieren, ihre Flüge buchen und ihren Kühlschrank auffüllen. Sie behandelte sie wie Angestellte nicht wie Partner. Lange Zeit merkte sie aber gar nicht, was das Problem daran war.

Bevor wir gemeinsam mit der Heilungsarbeit begannen, forderte Veronica ihre Partner so oft heraus, dass sie sie früher oder später verließen. Sie sabotierte die Partnerschaften, verschloss jedoch die Augen vor dieser Tatsache. Es war höchste Zeit, dass Veronica erkannte, wie sehr ihre Vergangenheit sie beeinflusste und sie in ungesunden Beziehungsmustern gefangen hielt. Höchste Zeit, dass Veronica sich damit auseinandersetzte und erkannte, welchen Einfluss ihre Kindheit auf sie gehabt hatte.

Woher kommt also eine Würdigkeitswunde? Der Schweizer Psychiater und Psychoanalytiker C. G. Jung würde sagen: »Bis Sie das Unbewusste bewusst machen, wird es Ihr Leben lenken und Sie werden es Schicksal nennen.« Auch du musst dich damit auseinandersetzen und deine Kindheit genauer in den Blick nehmen. Wie wir noch sehen werden, tragen Eltern, die nicht verfügbar sind, ihre Liebe an Bedingungen knüpfen oder übermäßig kritisch sind, erheblich zu einem Gefühl der Unwürdigkeit bei. Lässt sich in deinem Leben ein Elternteil oder eine Bezugsperson mit einem dieser Merkmale in Verbindung bringen?

NICHT VERFÜGBAR SEIN

Wenn ein Elternteil nicht verfügbar ist, hat das Auswirkungen auf ein Kind. Auch hinter der mangelnden Verfügbarkeit eines Menschen steckt immer eine Geschichte, aber Eltern zu haben, die nicht anwesend und erreichbar sind, ist schmerzhaft und verwirrend. Es lässt ein Gefühl von Einsamkeit entstehen und verletzt das Würdigkeitsgefühl.

Unser Zuhause ist ein Ort, an dem wir Orientierung, Liebe, Zuwendung und Trost finden möchten. Natürlich ist das Gefühl, würdig zu sein, letztlich eine innere Angelegenheit, aber als Kinder machen wir unseren Wert davon abhängig, wie die Erwachsenen in unserem Leben uns behandeln, mit uns sprechen und über uns reden. Unser Zuhause ist der erste Ort, an dem wir erfahren, ob wir wichtig sind oder nicht, ob wir würdig sind oder nicht, ob wir Gutes verdienen oder nicht. Die Herkunftsfamilie prägt ganz entscheidend den Aufbau und die Aufrechterhaltung des Würdigkeitsgefühls von Kindern, und die familiären Beziehungen spielen eine zentrale Rolle für das Wohlbefinden der Kinder im Laufe ihres Lebens.[5]

Nicht verfügbar zu sein kann sich in Form von Unbeständigkeit zeigen. Oder von Abwesenheit. Oder, in extremen Fällen wie bei Veronica, von Verlassenwerden.

Die häufigste Form der Nichtverfügbarkeit ist die Unbeständigkeit. Etwa bei Eltern, die gemischte Botschaften aussenden. An einem Tag helfen sie engagiert bei den Hausaufgaben, am nächsten bemängeln sie, dass das Kind es nicht selbstständig schafft. Einmal finden sie tröstende Worte für große Gefühle, ein andermal heißt es, das Kind soll sich zusammenreißen oder allein damit fertigwerden. Wenn das Kind einen Fehler oder etwas Ärgerliches macht, sind sie manchmal freundlich und besprechen das liebevoll, in anderen Fällen reagieren sie kritisch, vielleicht sogar gemein und strafend. Die Forschung belegt: Wenn ein Elternteil, vor allem die Mutter, in Bezug auf Lob, Anerkennung und Liebesbekundungen unbeständig ist, leidet das Kind oft unter mangelndem Selbstwertgefühl und wird anfälliger für Depressionen.[6]

Vielleicht hast auch du Unbeständigkeit im Elternhaus erlebt:

- *Du wusstest nie, auf welche Version eines Elternteils du triffst.* Auf die gütige und liebevolle oder die kritisierende Mutter. Den verspielten und fröhlichen oder den wütenden und reizbaren Vater.

- *Du konntest nie vorhersehen, wie deine Eltern reagieren würden und welche Konsequenzen das haben könnte.* Manchmal waren sie nachsichtig, manchmal gab es strenge Strafen.

- *Du wusstest nie, wie sie mit dir kommunizieren würden.* Es gab Tage, da sprachen deine Eltern einfühlsam und rücksichtsvoll mit dir, an anderen war es ihnen egal, wie ihre Worte auf dich wirkten.

- *Du wusstest nie, wie groß ihr Interesse an deinem Leben war.* Manchmal interessierten sie sich für dein Leben, manchmal nicht. An manchen Tagen hatten sie Zeit oder Energie für dich übrig, an anderen nicht.

Ein hohes Maß an Unbeständigkeit kann dazu führen, dass man daran zweifelt, ob man für die Eltern wertvoll oder wichtig ist. Dadurch werden das Selbstwertgefühl und die eigene Zulänglichkeit infrage gestellt.

An dieser Stelle muss ich anmerken, dass ich *nicht* von Eltern spreche, die von deinen 100 Fußballspielen ein paar verpasst haben oder die an manchen Abenden im Arbeitszimmer verschwanden, aber ansonsten anwesend und liebevoll waren. Ich spreche von einem Maß an Unbeständigkeit, das so verwirrend war, dass du deinen Wert infrage gestellt hast.

Unbeständigkeit ist nicht die einzige Art und Weise, in der Eltern nicht verfügbar sind. Manchmal ziehen sich Eltern auch ganz zurück und sind physisch oder emotional nicht erreichbar. Es kann sein, dass sie aus beruflichen Gründen monatelang abwesend sind, dass sie sich wegen einer psychischen Erkrankung aus dem Alltag und der Elternschaft zurückgezogen haben, dass sie eine neue Familie gegründet haben und sich ihrem neuen Partner und den gemeinsamen Kindern mehr widmen als den anderen oder dass sie einfach in Ruhe gelassen werden wollen.

Die Abwesenheit eines Elternteils lässt Kinder an ihrem Wert zweifeln, egal, was dahintersteckt. Die Gründe für die elterliche Abwesenheit sind sicherlich interessant. Aber versetzen wir uns für einen Moment in die Lage des Kindes. Die meisten Kinder sind emotional noch nicht reif genug, um die Gründe für die Abwesenheit oder die Zwangslagen ihrer Eltern zu verstehen. Stattdessen nehmen sie es eher persönlich, vor allem, wenn andere Erklärungen für sie keinen Sinn ergeben.

In Veronicas Fall trat die Nichtverfügbarkeit durch Verlassenwerden ein. Ihre Mutter ließ den Vater, die Schwester und Veronica mit der Erklärung zurück, die Familie sei »nicht gut für Mom«.

Aber was genau war *nicht gut für Mom*?

Für Veronica war die Antwort: *sie selbst.*

In ihrem fünfjährigen Körper bildete sich eine Würdigkeitswunde, die den Grundstein für ein lebenslanges Infragestellen ihres Selbstwerts legte.

»Meine Schwester und ich weinten tagelang, nachdem meine Mutter uns verlassen hatte. Da sie meine große Schwester war, erwartete ich von ihr eine Erklärung. Als ob eine Siebenjährige darauf eine Antwort gehabt hätte. Wir beide redeten, redeten und redeten. Wir durchsuchten Moms Sachen nach irgendwelchen Hinweisen, aber da war nichts zu finden. Also kamen wir zu dem Schluss, dass es an uns gelegen haben musste. Alles andere ergab keinen Sinn. Wenn das Muttersein nicht gut für sie war, dann lag das an ihren Kindern. Oder? Ich meine, versuch mal, das zu widerlegen.«

Nachdem ich dem Schmerz, der an die Oberfläche gekommen war, einen Moment Raum gegeben hatte, sagte ich: »Du kannst dir wahrscheinlich gar nicht vorstellen, dass du einen Partner verdienst, der dauerhaft bei dir bleibt, wenn schon deine Mutter das nicht getan hat?«

Das war eigentlich keine Frage, denn ich kannte die Antwort bereits.

Veronica ebenfalls, aber es war das erste Mal, dass ihr das jemand deutlich sagte.

Kannst du auf deine Kindheit zurückblicken und dich daran erinnern, ob deine Eltern für dich irgendwie nicht verfügbar waren? Und weißt du noch, wie du dich gefühlt hast, als du diese Unbeständigkeit, Abwesenheit oder das Verlassenwerden erlebt hast?

Lass uns gemeinsam daran arbeiten.

- Die Person, die für mich als Kind unerreichbar war, war ____________.
- Die Nichtverfügbarkeit, die ich erlebt habe, zeigte sich als [Unbeständigkeit/Abwesenheit/Verlassenwerden] ____________, und ich erinnere mich daran folgendermaßen: ____________.

Du machst das großartig. Du fängst an, dich auf den Prozess einzulassen. Unverfügbarkeit ist vielleicht nicht das Einzige, woran du dich erinnerst. Es gibt vieles, was Eltern zur Würdigkeitswunde ihres Kindes beitragen können.

LIEBE, DIE GEKNÜPFT IST AN BEDINGUNGEN

Ich glaube, dass Liebe bedingungslos sein kann, es in Beziehungen aber bestimmte Bedingungen geben muss. Das gilt für Partnerschaften, erwachsene familiäre Beziehungen und Freundschaften. Aber für Kinder ist bedingungslose Liebe wichtig, vor allem, weil sie in eine neue Welt voller erster Schritte hineingehen. Bedingungslose Liebe ist nicht abhängig vom Verhalten des Kindes. Es erhält dadurch die Botschaft, dass Fehler in Ordnung sind, dass man Mist bauen darf und dass Enttäuschungen vorkommen, ohne dass Liebe und Würdigkeit auf dem Spiel stehen.

Wenn Liebe, das Miteinander-Reden oder Verzeihen als Strafe vorenthalten werden, kann dies eine der schmerzhaftesten seelischen Erfahrungen sein, die ein Kind machen kann. Mein Vater hat das oft getan. Wenn ich schwierig war (wenn ich mich also wie ein normales Kind oder ein normaler Teenager benommen habe) und ihm missfiel, was ich tat, wurde er wütend und bestrafte mich mit tagelangem oder sogar wochenlangem Schweigen. Das war eine grausame Form der Bestrafung. Damals wusste ich nicht, was ich heute weiß. Seine Reaktion war eine Folge davon, dass er weder mit seinen eigenen noch mit meinen Gefühlen umgehen konnte. Weil er nicht wusste, wie er Emotionen aushalten sollte, legte er sich diese Reaktionsweise zurecht. Das war seine Art zu kommunizieren, mir eine Lektion zu erteilen, sich mit Macht und Manipulation durchzusetzen. Mir gefiel diese Art nicht. Und ich knickte auch nicht schnell ein. Ich verlegte mich darauf, ebenfalls zu schweigen und es ihm Tag für Tag, Woche für Woche gleichzutun. *Wer sagt zuerst etwas?* Ich konnte dieses Spiel spielen. Aber das änderte nichts daran, dass ich so lernte, dass immer etwas Schlimmes passieren würde, wenn ich schwierig war. Denn es *geschah* ja etwas Schlimmes, weil ich schwierig war. Die Liebe war abhängig von Bedingungen.

Damit wir uns richtig verstehen: Ich unterscheide zwischen der Liebe, die abhängig ist von Bedingungen und eine Würdigkeitswunde herbeiführt und der bedingungslosen Liebe, wie sie ein Kind braucht. Das bedeutet aber nicht, dass Verhalten keine Konsequenzen haben darf. Natürlich muss es entsprechende Konsequenzen geben, aber gleichzeitig muss man dem Kind versichern, dass es trotzdem geliebt wird. Was ich von meinem Vater gebraucht hätte, wäre eine Aussage wie diese gewesen: »Ich finde nicht gut, was du gemacht hast, und deshalb darfst du dich an diesem Wochenende nicht mit deinen Freundinnen treffen. Aber ich liebe dich und wir können gerne darüber reden, wenn du dazu bereit bist.«

Ich liebe dich und ich bin für dich da. Das ist die Zusicherung. *Ich liebe dich, und du bist mir wichtig. Ich liebe dich und bleibe bei dir. Ich liebe dich, und du bist in Sicherheit. Ich liebe dich und ich vergebe dir. Egal, was du tust, die Liebe bleibt, auch wenn dein Verhalten Konsequenzen haben muss. Ich liebe dich.*

Was ich brauchte, war nicht Straffreiheit. Was ich brauchte, war, dass er Konsequenzen zog und mir seine beständige Liebe zusicherte. Doch seine Unbeständigkeit führte dazu, dass ich mein Verhalten – ich war zu schwierig – mit meinem Selbstwertgefühl verknüpfte. *Sei nicht so schwierig, dann geht es dir gut. Wenn du schwierig bist, riskierst du Bindung und Liebe.*

Meine Erfahrungen mit meinem Vater lehrten mich, dass ich nur dann Zugang zu Liebe, Zuwendung, Kommunikation und Anwesenheit haben würde, wenn ich mich auf eine bestimmte Weise verhielt. Er tat liebend gerne etwas für mich, kochte mir Essen oder half mir bei den Hausaufgaben. Aber wenn ich eine unsichtbare Grenze überschritt, verlor ich all das. Dieses Verhalten zeigte er, bis ich Anfang 20 war. War ich ein »braves Mädchen«, brachte er mir gerne etwas aus dem Supermarkt mit oder holte mich, wenn nötig, vom Bahnhof ab.

Aber sobald ich etwas sagte, das ihm nicht gefiel oder ihn kränkte, bestrafte er mich dafür. Dann rief er um 22 Uhr an, um mir zu sagen, dass ich jemand anderen finden musste, der mich um 6 Uhr früh zum Bahnhof bringen würde. Das war kein unlösbares Problem für mich, schließlich hatte ich ein Auto und hätte selbst fahren und dort parken oder mir ein Taxi rufen können. Aber ich hatte damals nicht viel Geld, und darum ging es auch gar nicht. Der Punkt war, dass er mich bestrafte. Er wollte mir durch das Vorenthalten etwas sagen. Ich musste mich auf eine bestimmte Art und Weise verhalten, damit die Zuwendung, die Präsenz, die Liebe und die Freundlichkeit erhalten blieben; verhielt ich mich anders, war das alles weg. Das hat mich gelehrt, dass ich würdig bin, wenn ich nett und umgänglich bin, und dass ich unwürdig bin, wenn ich es nicht bin.

- Welche Bedingungen wurden in deiner Familie an die Liebe geknüpft?
- Welche Bedingungen musstest du erfüllen, um Zuwendung oder Anwesenheit zu erleben?
- Welche Bedingungen musstest du erfüllen, um in der Familie geachtet und wertgeschätzt zu werden?

Liebe, die an Bedingungen geknüpft ist, zerstört das Gefühl von Achtung und Wertschätzung in einem Menschen. Genauso oder vielleicht noch schlimmer können kritische Kommentare wirken.

VERLETZENDE ÄUSSERUNGEN

Manche Menschen bekommen ihre Würdigkeitswunde ganz deutlich zugefügt. Da bleibt kein Raum für Missverständnisse. Es gibt Eltern, die nicht nur nicht verfügbar sind oder ihre Liebe an Bedingungen knüpfen, sondern die ihren Kindern ganz klar mitteilen, dass sie sie für wertlos halten. Sie sagen ihnen, dass sie es nie zu etwas bringen werden, dass sie ein Fehler waren und nie hätten geboren werden sollen, dass sie nutzlos und erbärmlich sind. Das ist Misshandlung, nichts anderes. Solche Äußerungen sind schmerzhaft, schädlich und zutiefst verletzend. Wir sprechen zu einem späteren Zeitpunkt noch über psychische Gewalt, vorerst ist nur wichtig, dass eine Würdigkeitswunde entstehen kann, wenn einem direkt mitgeteilt wird, dass man unwürdig ist.

Manchmal geschieht dies sukzessive und der Schaden wird auf unterschiedliche Art und Weise angerichtet. Manchmal reicht auch ein einziger Ausbruch, dessen Wortlaut nicht vergessen wird. Und zuweilen passiert es durch Beschämung und Verurteilung. In welchem Ton und mit welchen Worten unsere Eltern mit uns sprechen, verrät viel über sie – aber als Kinder beziehen wir ihre Äußerungen vor allem auf uns selbst.

Veronica bekam die Missbilligung ihres Vaters erst richtig zu spüren, nachdem ihre Mutter sie verlassen hatte. Es begann mit unfairen Vergleichen mit ihrer Schwester Carol. Nachdem ihre Mutter gegangen war, tat sich Veronica in der Schule und anderen Bereichen schwer. Ihr Vater reagierte darauf verärgert und mit kritischen Äußerungen, dass sie mehr wie ihre Schwester sein solle. Er sagte dann: »Warum lernst du nicht so fleißig wie sie?« Oder: »Wenn du mehr so wärst wie Carol, dann wäre mein Leben einfacher.«

Seine Äußerungen waren wirklich verletzend. Natürlich verursachte Veronica Probleme, aber anstatt sie zu unterstützen, kritisierte ihr Vater sie noch mehr.

»Unsere Mom hatte uns gerade verlassen, und seine Bemerkungen machten mich wahnsinnig. Alles, was er sagen konnte, war: ›Sei mehr wie deine Schwester.‹ Sei mehr wie deine Schwester und was dann? Dann liebe ich dich mehr? Sei mehr wie deine Schwester, dann erkenne ich an, dass deine Mutter uns verlassen hat? Sei mehr wie deine Schwester, dann kommt deine Mutter vielleicht zurück?« Veronicas Stimme brach. Sie schloss die Augen und weinte. Nicht nur die Tatsache, dass ihre Mutter sie verlassen hatte, sondern auch die verletzenden Äußerungen ihres Vaters ließen sie an ihrem Selbstwert zweifeln. *Nicht mal von dem Elternteil, der geblieben ist, bekomme ich Liebe.*

Nicht alle Äußerungen, die verletzen, sind unbedingt gemein. Manchmal sind sie auch subtiler. Maya hatte eine liebevolle Familie, die sie unterstützte, aber ihre Mutter, die auch mit ihrem eigenen Körperbild haderte, redete ihr ein, sie dürfe nie mehr als zwei oder drei Kilogramm von ihrem Idealgewicht abweichen. »Lass es nicht zu sehr aus dem Ruder laufen«, ermahnte sie ihre Mutter. Und fügte hinzu: »Aber ich liebe dich trotz deiner Kilos.«

Uff, dieses Wort *trotz*. Es tut weh, oder? Maya war schon immer unzufrieden mit ihrem Körper gewesen. *Wenn ich nicht abnehme, mag mich niemand. Wenn ich nicht abnehme, findet mich niemand attraktiv. Wenn ich nicht abnehme, bin ich einer Partnerschaft nicht würdig.* Solche Botschaften hatten die Jahrzehnte zurückliegenden mehr oder weniger subtilen Bemerkungen ihrer Mutter bei ihr hinterlassen.

Kannst du dich an Äußerungen deiner Eltern aus der Kindheit erinnern, die einen bleibenden Eindruck hinterlassen haben? Vielleicht sagen sie heute immer noch dasselbe, so wie Mayas Mutter, die sich nach wie vor über Mayas Gewicht auslässt. Womöglich war es nur eine einmalige Bemerkung, die sich aber für immer in deinem Kopf festgesetzt hat. Ich stoße häufig darauf, dass eine einzige schneidende Bemerkung dauerhaft festlegt, welchen Wert sich jemand zuweist.

Mein Klient Trevor erzählte mir, dass er erst dann bereit war, Beziehungen mit Frauen einzugehen, wenn er richtig gut mit ihnen befreundet war. Denn erst wenn sie ihn wirklich kennengelernt hatten, bestand nicht mehr die Gefahr, dass sie ihn nur wegen seiner Größe ablehnten. Der Grund dafür war eine unbedachte Bemerkung eines Mädchens, in das er in der fünften Klasse verknallt war. Auf einer Party sagte sie: »Du wärst ja süß, wenn du nur größer wärst.« Und das war's. Diese eine Bemerkung ließ ihn lange Zeit an seinem Wert zweifeln.

Ich weiß, es macht keinen Spaß, sich an verletzende und herabwürdigende Kommentare zu erinnern. Aber Worte bleiben hängen, und es ist wichtig, dass wir uns ihre Wirkung bewusst machen.

- Die Person, deren Worte mich in meiner Kindheit am meisten verletzt haben, war __________.

Vielleicht kommen Gefühle in dir auf, wenn du den Satz oben ergänzt. Aber es ist nur eine Information, der du hier Raum geben darfst.

- Die Worte taten weh, weil __________.

Du kennst vielleicht den Spruch »Stock und Stein brechen mein Gebein, doch Worte bringen keine Pein«? Ja, ein richtig dummer Spruch. Da wird eine dicke Lüge als Tapferkeit verkauft. Worte tun weh. Sie dürfen auch wehtun. Erlaube dir zuzugeben, dass Worte wehtun.

Die Ursprünge deiner Würdigkeitswunde zu erforschen, ist kein leichtes Unterfangen. Herauszufinden, wie du zu der Überzeugung gelangt bist, dass du unwürdig bist, kann ziemlich aufwühlen. Vielleicht hast du etwas zum ersten Mal erkannt oder du wurdest an etwas erinnert, was du schon wusstest. Wie auch immer, es gibt da eine Wunde, mit der du irgendwie zu leben gelernt hast.

Bewältigung der Würdigkeitswunde

Kinder reagieren ganz unterschiedlich, wenn ihr Wert bedroht oder infrage gestellt wird. Manche werden zu Perfektionist:innen. Andere wollen gefallen oder sich so nützlich wie möglich machen, um zu zeigen, dass sie etwas Wertvolles zu bieten haben. Einige fokussieren sich auf Leistung und Erfolg und glauben, dass sie Aufmerksamkeit, Bestätigung und Anerkennung verdienen, wenn sie gut sind. Sie tun alles, um ihre Eltern glücklich zu machen, denn sie hoffen, dass mit dem Glück der Eltern auch die Wertschätzung des Kindes einhergeht.

Manche bleiben für immer auf diesem Weg, auch lange nachdem sie ihre Herkunftsfamilie verlassen haben. Sie geben weiterhin ein perfektes Bild ab, machen sich nützlich, erbringen Leistung und gefallen – um hoffentlich irgendwann zu spüren, dass sie Gutes verdienen, nämlich Liebe, Aufmerksamkeit, Bindung und Intimität. Andere versuchen diese guten Dinge zu erreichen, müssen dann aber einsehen, dass sie ihrer unwürdig sind.

Bei dem Seminar, das ich vor Jahren leitete, war der Saal voll mit Menschen, die eine Würdigkeitswunde hatten. Aber dieser Saal mit Menschen war wie *jeder andere* Saal. Diese Menschen waren wie du und ich und dein Partner oder deine Partnerin. Wie deine Freunde, deine Arbeitskolleginnen, deine Eltern und dein Chef. Man braucht nicht lange zu suchen, um jemanden mit Würdigkeitswunde zu finden, jemanden, der glaubt, nicht gut genug zu sein.

Wenn du ein Kind warst, das unbedingt perfekt, nützlich, erfolgreich oder lieb sein wollte, dann lass dir sagen, dass ich sehe, wie sehr du dich bemüht hast. *Natürlich* hast du das alles gemacht. *Natürlich* hast du dein Bestes gegeben. Du hast alles in deiner Macht Stehende getan, um dir ein Gefühl der Würdigkeit zu verschaffen. Du hast dich abgerackert, um dich würdig zu fühlen. Wie schön, dass du versucht hast, dir Sicherheit und Zuversicht zu verschaffen! Vielleicht kannst auch du diese Versuche deines Selbst, Selbstwertgefühl zu finden, wertschätzen.

Hand aufs Herz. Lass es uns versuchen. Kannst du anerkennen, wie sehr du dich bemüht hast, dich selbst zu schützen? Kannst du dankbar sein für das, was du erreicht hast?

»Danke dafür, dass ___________. Ich weiß deine Mühen zu schätzen, denn __________.«

Es ist wichtig, dass du von der Selbstkritik zur Dankbarkeit gegenüber dir selbst übergehst. Aber das ist nicht einfach. Vielleicht muss sich noch mehr ändern, denn deine alten Gewohnheiten helfen dir nicht mehr so wie früher. Aber da deine erlernten Handlungs- und Überlebensmuster früher so wertvoll und bedeutsam für dich waren, solltest du ihnen, wenn du dafür Raum schaffen kannst, Respekt, Dankbarkeit und Bewunderung zollen.

Heilung der Würdigkeitswunde

Unser Auftrag ist Wandel und Veränderung, aber das ist nicht immer einfach. Lange sah Veronica nicht, welchen Anteil sie an ihren unglücklichen Beziehungen hatte. Sie schob die Schuld immer anderen zu. Ihre Partner kümmerten sich nicht genug, gaben sich nicht genug Mühe und liebten sie nicht genug. Jetzt galt es, sie aus ihrer Opfermentalität herauszuholen, damit sie ihren Anteil erkennen konnte. Andernfalls würde sie diese Dynamik immer wieder aufs Neue herbeiführen und weiterhin anderen die Schuld geben.

Als meine Beziehung zu Veronica tiefer wurde und mehr Vertrauen aufgebaut war, konnte ich ihr helfen, ihre Würdigkeitswunde genauer zu betrachten. »Ich glaube, du machst es Männern wirklich schwer, sich für dich zu entscheiden, Veronica.« Das sagte ich ganz sanft, denn ich wusste, dass es wahrscheinlich schmerzhaft zu hören war. »So ein Mann will nicht deine Hilfskraft sein. Er will dein Partner sein. Er will dich kennenlernen. Er möchte nicht, dass du ihm endlos viele Aufträge erteilst.«

Veronica begann langsam zu begreifen, dass sie andere von sich stieß. Sie machte es anderen fast unmöglich, sie wirklich kennenzulernen, denn wenn sie nicht alle ihre Anforderungen erfüllten, machte sie ihnen Vorwürfe. »Warum kannst du mir nicht einfach helfen? Bin ich für dich so unwichtig, dass meine Bitte keine Priorität hat? Bin ich dir in deinem Leben nicht wichtig genug? Sonst würdest du doch einfach tun, worum ich dich bitte«, sagte sie ihren Partnern.

Veronica war würdig, und zwar bedingungslos, und du bist es auch. Du bist der Liebe, der Zuwendung, der Präsenz, der Aufmerksamkeit, der Sicherheit und vieler anderer Dinge würdig. Du bist es wert. Aber du kannst dich auch nicht einfach benehmen, wie es dir passt, und glauben, dass eine Beziehung trotzdem gelingt. Als wir uns mit Veronicas Herkunftsgeschichten beschäftigten, erkannte sie, wie ihre Würdigkeitswunde ihre Beziehungen sabotierte. Sie begriff, dass sie nicht erwarten konnte, dass Menschen blieben, wenn sie sie wegstieß. Sie musste damit aufhören, andere herauszufordern, und stattdessen Grenzen setzen und Regeln aufstellen. Sonst würden ihre Beziehungen weiterhin scheitern, und das würde sie in dem Glauben bestärken, nicht würdig zu sein.

Zu Veronicas Heilungsprozess gehörte es, sich mit ihrer Opferrolle auseinanderzusetzen. Sie musste sich daraus befreien und sich überzeugen, würdig zu sein. Sie *konnte* eine erfolgreiche Beziehung führen, solange sie sich bewusst machte, dass ein Teil von ihr immer wieder sagen würde, dass sie es nicht kann. Anstatt unerreichbare Männer auszuwählen oder bei den verfügbaren Nähe und Intimität zu vermeiden, öffnete sich Veronica nun nach und nach für eine Beziehung. Verspürte sie den Drang, ihrem Partner eine neue Aufgabe zu stellen oder einen Streit vom Zaun zu brechen, dann erinnerte sie sich daran, dass ihre Würdigkeitswunde mit dieser Taktik eine Geschichte zu untermauern versuchte, an die Veronica nicht mehr glauben wollte. Veronica arbeitete hart daran. Aber *diese* Arbeit lohnte sich. *Diese* Arbeit brachte eine phänomenale Rendite.

Herkunftsheilungsarbeit in Einzelschritten

Ich werde dich jetzt durch vier Schritte führen, die meiner Meinung nach für deinen Heilungsprozess unerlässlich sind. Ich nenne das Ganze Herkunftsheilungsarbeit. Dieser Ansatz basiert auf dem umfangreichen therapeutischen Wissen darüber, wie Veränderung geschieht, und er hat sich für mich und viele meiner Klient:innen bewährt. Die Schritte bestehen darin, die Wunde zu *benennen*, sie zu *bezeugen* und zu ehren, den Verlust deines authentischen Selbst zu *betrauern* und sich schließlich, wenn die Wunde zu heilen beginnt, *neu auszurichten,* hin zu anderen Verhaltensweisen und Entscheidungen.

Nachdem ich dir die vier Schritte im Detail erklärt habe, hast du die Möglichkeit, die Herkunftsheilungsarbeit selbst durchzuführen. Wir kommen in diesem Teil bei jeder Wunde auf diese vier Schritte zurück, und du wirst dich mit den Wunden beschäftigen, die dich am meisten ansprechen. Wie du dabei vorgehst, ist individuell unterschiedlich, es gibt da nicht den einen, richtigen Weg. Die Arbeit wird am Anfang nicht einfach sein. Tu, was du kannst. Du wirst dich sicher mehrmals damit beschäftigen müssen. Vielleicht verspürst du einmal stärkere Gefühle als sonst oder kannst Erinnerungen und Gefühle bewusster verarbeiten als bisher. Bleib unbedingt dran. Wenn du Herkunftsheilungsarbeit betreibst, wirst du viele Möglichkeiten für Veränderung, Wachstum und Heilung erkennen.

BENENNEN, WAS WAR

Wenn du die Wunde nicht anerkennen kannst, ist es kaum möglich, sie zu heilen. Und wenn du sie nicht richtig erkennst, läuft der Heilungsprozess nicht in die richtige Richtung. Vielleicht hat eine ähnliche Geschichte wie deine bei jemand anderem auch eine Wunde hinterlassen – aber nicht die gleiche wie bei dir. Ich weiß, dass es jetzt schwierig wird, doch wenn du dir Zeit für deine Geschichte mit all ihren Einzelheiten nimmst und überlegst, was genau daran so verletzend war, wirst du *deinen* Heilungsweg finden. Deshalb mein Rat: »Sag einfach, was es war – nicht mehr und nicht weniger.« Das ist ein mutiger erster Schritt. Er verlangt von dir den Mut, zu benennen, was war und wie es war.

Vielleicht erinnerst du dich an Natasha aus dem ersten Kapitel und daran, wie schwer es für sie war, nicht nur die Untreue ihres Vaters zu benennen, sondern auch die unausgesprochene Erwartung, dass sie sich an dem Treuebruch beteiligte. Oder Veronica, die es bei früheren Therapieversuchen geschafft hatte, kein Wort über ihre Familie zu verlieren, nur um ihre Würdigkeitswunde zu verbergen. Die Vorstellung, deine Wunde beim Namen zu nennen – und vielleicht zuzugeben, dass sie ihren Ursprung in der Nichtverfügbarkeit, der bedingungsbeladenen Liebe oder den Äußerungen deiner erwachsenen Bezugspersonen hat –, macht dir vielleicht Angst. In diesem Schritt wirst du mit Dingen konfrontiert, die dich beeinflusst haben, und du muss ehrlich sein, ohne die Geschichte zu minimieren, zu maximieren, zu entwerten oder zu verzerren. Wichtig ist, dass du innehältst und sagst, was geschehen ist. Wenn du dich nicht mit der Vergangenheit auseinandersetzt, kann das Unaufgedeckte dich weiterhin bestimmen. Und ich verspreche dir: Das wird es auch.

ZUM ZEUGEN WERDEN

Zeug:in zu sein ist eine tiefgreifende Erfahrung im Leben. Lass uns aber definieren, was es im therapeutischen Kontext bedeutet. Zeugenschaft heißt, dass du (ja, du selbst kannst Zeug:in deiner Geschichte sein) oder jemand anderes deine Geschichte würdigt, indem er sie bezeugt – nämlich deinen Schmerz und das, was dich beeinflusst hat oder beeinflusst. Du wirst gehört, du wirst gesehen, du wirst anerkannt.

Wenn deine Erfahrungen bezeugt werden, kann das den Verlauf deines Lebens verändern. Die Anerkennung an sich kann dir die Lösung aus Mustern, aus denen du dich befreien willst, erleichtern. Unterschätze bloß nicht die Kraft, die darin liegt. Der Akt des Bezeugens bedeutet: das, was war oder ist, annehmen, indem man es sieht, fühlt, sich ihm zuwendet und es aus erster Hand erlebt (oder so, als ob es aus erster Hand wäre).

Die Kraft, die darin liegt, wirklich gesehen zu werden, ist manchmal alles, was nötig ist, damit sich ein Muster löst.

Ich erinnere mich an das erste Mal, als ich meinen jetzigen Mann als Zeugen gesehen habe. (Ich werde sogar beim Schreiben emotional.) Ich sprach am Telefon mit einem Familienmitglied, das sich lieber verteidigte, als mich anzuhören. Diese Dynamik hatte sich über Jahrzehnte immer wieder zwischen uns abgespielt, und das machte mich müde. Mein verwundeter Teil versuchte immer wieder, die Person dazu zu bringen, mir zuzuhören, meinen Schmerz zu verstehen und ihren Anteil daran zu übernehmen. Meine Versuche scheiterten kläglich, und jedes Mal, wenn ich scheiterte, fühlte ich mich noch verletzter.

An diesem Abend war Connor zu Hause und ich hatte das Telefon während des angespannten und frustrierenden Gesprächs aus Versehen auf laut gestellt. Er saß daneben und hörte sich das Gespräch an. Das Gespräch verlief wie immer, aber was dann geschah, war so heilsam, dass es etwas in mir freisetzte.

Ich legte den Hörer auf und Connor und ich sahen uns an. Er sagte mir, was er gehört und wie er es verstanden hatte. Und das Unglaubliche war, dass sein Eindruck mit meinem übereinstimmte. Er hatte in dem Gespräch das Gleiche gehört wie ich und konnte meine Gefühle und meine Frustration bestätigen. In diesem Augenblick war er nicht nur mein Zeuge, sondern auch der Zeuge von *allen meinen vorherigen Versionen*. Ich hatte seit Jahrzehnten immer wieder den gleichen Streit mit diesem Familienmitglied. Jetzt fühlte sich mein inneres Kind genauso gesehen wie mein erwachsenes Ich.

Obwohl sich an der Dynamik zwischen mir und dem Familienmitglied nichts geändert hatte, fühlte ich mich nicht mehr allein damit. Ich war nicht mehr darauf angewiesen, dass diese Person »es kapierte« und meine Sicht der Dinge verstand, denn es reichte, dass jemand anderes das tat. Dieser eine Moment löste mich aus einem jahrzehntelangen ungesunden Muster.

Lass das mal kurz auf dich wirken. Zeugenschaft muss nicht von einer bestimmten Person abhängen. Natürlich sehnen wir uns danach, dass uns eine spezielle Person zuhört, aber ich habe persönlich und beruflich die Erfahrung gemacht, dass sich etwas verändern kann, wenn nur *irgendjemand* Zeug:in ist.

Manchmal ist die Person, die zur Verwundung beigetragen hat, in der Lage, deine Wahrheit anzuhören. Das geschieht zuweilen mit der Partnerin oder einem Freund. In manchen Fällen wird man sich seiner so bewusst, dass man für sich selbst Zeuge sein kann. Und häufig sind es eben Fremde – wie bei allen Seminaren, die ich geleitet habe. Mutige Seelen, die sich für ein paar Tage versammeln. Menschen, die sich noch nie zuvor begegnet sind und danach wohl nie wieder etwas miteinander zu tun haben werden. Die aber voreinander Zeugnis ablegen und an einem Heilungsprozess teilnehmen, der ihr Leben verändert.

Immer wenn ich wieder in alte Muster verfalle, weiß ich, dass es Zeit ist, das Ganze zu bezeugen. Es ist nicht immer mit einem Mal erledigt, ehrlich gesagt eher selten. In diesen Momenten des Rückfalls kann ich mich an meinen Partner wenden, an liebe Freundinnen, die mich verstehen, oder an mich selbst.

DER TRAUER RAUM GEBEN

Wenn wir von Trauer sprechen, denken wir meistens an den Verlust eines geliebten Menschen. In unserer Arbeit mit der Herkunftsfamilie ist der Trauerprozess aber eine Reaktion darauf, dass du einen Teil von *dir selbst* verloren hast, nämlich dein authentisches Selbst, wie es vor der Verwundung, dem Schmerz und dem Trauma war. Und das ist noch nicht alles, was du betrauern musst. Viele von uns müssen ihre erlernten Bewältigungsstrategien loslassen, die sie noch weiter von sich selbst entfremdet haben, und müssen anerkennen, was sie sich selbst angetan haben, und das ist besonders schmerzhaft. Vielleicht hast du den Schmerz dadurch bewältigt, dass du deinen Körper schlecht behandelt hast. Oder du hast deine Wunde verdeckt, indem du dich auf sexuelle Beziehungen mit Menschen eingelassen hast, mit denen du eigentlich nicht intim sein wolltest. Womöglich bestand deine Bewältigungsstrategie aus ständiger quälender Selbstkritik. Du musst Trauerarbeit leisten und dadurch auch diese unproduktiven Bewältigungsstrategien hinter dir lassen.

Sowohl Bezeugen als auch Betrauern können starke emotionale Prozesse sein. Wenn dir gegenüber Zeugnis abgelegt wird, entweder von dir selbst oder von jemand anderem, fühlt sich das befreiend an. Es ist, als würde sich ein Ventil öffnen. Was bisher eingedämmt war, beginnt plötzlich zu fließen. Du wechselst vom Schutzmodus zu etwas Offenem, etwas, was in Bewegung ist.

Wenn das Ventil verschlossen ist, neigen wir dazu, uns zu versteifen. Unser Körper ist voller Anspannung. In diesem Zustand ist es schwer, Gefühle richtig wahrzunehmen, und die Gefühle werden dann entweder verleugnet oder verdrängt.

Trauern bedeutet in diesem Zusammenhang, dass man sich *allen* Gefühlen stellt, die vor Zeugen hochkommen. Erlaube dir, dabeizubleiben und alles zu fühlen, sobald sich das Ventil öffnet. Ich wette, du ahnst es schon: Sobald du diesen Gefühlen Raum gibst, werden sie auf dich einstürmen! Das ist ganz normal. Es gibt nicht den einen Weg oder die richtige Geschwindigkeit, mit der du diese Gefühle beim Betrauern durchmachen solltest. Du musst nur wissen, dass du dich letztendlich hindurch*fühlen* musst. Du kannst dich nicht hindurchvermeiden, hindurchverleugnen oder hindurchverdrängen. Damit bist du ja überhaupt erst an den Punkt gekommen. an dem du bist. *Also, fühl deine Gefühle!*

Merk dir: Was dir genommen wurde, ist nicht für immer verloren. Du kannst deinen Selbstwert, dein Gefühl der Zugehörigkeit, Aufmerksamkeit, Sicherheit und des Vertrauens wiedererlangen. Du kannst Gefühle wie Würdigkeit, Leichtigkeit, Gelassenheit und Freude wieder spüren.

NEUAUSRICHTUNG

Wenn ich das Wort »Neuausrichtung« auf den Sportbereich übertragen würde, dann wäre das vergleichbar mit einem schnellen Richtungswechsel in einem Spiel. Auf dem Spielfeld muss eine gute Drehung so schnell sein, dass der Gegner sie nicht kommen sieht. Ungesunde Muster sind wie gute Abwehrspieler, sie antizipieren deinen nächsten Schritt. Deine Aufgabe ist es, sie zu überrumpeln. Muster gedeihen, weil du immer wieder das Gleiche tust. Wenn du also ein ungesundes Muster verändern willst, musst du unterschiedlich handeln oder denken, zumindest so lange, bis du ein Muster gefunden hast, das gesünder ist und besser zu dir passt.

Diese Arbeit erfordert ein bewusstes Durchdenken. Denn du entscheidest nun, welchen Weg du weiter einschlagen willst. Nachdem Connor mein Zeuge war, musste ich noch etliche Male vor mir selbst Zeugnis ablegen und viel Zeit mit Trauer verbringen. Wie ich bereits erwähnt habe, führte diese Ablösung zu der Erkenntnis, dass ich mich nicht mehr so wie bisher auf jenes Familienmitglied einlassen musste. Diese Erkenntnis war nicht die eigentliche Neuausrichtung; die Neuausrichtung geschah jedes Mal dann, wenn ich nicht in den Konflikt eintauchte. Wenn das alte Muster wieder zum Vorschein kam und ich mich nicht darauf einließ.

Eine Neuausrichtung ist eine Rückbesinnung auf sich selbst. Sie sagt: *Ich sehe dich UND ich ehre dich.* Letzteres kann man zulassen, weil genug Zeugenschaft und Trauer stattgefunden haben. Ohne diese ist es sehr schwer, sich neu auszurichten. Man kann es dann zwar wollen und immer wieder gute Vorsätze und Versprechungen ausdrücken – trotzdem passiert ständig das Gleiche mit den üblichen oder auch anderen Menschen. Wenn es dir schwerfällt, etwas zu verändern, was du verändern willst, dann bedeutet das, dass du nicht genug bezeugt und betrauert hast. Dein System lässt nicht zu, dass du dich von dem Schmerz löst, ohne ihn vorher benannt, bezeugt und betrauert zu haben. Das ist nicht als Qual gedacht. Zweck des Ganzen ist, deinen Schmerz und deine Wunden anzuerkennen.

Glaub mir, es ist eine große Befreiung und Erlösung, die Dinge endlich beim Namen zu nennen. Dazu passt eines meiner Lieblingszitate von Iyanla Vanzant: »Wenn du einer Sache in die Augen sehen kannst, wenn du anerkennst, dass sie existiert, wenn du sie als genau das bezeichnest, was sie ist, und wenn du festlegst, welche Rolle sie in deinem Leben spielen soll, dann, geliebtes Wesen, hast du den ersten Schritt in Richtung Freiheit getan.« Und genau das tust du. Du machst den ersten Schritt hin zu deiner Freiheit.

Der Einstieg

Wenn du bereit bist, mit deiner Heilungsarbeit weiterzumachen, solltest du etwas Zeit dafür einplanen und dich an einen ungestörten Ort begeben. Noch einmal: Diese Übung richtet sich an Menschen mit einer Würdigkeitswunde. Wenn dich das nicht betrifft, kannst du gerne zum nächsten Kapitel springen, um den Prozess für die Zugehörigkeitswunde durchzuarbeiten. Jedes Kapitel in Teil II dieses Buches behandelt eine bestimmte Art der Herkunftsheilungsarbeit. Du brauchst nur die Übungen durchzuführen, die deine Wunde betreffen. Auf der englischsprachigen Seite www.viennapharaon.com/audio findest du außerdem geführte Übungen für jede der fünf Herkunftswunden.

Der Heilungsprozess ist eine sehr tiefgehende Erfahrung. Er kann uns verwandeln. Mach es dir am besten mit Kissen und einer Decke gemütlich oder setz dich auf ein Meditationskissen und zünde eine Kerze an. So kommst du in die richtige Stimmung, um Heilung zuzulassen.

Tu am besten das, wodurch du dich geborgen und aufgehoben fühlst. Ich schließe dabei gerne meine Augen, damit ich ganz bei mir bin. Bei mir funktioniert das, aber manche Menschen lassen die Augen lieber offen, weil sie sich dann sicherer fühlen. So werden sie nicht überraschend gestört und sehen, was um sie herum passiert. Es gibt hierbei kein Richtig oder Falsch, sondern nur das, was sich für dich gut anfühlt. Willst du die Heilung lieber mit deinem Therapeuten angehen, dann tu es. Wenn du dich durch ein Trauma hindurcharbeitest, musst du gut auf dich achten. Es ist wichtig, dass du jemanden an der Seite hast, der dich bei dieser Arbeit anleitet, dich unterstützt und dir einen geschützten Raum schafft.

Lass uns beginnen:

BENENNEN. Ruf dir den Moment ins Bewusstsein zurück, an dem du erstmals deinen Wert infrage gestellt hast. Geh dabei behutsam vor. Versuch dich an die Einzelheiten dieses Augenblicks zu erinnern. Wo warst du? Wer war dabei? Wie alt warst du? Was hattest du an? Hat jemand etwas gesagt, das dich hat zweifeln lassen, dass du würdig bist? Nimm so viele Details wie möglich wahr.

BEZEUGEN. Nimm dich selbst in den Blick, die jüngere Version von dir, für die du gerade Zeugnis ablegst (also nicht die Version, die im Moment diese Übung macht). Erkenne die Gefühle, die du in diesem vergangenen Moment erlebt hast, und zwar so, als würdest du dich selbst in einem Film betrachten. Als Veronica diese Übung machte, sah sie, wie ihr fünfjähriges Ich von ihrer Mutter gesagt bekam, dass diese sie verlassen würde. Sie beobachtete sich selbst dabei, wie ihre Mutter in das Auto stieg und wegfuhr. Veronica sah zu, wie ihr jüngeres Ich diesen Moment erlebte, und bekam Mitleid mit dem kleinen Mädchen, das von nun an seinen Wert infrage stellte.

BETRAUERN. Jetzt könnten Gefühle hochkommen. Kannst du sie zulassen? Spürst du, wie es damals für dich gewesen ist? Vielleicht bricht dir das Herz angesichts deines jüngeren Ichs, das verlassen wurde oder verletzende Äußerungen über sich ergehen lassen musste. Womöglich bricht dir das Herz angesichts deines jüngeren Ichs, das sich verstellt hat, um anderen zu gefallen oder Liebe zu bekommen. Fühl mit deinem jüngeren Ich mit und mach dir bewusst, was du für es tun möchtest. Willst du es trösten? Möchtest du ihm sagen, dass es dir leidtut, dass es all das durchmachen musste? Willst du es in den Arm nehmen und ihm sagen, dass alles gut wird? Spürst du den Drang, etwas zu tun? Nimm es einfach wahr. Lass die Gefühle zu.

Bleib so lange oder so kurz bei diesen Eindrücken, wie es dir behagt. Wenn du die Augen geschlossen hast, nimm dir etwas Zeit, bevor du die Außenwelt wieder an dich heranlässt. Halt die Augen geschlossen und fang langsam an, deine Finger und Zehen zu bewegen. Dehn deinen Nacken. Leg deine Hände auf dein Herz oder deinen Bauch. Oder konzentrier dich auf deinen Atem. Überleg, was du sehen wirst, wenn du die Augen öffnest. Weißt du noch, wo du bist? Und dann öffne ganz langsam die Augen. Nimm dir Zeit dafür.

Das ist ein großer Schritt, den du gerade gemacht hast. Trauern ist kein einmaliger Vorgang. Du musst diese Übung wahrscheinlich mehrmals wiederholen. Wenn ich bewusst mit meiner Trauer arbeite, tauche ich stets aufs Neue darin ein. Ich nehme dann andere Details wahr, bemerke etwas Neues an meinem sechs oder neun Jahre alten Ich. Es fühlt sich jedes Mal ähnlich und doch neu an. Ich hoffe, es geht dir auch so. So oft du willst und so oft du es brauchst. Du kannst es eine Woche lang jeden Tag tun. Oder du machst es nur einmal und dann erst nach einem oder nach fünf Jahren wieder. Wie auch immer – ich bin stolz auf dich.

SICH NEU AUSRICHTEN Überleg, wie sich deine Würdigkeitswunde heute auswirkt? In welchen Beziehungen zeigt sie sich? Versuchst du zu gefallen oder zu vermeiden, verstellst oder versteckst du dich, um dich vor dem Gefühl zu schützen, nicht würdig zu sein? Nimm dir einen Moment Zeit und überleg, was anders wäre, wenn du dich tatsächlich würdig fühlen würdest. Inwiefern würdest du aufhören, dich zu verstellen, wenn du wüsstest, dass du der Liebe würdig bist? Inwiefern würdest du aufhören, dich zu verstecken, wenn du dich wertvoll und wertgeschätzt fühltest? Um die Richtung zu wechseln, musst du dir angewöhnen, innezuhalten, dir einen Moment Zeit zu nehmen und dir über deinen nächsten Schritt klarzuwerden. Kannst du diesen Satz beenden? *Würde ich glauben, dass ich würdig bin, würde ich mich anders verhalten, nämlich:*__________. Was würde sich ändern, wenn du diesen Richtungswechsel in der Beziehung, in der du dich unwürdig fühlst, vollziehen würdest? Ich möchte, dass du in dieser Woche auf Gelegenheiten achtest, in denen du eine alte Verhaltensweise durch eine neue ersetzen könntest. Erkenne diese Gelegenheiten einfach, mehr musst du vorerst nicht tun.

Puuh, da hast du schon einige Arbeit geleistet. Wenn du dich jetzt nackt oder verletzlich fühlst, dann nimm es einfach wahr und achte gut auf dich. Das Gefühl der Würdigkeit stellt sich nicht über Nacht ein. Wie bei jeder Heilungsarbeit musst du dich immer wieder auf dich selbst besinnen. Aber ich erkenne die Arbeit, die du leistest, und kann es kaum erwarten, dich weiter zu begleiten.

4

ICH MÖCHTE DAZUGEHÖREN

Jedes Kind, jeder Mensch sehnt sich danach, Teil von etwas zu sein. Wir wollen ganz wir selbst sein und doch Teil von etwas, was größer ist als wir. Wir wollen dazugehören.

Solange eine Familie oder Gruppe nicht von uns verlangt, unser authentisches Wesen zu verraten, fühlen wir uns anerkannt und geborgen. So entsteht das schöne Gefühl der Zugehörigkeit. Teil von etwas zu sein, ist wichtig und sehr wertvoll.

Leider erwarten viele Familien und Gruppen bewusst oder unbewusst von manchen Mitgliedern, dass sie sich an ihre Erwartungen anpassen und ihre Gepflogenheiten mittragen. Allzu oft haben Menschen das Gefühl, dass sie sich selbst aufgeben müssen, um Teil einer Gruppe zu bleiben oder zu ihrer eigenen Familie zu gehören. Wie schön, wenn Zugehörigkeit einfach gegeben ist und nicht verdient werden muss! Aber leider bekommen wir das, was wir uns wünschen, nicht immer, vielleicht nie und manchmal nicht einfach so. Kinder, die sich als Außenseiter fühlen, werden sich höchstwahrscheinlich auch als Erwachsene nicht zugehörig fühlen.

Der Ursprung der Zugehörigkeitswunde

»Warum gibt es in dieser Stadt keine anderen schwulen Männer, die einfach ein normales Leben führen wollen?«

Noch bevor die Tür meines Büros zugefallen war, ließ sich ein sichtlich frustrierter Neil aufs Sofa fallen und warf den Kopf nach hinten. Neil war 32 und hatte vor einem Monat eine Therapie bei mir begonnen. Erst ein paar Monate zuvor war er von West Virginia nach New York gezogen.

»Was bedeutet *normal*?«, fragte ich.

»Ach, du weißt schon, was ich meine. Ein Mann, der nicht ständig ausgehen und Party machen muss. Einer, der monogam leben will. Den Abend zu Hause verbringen will. Der sich binden will. Einer, der nicht alles nachholen muss, was wir alle uns lange Zeit nicht offen getraut haben.«

Neil hatte mal wieder eine Nacht hinter sich, in der er ausgiebig gefeiert hatte. Bevor er nach New York gezogen war, hatte er nie Drogen genommen und nur gelegentlich etwas getrunken. Jetzt hatte er das Gefühl, dass das aus dem Ruder lief, und war zu mir gekommen, um herauszufinden, was mit ihm los war.

»Hast du dich auf der Party von den anderen unter Druck gesetzt gefühlt?«, fragte ich.

»Nein, überhaupt nicht. Das ist ja das Verrückte. Es gibt kein bisschen Druck, und trotzdem sage ich Ja zu etwas, was ich eigentlich gar nicht haben will, einfach nur weil es mir angeboten wird und alle um mich herum es nehmen.«

Ich fragte Neil, ob er glaube, dass dieser Drogenkonsum ein Versuch sei, sich anzupassen und endlich dazuzugehören.

Er zuckte mit den Schultern und fing an nachzudenken. »Das ist ein interessanter Gedanke«, meinte er.

Neil hatte gehofft, in New York City das zu finden, was er zu Hause vergeblich gesucht hatte: eine Gemeinschaft, in der er sich normal fühlte. Aber es dauerte nicht lange, bis er merkte, dass er sich selbst unter seinesgleichen, in der schwulen Community, immer noch wie ein Außenseiter vorkam. Neil wollte sich binden, mit jemandem zusammenleben, der ähnliche Werte hatte wie er. Aber er traf selten Männer, die mehr wollten als eine schnelle Nummer. Das frustrierte ihn, aber wie sehr ihm das zusetzte, merkte er erst, als wir darüber redeten.

Neil wuchs umgeben von zwei älteren Brüdern und zwei jüngeren Schwestern auf. »Ich war der Außenseiter«, sagte er mir. »Ich war nicht so sportlich wie meine Brüder und habe meinen Vater immer enttäuscht. Ich war nicht der Sohn, den er erwartet oder gewollt hatte. Das wusste ich. Und meine Mutter und meine Schwestern bildeten eine Mädchenclique, in der ich auch nicht willkommen war.«

Neils Eltern waren sehr religiös, und in ihrer kleinen Heimatstadt wusste jeder über jeden Bescheid. Neil musste daher alles verbergen, was er nicht in der Öffentlichkeit zeigen wollte. Und Neil war gut darin, zu verheimlichen, dass er schwul war. 14 Jahre lang hielt er es vor seiner Familie geheim und noch viel länger vor der Gemeinde. Jahrelang versuchte Neil, sich an seine Familie anzupassen. Er probierte die Sportarten aus, zu denen sein Vater ihn drängte (auch wenn er sie insgeheim hasste), und er redete immer demonstrativ über Mädchen, in die er verknallt war. Lange spielte er den Hetero, aber das änderte nichts an der Tatsache, dass er sich nie zugehörig fühlte.

Als er sich entschloss, sich seinen Eltern gegenüber zu outen, reagierten die alles andere als begeistert. Seine Befürchtung bewahrheitete sich. Sie akzeptierten sein Wesen nicht und verurteilten ihn sogar vor lauter eigener Angst und Unsicherheit.

Wenn sich in einer Familie Unterschiede auftun, sind verschiedene Reaktionen möglich. Da Neils Eltern eine stark vom Glauben geprägte Vorstellung von Sexualität hatten, stellte die Mitteilung, dass Neil schwul war, für sie eine Katstrophe dar. Aus ihrer Sicht war Homosexualität etwas Falsches und Schlechtes – eben eine Sünde. Und einen schwulen Sohn zu haben, bedeutete, dass sie als Eltern versagt hatten. Sie hatten so große Angst davor, von ihrer Gemeinde deswegen verurteilt zu werden, dass sie diese Verurteilung auf Neil übertrugen.

An dem Abend, an dem er es seinen Eltern gesagt hatte, hörte er sie reden. »Ich weiß noch, dass meine Mutter an diesem Abend weinte. Ich hockte vor der Schlafzimmertür und lauschte, was sie über mich sprachen. Sie sagte meinem Vater, dass ich ihr Leben ruiniert hätte. Ich weinte nächtelang, monatelang, weil ich nicht begreifen konnte, warum mein Schwulsein *ihr* Leben ruinierte.«

So hatte sich alles und auch nichts verändert. Denn was blieb, war die Tatsache, dass Neil nicht dazugehörte. Seine Eltern ignorierten seine Gefühle und sprachen mit ihm nur noch über Termine und Organisatorisches. Seine Geschwister machten dasselbe. Seine Mutter stellte ausdrücklich klar, dass er, solange er unter ihrem Dach lebte, niemandem etwas davon erzählen durfte. Niemand in ihrer Gemeinde durfte davon wissen. Egal, ob heimlich oder offen schwul, er passte einfach nicht in seine Familie.

Natürlich verstand er, dass sein Geständnis seine Eltern schockiert hatte. »Sie sind Südstaatler und sehr fromm. Ich weiß, dass es für sie nicht zu verstehen ist, aber ich bin nicht davon ausgegangen, dass sie mich so anders behandeln würden. Ich dachte, dass sie sich aufregen, aber dann irgendwie damit klarkommen und mich trotzdem lieben würden.« Vom Kopf her begriff er, wieso seine Eltern sich so schwertaten, aber sein Herz tat ihm weh. Wie konnten sich Eltern von ihrem Kind abwenden und es zu einem Außenseiter machen?

Wir sind alle von Geburt aus einzigartig. In einem gesunden Umfeld wird die Tatsache, dass jeder Mensch anders ist, akzeptiert und gefeiert. Alle können sie selbst und gleichzeitig Teil der Gruppe sein.

Aber manchmal akzeptiert das System, dem man angehört, diese angeborenen Unterschiede nicht. Außerdem wissen manche Eltern einfach nicht, wie sie damit umgehen sollen, dass ein Kind anders ist. Meist ist die Folge, dass sich das Kind zumindest am Anfang an die Eltern anpassen muss.

Als Kind hat man keinen Einfluss auf die Überzeugungen, die einem vermittelt werden. Sich anzupassen ist das A und O. Die Furcht davor, nicht dazuzugehören, treibt einen dann schnell in die Zwickmühle, sich entweder für die Gruppe oder für sich selbst entscheiden zu müssen. Sich für sich selbst zu entscheiden, ist für ein Kind zu riskant. Es möchte viel lieber zur Gruppe gehören. Zugehörigkeit bringt Akzeptanz, Bestätigung und Vergnügen mit sich, auch wenn das eine Illusion ist. Kein Wunder also, dass die meisten von uns anfangs einfach nur dazugehören wollen.

Aber mit der Zeit verursachen die Unterschiede wahrscheinlich immer öfter Konflikte. Vielleicht hast du dich ja schon früh in deinem Leben dagegen gewehrt, dich anzupassen. Oder du hast als Heranwachsender die Überzeugungen deiner Eltern hinterfragt. Oder ihr habt euch erst viel später, als du schon erwachsen warst, auseinandergelebt. Vielleicht hast du sogar, wie Neil, eine Gruppe oder einen Ort gefunden, wo du in deinem Anderssein unterstützt wurdest und die Freiheit hattest, du zu sein. Egal ob die Distanzierung vom Weltbild und Lebensstil der Familie schon früh oder erst später im Leben einsetzt: Wenn Eltern Unterschiede nicht akzeptieren können, kommt dabei ein Kind heraus, das sich abgelehnt fühlt. Kann oder will ein Elternteil oder eine Gruppe alternativen Lebensweisen nicht genug Raum lassen, spürt das Kind, dass sein Wesen keine Anerkennung findet. Seine Lebensweise kollidiert mit der Lebensweise der Eltern, und wenn die es nicht schaffen, beide zu vereinbaren, führt das zu einem aktiven Konflikt und einer Zugehörigkeitswunde.

IGNORIEREN UND VERDRÄNGEN

Manche Familien reagieren darauf, dass ein Kind anders ist, indem sie das verdrängen. Die Erwachsenen reden sich ein, dass sie einfach nur wegschauen und die Sache ignorieren müssen, damit sie nicht mehr existiert – oder damit sie sich zumindest nicht mehr damit auseinandersetzen müssen. Oft tun Erwachsene das, um sich selbst zu schützen, manchmal auch, weil sie glauben, dass sie ihr Kind damit vor etwas bewahren.

Aber, wie ich bereits gesagt habe: Man kommt um das Bemühen um Heilung nicht herum. Und man kommt auch um Akzeptanz und Versöhnung nicht herum. Wenn eine Familie auf Abweichung mit Wegsehen und Vermeiden reagiert, ist es kein Wunder, dass eine Zugehörigkeitswunde entsteht.

Ich habe Trish schon 2015 kennengelernt, aber ihre Geschichte lässt mich nicht mehr los. Trish leidet an einer Zerebralparese. Diese angeborene Erkrankung beeinträchtigt ihre Bewegungen, ihren Muskeltonus und ihre Körperhaltung. Trish hinkt und tut sich beim Hinsetzen und Aufstehen viel schwerer als ein nicht behinderter Mensch. Doch Trishs Familie sprach nie über ihre Krankheit. »Jedes Mal, wenn ich sie fragte, was mit mir nicht stimmte, meinten sie, dass alles in Ordnung sei. Sie wünschten sich so sehr, dass ich normal war, dass sie einfach so taten, als wäre alles okay. Sie haben meine Lähmung völlig ignoriert.«

Das war für Trish extrem verunsichernd. Sie *wusste*, dass sie anders war, aber ihre Familie wollte es nicht wahrhaben. In der Schule wurde sie Tag für Tag verspottet, aber wenn sie nach Hause kam und Fragen stellte, hieß es nur, die Kinder seien »eben gemein« und alles sei normal. Der Versuch von Trishs Eltern, sie und sich selbst zu schützen, führte nur zu noch mehr Destabilisierung und Verwirrung. Andrew Solomon, Professor für klinische medizinische Psychologie und Autor des *New-York-Times*-Bestsellers *Weit vom Stamm*, spricht von der *horizontalen Identität* eines Kindes, die den Eltern fremd ist, etwa eine körperliche Behinderung.[7] Diese wird oft als Fehler angesehen, als etwas, was repariert werden muss, anstatt sie zu akzeptieren und zu unterstützen.

Trish fühlte sich wegen ihrer Zerebralparese ohnehin anders, und obwohl ihre Familie ihr nichts Böses wollte, verschlimmerte die Tatsache, dass sie ihr Anderssein ignorierte und nicht anerkannte, die Wunde erheblich. Trish hätte es geholfen, wenn ihre Eltern sich den Ängsten und Zweifeln gestellt hätten, die Trishs Behinderung in ihnen auslöste. Sie brauchte sie auf ihrer Seite, um für sich den besten Weg zu finden. »Es war schon schwer genug, einen anderen Körper zu haben, aber dass meine Eltern diesen Körper und meinen Schmerz nicht wahrhaben wollten, obwohl ich sie förmlich darum anflehte, machte alles noch schlimmer. Das hat mich lange Zeit sehr geprägt, und ich bin immer noch dabei, das zu verarbeiten«, sagte sie.

Wenn du jemals erlebt hast, dass deine Realität verleugnet, ignoriert oder verdrängt wurde, weißt du, wie schnell es dann dazu kommt, dass man den eigenen Erfahrungen und der eigenen Wirklichkeit nicht mehr traut. Mit der Zeit schwächt das das Selbstvertrauen und lässt einen wenig Sicherheit und Vertrauen spüren. Aus dieser geschwächten Position heraus ändert man sich wahrscheinlich lieber, um sich anzupassen – oder man akzeptiert seine Außenseiterrolle.

Inwiefern warst du anders als deine Familie? Was hat dich von deinem Umfeld unterschieden? Haben deine Eltern oder andere Personen in deinem Familiensystem dein Anderssein verdrängt oder ignoriert? Wie ist das passiert?

Gehen wir es gemeinsam an, okay?

- Das war bei mir anders: __________.
- Die Person, die mein Anderssein am meisten verdrängt und ignoriert hat, war __________.
- Was wäre gewesen, wenn mein Anderssein akzeptiert worden wäre: __________.

KONTROLLIEREN UND BEHERRSCHEN

Im Vergleich zu anderen Reaktionen auf Normabweichungen erscheint das Vermeiden vielleicht noch relativ harmlos. Eltern, die mit dem Anderssein eines Kindes nicht klarkommen, versuchen oft, Kontrolle über andere zu übernehmen und sie zu beherrschen. Aus Angst davor, dass ihre eigene Denk- und Lebensweise infrage gestellt wird, ziehen sie vorsorglich strikte Grenzen zwischen akzeptablem und inakzeptablem Verhalten. So laufen sie nie Gefahr, im Unrecht zu sein. Einer anderen Person vorzuschreiben, *wie* sie zu sein hat, ist einfach, denn dann kann man selbst so bleiben, wie man ist. Ihr Raum zur Entfaltung zu geben und dabei möglicherweise den eigenen Horizont zu erweitern, ist viel schwerer.

Carl wuchs in einer Soldatenfamilie auf. Seine Familie zog ständig um. Als das älteste von drei Kindern war Carl Mamas kleiner Helfer, wenn Papa im Auslandseinsatz war. War der Vater zu Hause, war er extrem streng. Er stellte seinen Kindern den Wecker, und nach dem Aufstehen mussten sie wie Soldaten ihre Betten perfekt machen und dann vor der Schule noch stundenlang exerzieren. Carls Vater hatte eine genaue Vorstellung von seiner Art, zu leben, zu denken und zu handeln. Und er erwartete von allen seinen Kindern, dass sie diese übernahmen.

Carl hasste dieses frühmorgendliche Pflichtprogramm. »Wir hatten uns ja nicht zur Marine gemeldet, sondern *er*«, sagte Carl zu mir. Carl war anders als seine Geschwister und bat seine Mutter, mit seinem Vater zu reden. Das tat sie aber nie. »Ich habe alles mitgemacht, aber ich war unglücklich«, erzählte er mir in einer Sitzung.

Ich fragte Carl, ob er seinem Vater gegenüber offen ausgesprochen hatte, wie er sich fühlte.

»Er hat oft gesagt, dass es keine Rolle spielt, was ich will, und ich so zum Mann werden soll.«

Viele Familien haben ihre ganz eigenen Regeln und Erwartungen. Oft lernen wir schon sehr früh, was es bedeutet, Teil unserer Familie zu sein, und was von uns erwartet wird. Uns wird vermittelt, welcher Religion wir folgen sollen, welche Umgangsformen wir pflegen, wie wir aussehen und uns kleiden sollen, welche Lebenswege akzeptabel sind und wen wir mögen oder lieben dürfen. Egal ob das deutlich ausgesprochen wird oder nicht, die Botschaft ist meist unmissverständlich: *Wenn du dich so verhältst wie wir, gehörst du zu uns; wenn du dich anders verhältst, riskierst du, nicht zu uns gehören zu dürfen.* Und wenn die Erwartungen der Familie übermächtig werden, kann sich leicht eine Zugehörigkeitswunde bilden.

Diese strikten Regeln wirken sich nicht nur auf das Kind aus. Für Eltern stellen sie eine Möglichkeit dar, sich nicht mit ihrer eigenen Schuld, Scham oder Verwirrung auseinandersetzen zu müssen. Es ist ein Versuch, sich zu schützen. Diese bestimmende Strenge hält sie davon ab, ihre eigene Angst zu erkennen, ihre Angst davor, nicht würdig, liebenswert oder gut genug zu sein. *Wenn ich für dich entscheide, dich zwinge, dich dazu bringe oder dich überzeuge, dass … dann kann ich meinen eigenen Ängsten entgehen. Wenn ich dich dazu bringe, dass du mir folgst, muss ich mich selbst niemals geschlagen geben.* Das ist für die bestimmende Person besonders wichtig.

Dieses herrische Verhalten wird über Generationen weitergegeben. Carl erzählte, dass sein Großvater noch strenger gewesen war als sein Vater. Als wir darüber sprachen, dass die Art, wie Carls Vater ihn behandelt hatte, ihren Ursprung darin hatte, wie er selbst von *seinem* Vater behandelt worden war, bemerkte ich, dass sich bei Carl auf einmal Raum für Verständnis auftat. Er begann zu begreifen, dass sein Vater selbst unter großer Strenge gelitten hatte und dies einfach weitergegeben hatte.

Aber das Verstehen allein veränderte Carls Realität nicht, und es wird auch deine nicht verändern. Es klärt vielleicht gewisse Zusammenhänge, ändert aber nichts an der Wirkung, die diese Kontrolle weiterhin hat. Wenn du als Kind in dieser Art beherrscht wurdest, ist es dir wahrscheinlich schwergefallen, dich als unverzichtbaren, wertgeschätzten und respektierten Teil der Familie zu fühlen.

Diese rigide Strenge ist unausweichlich und erdrückend. Sie versucht, alles zu vertreiben, was in einem anders ist. Das ist eine schreckliche Erfahrung, und es ist wenig erstaunlich, dass man der eisernen Faust entweder irgendwann nachgibt, ihr den Krieg erklärt oder sich auf irgendeine kreative Weise davon befreit.

Hat in deinem Familiensystem jemand besonders streng auf dein Anderssein reagiert? Nimm dir einen Moment Zeit, um dir bewusst zu machen, was an dir anders war. Kannst du es benennen?

- Ich habe mich anders gefühlt, weil__________.

Und lass uns nun noch etwas weiter gehen:

- Besonders streng hat darauf __________ reagiert.
- Die Reaktion darauf war folgendermaßen: __________.
- Diese Reaktion hat in mir folgende Gefühle hervorgerufen: __________.

INTOLERANZ UND VERURTEILUNG

Intoleranz ist die Unfähigkeit oder der Unwille, Ansichten, Überzeugungen oder Lebensweisen, die von den eigenen abweichen, zu akzeptieren. Normalerweise wollen Eltern nur das Beste für ihre Kinder. Sie möchten, dass sie erfolgreich und gesund sind, dass sie geliebt werden und dazugehören. Aber wenn Neuem und Andersartigem mit Intoleranz begegnet wird, kann sich eine Familie völlig abgrenzen.

Für Neil bedeutete das, dass seine Eltern jahrelang nur schwer eine Beziehung zu ihm aufrechterhalten konnten, denn die Akzeptanz seiner sexuellen Orientierung hätte bedeutet, dass sie festgefahrene Überzeugungen über Bord hätten werfen müssen. Um ihren schwulen Sohn annehmen und lieben zu können, hätten sie ihre starren Vorstellungen von Sexualität überdenken müssen, was wiederum ihre religiösen und politischen Grundüberzeugungen infrage gestellt hätte.

Intoleranz kann auch darin bestehen, dass deine Eltern nicht akzeptieren, dass du jemanden liebst, der einem anderen Glauben angehört. Oder dass du anders über Politik, Religion und Menschen anderer Herkunft denkst als sie. Und dann grenzen sie dich wegen dieser Unterschiede irgendwie aus.

Wenn Familien ein Weltbild haben, das nur wenig Abweichung zulässt oder Toleranz ausschließt, kommt es oft dazu, dass Mitglieder, die sich nicht anpassen können oder wollen, ausgestoßen werden oder man sich für sie schämt. Das hat im Grunde nichts mit dem Ausgestoßenen und fast nur mit den Ausstoßenden zu tun. Die Abweichung spiegelt etwas wider und entblößt die eigene Unsicherheit, den eigenen Zweifel, die eigene Scham. Wird dieser Zusammenhang ignoriert, ist die ganze Dynamik sowohl für die Personen als auch für die Beziehung schädlich.

Verurteilung ist die wohl destruktivste Reaktion darauf, dass jemand anders ist. Sie führt zu der Überzeugung, so abgrundtief falsch zu sein, dass man nicht geliebt werden kann. Es ist schon schlimm genug, wenn man sich selbst verurteilt, aber es ist niederschmetternd, wenn andere es tun – vor allem wichtige Bezugspersonen, von denen man Liebe, Anleitung, Fürsorge und Schutz erwartet.

Als ich Bri kennenlernte, trug sie eine bösartige *innere Kritikerin* mit sich herum. So nennen Therapeuten die selbstkritische Stimme im Kopf. Diese Stimme hat bei den meisten eine Menge zu sagen, darunter viel Unfreundliches. Aber auch die innere Kritikerin hat eine Herkunftsgeschichte – die nicht mit Unfreundlichkeiten begann. Die Kritikerin hat ihr Vorgehen irgendwo gelernt, und Bri übernahm die Vorwürfe von ihrer Mutter.

Bri wuchs nach der Scheidung ihrer Eltern in einem sehr gläubigen Haushalt auf. Ihre Mutter hatte in all der schwierigen Zeit zum Glauben gefunden und war in ihren religiösen Überzeugungen sehr streng. Und Bris Verhalten, das für eine Heranwachsende im Grunde ganz normal war, war für ihre Mutter inakzeptabel. Als Bri ihren ersten Stringtanga kaufte, war das für ihre Mutter eine Katastrophe. »Sie fing an zu weinen und rief, ich käme in die Hölle. Mir kam das damals schon irgendwie komisch vor, aber ich nahm alles, was sie sagte, ernst. Also dachte ich, ich sei böse. Alles, was ich tat, wurde verurteilt. Wenn ich einen Freund hatte, zum Abschlussball ging oder mich auf eine bestimmte Art kleidete, hieß es, ich würde ›den Weg Satans gehen‹. Es war verrückt.«

Diese ständigen Verurteilungen gaben Bri das Gefühl, nicht dazuzugehören. Sie hatte eigentlich nicht das Gefühl, irgendetwas falsch zu machen, aber den Rückmeldungen zufolge, die sie von einem der wichtigsten Menschen in ihrem Leben erhielt, war alles grundverkehrt. Jahrelang versuchte Bri, so zu leben, dass ihre Mutter es guthieß. Aber schließlich akzeptierte sie, dass sie es ihr einfach nicht rechtmachen konnte.

Weil es ihr in der Jugend nicht möglich war, ohne Vorwürfe ihren Weg zu finden, verinnerlichte Bri diese Bewertungen und hatte auch als Erwachsene damit zu kämpfen. Wer sich ständig *selbst* beurteilt, kritisiert und Vorwürfe macht, kann unmöglich authentisch bleiben und sich zugehörig fühlen.

Wie wurde dein Anderssein beurteilt? Kannst du erkennen, wie Bewertungen und Vorwürfe zur Entwicklung deiner selbstkritischen inneren Stimme beigetragen haben? Sicher kennst du deinen inneren Kritiker schon, aber weißt du auch, wie seine Herkunftsgeschichte aussieht? Wenn du einsiehst, dass dein innerer Kritiker nicht von Anfang an unfreundlich zu dir war, kannst du dann festmachen, wann er damit begonnen hat?

- Ich höre von meinem inneren Kritiker am häufigsten, dass ich _________.
- Mein innerer Kritiker ist entstanden, weil _________.

GESELLSCHAFTLICHE EINFLÜSSE

Weil der Umgang miteinander rauer geworden ist, vermeiden wir es heute oft, mit Freunden oder Fremden zu streiten.[8] Unsere Gesellschaft ist so polarisiert wie nie zuvor.[9] Die Menschen haben Angst, verurteilt oder ausgestoßen zu werden, wenn ihre Überzeugungen von denen ihres Umfelds abweichen. Deshalb scheint es wichtiger, sich anzupassen und zu fügen, als die eigene Authentizität zu wahren.

Nicht alle Wunden gehen auf die Herkunftsfamilie zurück, und nicht jede Wunde muss schon früh im Leben entstehen. Wenn es um Zugehörigkeitswunden geht, ist es besonders wichtig, auch den Einfluss und den Druck zu erkennen, den die Gesellschaft, die Medien, das Umfeld und sonstige soziale Systeme auf uns ausüben.

Wo wir auch hinsehen, macht sich die Werbung unsere Unsicherheiten zunutze. Sie spielt mit der ganz natürlichen Angst vor dem Anderssein. Soziale Medien, die ein »perfektes« Bild erzeugen, verzerren die Realität und führen dazu, dass man sich mit dem »besseren« Leben der anderen vergleicht. Wir haben Angst davor, etwas zu verpassen, und wollen nicht die Einzigen sein, die etwas nicht erleben, was alle erleben. Das Schönheitsideal propagierte lange Zeit, dass man hellhäutig, schlank und groß sein müsse. Und lange waren auch in Fernsehsendungen,

Filmen, Werbespots oder Zeitschriften kaum andere Kulturen, Hautfarben, sexuelle Orientierungen oder nicht traditionelle Familien zu sehen. Millionen von Kindern und Erwachsenen konnten sich daher in diesen Figuren, Beziehungsmodellen oder Lebenswegen, die sie immer wieder vorgesetzt bekamen, nicht wiedererkennen.

Niemand will ausgegrenzt werden. Niemand will sich nicht zugehörig fühlen. Und niemand will sich als Außenseiter vorkommen. Und doch ist es das, was so viele Menschen erleben. Sich zu Hause, in der Schule oder im sozialen Umfeld so zu fühlen, macht einsam. Deshalb streben viele Menschen nach allem, was ihnen Zugehörigkeit verspricht.

Code-Switching bedeutet, dass ein Mensch lernt, seinen Akzent oder Dialekt zu verstärken oder abzuschwächen oder sein Verhalten und Aussehen zu verändern, um sich anzupassen. Dieser Mechanismus tritt häufig in Gruppen auf, in denen nicht weiße Menschen den Druck verspüren, möglichst »weiß« oder »normal« zu sein – etwa wenn ein farbiges Kind oder ein Kind mit Migrationshintergrund lernt, in einer überwiegend weißen Umgebung oder Schule zu bestehen. Oder wenn jemand, der schwul ist, sich heteronormativ gibt. Oder wenn jemand Nichtbinäres in einer binären Kultur lebt. Oder wenn ein Kind, das mit einem Vollstipendium eine Privatschule besucht, versucht, den großen Klassenunterschied zu verbergen.

Als ich Vanessa traf, schien sie sehr erleichtert, diesen Schritt getan zu haben. Sie versuchte gerade, eine schlimme Trennung zu überwinden, doch auf einmal alleinerziehend zu sein und gleichzeitig das Ende einer Beziehung verarbeiten und betrauern zu müssen, war schwierig für sie. Sie fühlte sich verunsichert und beschämt und mied Freunde und Familienangehörige, weil sie »Ich hab's dir ja gesagt«-Kommentaren bezüglich ihres Ex, eines deutlich jüngeren Sportlers, aus dem Weg gehen wollte.

»Ich weiß es ja«, sagte sie in der Erwartung, dass ich wegen des Altersunterschieds die Stirn runzeln würde, aber stattdessen gab sie ihr eigenes Urteil darüber preis. Vanessa war ein Einzelkind. Ihr Vater, der gestorben war, als sie noch jung war, war dunkelhäutig und ihre Mutter weiß. Vanessa wuchs in einer komplett weißen Umgebung auf und ging auf eine durchgängig weiße Schule. Sie hatte viele Freundinnen und eine schöne Kindheit, aber auch immer das deutliche Gefühl, dass sie etwas »weißer« sein musste, um dazuzugehören. Dazu musste sie sich auf eine bestimmte Weise kleiden, ihre Haare auf eine bestimmte Weise frisieren und auf eine bestimmte Weise sprechen. Von der Grundschule bis zur Highschool und dem College betonte sie ihr Weißsein, um dazuzugehören. Ihr Schwarzsein hingegen musste abgeschwächt und manchmal sogar ausgelöscht werden. Dr. Walker S. Carlos Poston hat eine Theorie zur Entwicklung einer gemischtrassigen oder multiethnischen Identität aufgestellt, derzufolge Menschen gemischter ethnischer Herkunft den Druck verspüren, sich für eine ethnische Gruppenidentität zu entscheiden. Und diese Entscheidung ist stark vom relativen Status der Gruppe, von elterlichen Einflüssen, vom kulturellen Wissen und vom Aussehen beeinflusst.[10] Vanessas Vater hatte mit ihr über seine schwarzen Wurzeln gesprochen und teilte mit ihr etwas, was sie bei keinem anderen Familienmitglied wiederfinden konnte. Nach seinem Tod fühlte sie sich von ihrem schwarzen Erbe entfernt. Erst später begriff sie die wahre Dimension dieses Verlustes.

Vanessa war auf der Suche nach Zugehörigkeit, fand aber immer wieder nur neue Gründe, warum sie nicht dazugehörte: wegen ihrer Hautfarbe, weil ihre Mutter keinen Mann hatte, weil sie nicht so aussah wie die meisten Spielerfrauen und -freundinnen in der Mannschaft ihres damaligen Partners. Diese anderen Frauen beschrieb sie im Vergleich zu ihrem eigenen athletischen Körperbau als kurvig, und deren Kleider, Frisuren und Make-up als »nicht mein Stil«. In ihren Selbstbeschreibungen unterstrich sie stets ihren Außenseiterstatus. Die nun ausschließlich weiße Familie, der Bekanntenkreis, die vom Umfeld der Mutter geprägte neue weiße Nachbarschaft – all das verstärkte in ihr das Gefühl des Andersseins.

Erst als Vanessa nach New York zog, erkannte sie sich in anderen Menschen wieder. Andere sahen aus wie sie, und sie sah aus wie andere. Es war wie ein Aufatmen, und sie schöpfte die Hoffnung, dass sie endlich ihresgleichen finden könnte. Aber auch ihre neuen Bekanntschaften äußerten sich abgrenzend: Sie sei nicht schwarz genug, ja sogar als *mixed girl* noch zu hellhäutig.

Solche Kommentare quälten sie und vertieften ihre Zugehörigkeitswunde. Vanessa wuchs in Umfeldern auf, in denen ihr Anderssein zwar offenkundig war, aber selten anerkannt oder gewürdigt wurde. Wenn etwas nicht gewürdigt wird, strebt man lieber das an, was gewürdigt wird.[11] Für Vanessa bedeutete das, weißer werden zu müssen. Und selbst als sie zuließ, dass ihr Wesen immer mehr in seiner Gesamtheit zum Vorschein kam, fühlte sie sich *immer noch nicht* voll und ganz zugehörig.

Natürlich bist auch du von gesellschaftlichen Systemen beeinflusst. Sie wirken auf uns alle. Die Frage ist nur: Wie? Manche Einflüsse sind offensichtlich, andere arbeiten eher unterschwellig. Einige sind vielleicht allgegenwärtig, andere treten nur in bestimmten Momenten auf. Ich möchte, dass du einmal darüber nachdenkst, inwiefern deine Angst, nicht dazuzugehören, durch mediale und gesellschaftliche Einflüsse verstärkt wurde. Hast du dich ausgegrenzt gefühlt? Oder übersehen? Oder so anders, dass du es nur mit Mühe ertragen hast? Nutze dazu folgende Denkanstöße:

- Ich habe mich in meinem Leben angepasst, indem ich __________.
- Ich dachte, ich muss __________. Denn ich war __________.
- Ich musste mich anpassen, weil __________.
- Das setzt sich bis heute folgendermaßen fort: __________.

Den Ursprung deiner Zugehörigkeitswunde zu erforschen, ist nicht leicht. Wenn du dir bewusst machst, wie du versucht hast, dich anderen anzupassen, kann das Gefühle in dir hervorrufen. Zu erkennen, dass du Authentizität gegen Zugehörigkeit eingetauscht hast, kann etwas in dir auslösen. Lass dich von diesen Gefühlen motivieren. Denn es muss nicht so bleiben. Das ist das Schöne an dieser Arbeit: Du kannst einen neuen Weg einschlagen.

Bewältigung der Zugehörigkeitswunde

Wirklich dazuzugehören bedeutet, dass die Authentizität im Vordergrund steht und nicht das Angepasstsein. Mit den Worten von Maya Angelou: »Du bist erst dann frei, wenn du erkennst, dass du nirgendwo hingehörst – dass du überall hingehörst, nicht irgendwohin.« Dies ist eine tiefgehende Erkenntnis. Wer zu sich selbst gehört, mit sich selbst also im Reinen ist, gehört gleichzeitig überall und nirgendwo hin. Überall ist in dir. Nirgendwo ist außerhalb. Authentisch du selbst zu sein, bedeutet, dass dir nichts weggenommen werden kann und dass du mit Verurteilung, Bewertung, Ablehnung oder Verleugnung anders umgehen kannst.

Aber nur wenige von uns lassen ihre Zugehörigkeitswunde einfach hinter sich und gehen direkt zur Akzeptanz ihrer Authentizität über. Wenn es doch so einfach wäre! Stattdessen nehmen wir oft zunächst einen anderen, schädlicheren Weg. Wir gehen zum Beispiel erst den Weg der Anpassung oder Auflehnung, bevor wir den Weg der Authentizität finden und dabei Zugehörigkeit spüren.

DER WEG DER ANPASSUNG

Die meisten, die sich ihres Andersseins bewusst sind, beginnen zunächst mit Anpassung. *Verhalte dich in einer bestimmten Weise, und du gehörst dazu.* Anpassung stört niemanden und ermöglicht das, wonach man sich in den ersten Jahren sehnt: Bestätigung durch die Umgebung. Regeln, Struktur und Ordnung sind wertvoll, und es ist schön, wenn es in einer Familie bestimmte Gepflogenheiten gibt. Dies hat durchaus gesunde Aspekte und lässt Zugehörigkeit entstehen. Aber wenn die Anpassung zur Pflicht wird, verändert sich das. Man bekommt ein falsches Bild von Zugehörigkeit: *Du bist Teil des Systems, aber nur, weil du dein eigentliches Selbst verleugnest.* Das ist kein Dazugehören, das ist ein Sich-Einfügen.

Wer versucht, sich in ein System einzufügen, passt sich dessen Anforderungen an, weil er Angst vor den sonst drohenden Konsequenzen hat: ohne Anpassung keine Zugehörigkeit. Man fürchtet womöglich, ausgeschlossen, ignoriert, missachtet, erniedrigt oder auf andere Weise bestraft zu werden. Man möchte vermeiden, von Einzelpersonen, Untergruppen oder dem ganzen System wegen seines Andersseins verurteilt zu werden. Und man ist sich dessen bewusst, dass man rausfliegt, wenn man sich nicht anpasst.

Viele Systeme fordern, dass man sich anpasst, um dazuzugehören. Eine Familie kann von allen Mitgliedern eine bestimmte Erscheinungsform erwarten, etwa dass man sich auf eine bestimmte Art und Weise anzieht, dass man ein spezielles Bild abgibt oder dass man ein braves Kind ist. Oder sie verlangt, dass man immer nett ist, Ansichten nicht widerspricht oder nie Ärger oder andere Gefühle ausdrückt. Das gesellschaftliche System drängt darauf, wie die Mehrheit zu sein, um anerkannt, bestätigt, respektiert oder auch nur frei von Bedrohung zu sein.

Anpassung im Sinne des Sich-Einfügens ist eine Überlebenstechnik, aber kein Lebensziel. Wahre Zugehörigkeit erfordert letztendlich einen Heilungs- und Entwicklungsprozess.

Wie hast du dich angepasst, um zu überleben? Denk dabei an deine Familie, aber auch an dein sonstiges Umfeld. Wie hat dir die Anpassung früher geholfen? Nützt sie dir immer noch oder hemmt sie dich eher? Hier gibt es keine richtige oder falsche Antwort. Öffne dich einfach für neue Einsichten und Beobachtungen.

DER WEG DER AUFLEHNUNG

Auflehnung bedeutet, dass man bewusst oder unbewusst einen Weg des Widerstands wählt. Das passiert meist, *nachdem* man sich an die Anpassung gewöhnt hat. Auflehnung ist weniger ein Streben nach Authentizität als vielmehr der Versuch, nicht von außen gelenkt, beherrscht oder auserwählt zu werden. Es mag so aussehen und sich so anfühlen, als würde man Stellung beziehen, aber in der Regel handelt es sich dabei weniger um ein bewusstes Einfordern der eigenen Authentizität als um eine angstgesteuerte Auflehnung, durch die man sich letztendlich noch mehr ins Abseits drängt.

Hast du dich für einen Kleidungs- oder Lebensstil entschieden, der vom Mainstream abweicht? Oder Dinge getan, von denen du wusstest, dass sie deiner Familie peinlich sind? Hast du Religion oder bestimmte religiöse Werte abgelehnt und bist in einer gläubigen Familie den Weg der Unfrömmigkeit gegangen? Was auch immer du gemacht hast, Ablehnung hinterlässt in der Regel das Gefühl, der Außenseiter zu sein, das schwarze Schaf, die, die nicht dazugehört.

Erinnerst du dich an Carl, das Kind aus der Soldatenfamilie? Als Carl zum ersten Mal zur Therapie kam, wollte er nicht über seinen strengen Vater sprechen. Er war bei mir, weil er Probleme mit seinem Körperbild hatte.

»Ich war mein ganzes Leben lang dick«, sagte er in einer unserer Sitzungen zu mir. »Ich habe mich nie attraktiv gefühlt und nie von irgendjemandem positive Aufmerksamkeit erhalten. Ich möchte daran glauben, dass Frauen mich beachten, dass mich eine auswählt, aber es fällt mir wirklich schwer, darauf zu vertrauen.«

Ich konnte spüren, wie schmerzhaft das für ihn war. Carl beschrieb seine ganze Familie als supersportlich und bekannte, wie schwierig es für ihn war, »der Dicke« zu sein. Ich verstand natürlich, warum das schwer für ihn war, aber irgendetwas kam mir dabei komisch vor. Also wollte ich erst einmal mehr über den morgendlichen Drill seiner Kindheit erfahren.

»Hast du den Morgendrill mit deinem Vater und deinen Geschwistern während der gesamten Schulzeit mitgemacht, bis zum letzten Jahr?«, fragte ich.

»Nein«, antwortete er. »Ich habe aufgehört, als ich ungefähr zwölf war.«

»Wie kam es dazu?«, fuhr ich fort.

»Zu der Zeit nahm ich zu, «, sagte er. »Ich schaffte die Übungen dann einfach nicht mehr, weil ich so dick war.«

»Aber hast du nicht gesagt, du wärst dein ganzes Leben lang dick gewesen«, forschte ich nach.

»Na ja, ich habe wohl gemeint, dass ich die meiste Zeit meines Lebens dick war. Als mein Vater kaum zu Hause war, war ich dünn.«

Dieses Detail war ein erster großer Schritt in unserer Therapie. Carl erzählte mir bald, dass er zugenommen hatte, damit er die meisten vom Vater verlangten Übungen körperlich nicht mehr erbringen *konnte*. Verbaler Einspruch hatte nichts genützt, aber die Gewichtszunahme setzte dem Ganzen schließlich ein Ende. Carl wurde letztlich so dick, dass sein Vater nachgab und ihn gar nicht mehr beachtete. Carls unbewusste Maßnahme gegen den militärischen Drill war zwar erfolgreich, aber er verlor dadurch das Gefühl, zu seiner Familie zu gehören. Er musste an dem, was ihm nicht gefiel, nicht mehr teilnehmen, aber dadurch war er auch nicht mehr Teil der Familie, der er *durchaus* angehören wollte. Interessanterweise ist es egal, ob man im Anpassungs- oder Auflehnungsmodus ist – das Gefühl, nicht dazuzugehören oder zumindest, nicht authentisch sein zu können, ist gleich.

Carl hatte einen Weg der Auflehnung gefunden, der – das mussten wir beide anerkennen – für ihn hilfreich gewesen war. Aber er fühlte sich dadurch noch mehr ausgegrenzt. Carl merkte mit der Zeit, dass das Zugehörigkeitsgefühl nicht dadurch entstand, dass er sich seinem strengen Vater irgendwie anpasste oder widersetzte. Vielmehr ging es darum, zu sich selbst zu stehen.

Das Ziel besteht nach Ansicht des verstorbenen Ehe- und Sexualtherapeuten Dr. David Schnarch darin, sich wirklich abzugrenzen, also sich einerseits selbst treu bleiben und gleichzeitig Beziehungen zu anderen pflegen zu können.[12] Man steht zu dem, was man ist oder woran man glaubt, aber auf eine gelassene Art und Weise, nicht rebellierend. Wenn man diese innere Bewusstheit erlangt hat, braucht man sich nicht mehr durch Rebellion und Auflehnung zu wehren.

Der Weg der Auflehnung mag schwieriger zu erkennen zu sein als der Weg der Anpassung, aber du solltest dir auf jeden Fall bewusst machen, dass dieser Weg dich trotzdem von der Authentizität entfernt. Wenn du rebellierst, steckt hinter deinem Verhalten immer noch der Schmerz der Ausgrenzung, der Kontrolle, der Vorwürfe und der Intoleranz, die du einst erlitten hast.

Wie hast du dich aufgelehnt, um zu überleben? Wie hat dir die Auflehnung früher geholfen? Hilft sie dir heute noch? Inwiefern agierst du weiterhin aus dem Motiv der Auflehnung heraus? Und möchtest du herausfinden, wovor dich das schützt oder woran es dich hindert?

DER WEG DER AUTHENTIZITÄT

Authentisch zu leben bedeutet, dass Entscheidungen und Handlungen mit den eigenen Grundüberzeugungen, Werten und dem wahren Wesenskern übereinstimmen. Es heißt, dass man einen eigenen Weg einschlägt, auch gegen äußere Widerstände.

Wir werden im 11. Kapitel, »Damit es anhält«, noch näher darauf eingehen, aber an dieser Stelle möchte ich feststellen, dass es ziemlich schwierig ist, Authentizität zu priorisieren, wenn eine Zugehörigkeitswunde vorliegt. Die meisten Menschen verbringen einige Zeit entweder in Anpassung oder Auflehnung, bevor sie eine Chance haben, ihre Authentizität zu leben.

Authentisch zu leben ist unbequem, wenn man bisher nicht so gelebt hat. Es kann das System stark durcheinanderbringen, denn es bedeutet, dass Personen, die dein Handeln missbilligen oder selbst nicht authentisch leben, dich nicht zwingen oder überreden können, dich nicht durch Bewertung oder Verurteilung beeinflussen können und dass ihre Intoleranz deine Entscheidungen nicht bestimmt. Ganz schön viel Freiheit, oder?

Als ich Neil kennenlernte, lebte er nicht authentisch. Er orientierte sich an anderen, nahm Drogen und hatte One-Night-Stands, ohne dass eine Gruppe ihn dazu zwang. Er verleugnete sich selbst, um ein Gefühl der Zugehörigkeit zu bekommen. Sobald ihm klar wurde, dass sein Verhalten mit seiner Zugehörigkeitswunde zusammenhing, änderte er sich. Er hatte sich von seiner Familie im Stich gelassen gefühlt und wollte das auf keinen Fall noch verstärken, indem er sich selbst durch selbstzerstörerisches Verhalten aufgab. Neil wollte sich einfügen, aber nicht auf Kosten seiner Gesundheit und seiner Werte. Er wollte dazugehören, aber er merkte, dass er das nie tun würde, solange er nicht wirklich er selbst war.

Heilung der Zugehörigkeitswunde

Im Laufe unserer gemeinsamen Arbeit bekam Neils Authentizität auf einmal Priorität. Wenn Neil einerseits wild feierte, sich aber andererseits nach Monogamie und einem ruhigen, häuslichen Leben sehnte, durchschaute sein System diesen Widerspruch. Erst wenn er das Leben, das er wollte, tatsächlich zu leben begann und dazu stand, würden seine Werte, seine Handlungen und die Folgen daraus in Einklang sein. Wenn man behauptet, etwas zu wollen, sich aber für etwas entscheidet, das in direktem Widerspruch dazu steht, kann das System den eigenen Worten nur schwer trauen.

Neil kehrte nur selten nach West Virginia zurück, aber wenn er die Feiertage dort verbrachte, zeigte er sich ganz offen und nicht im Verborgenen. Dies tat er ganz normal. Er wollte seine Familie nicht blamieren oder bestrafen. Er war einfach so, wie er war, und mutete seinem Umfeld so viel von sich selbst zu, wie zur Versöhnung nötig war. Er lernte, auf sich selbst zu achten und zu sein, wer er war.

Wahre Zugehörigkeit hat nichts mit Arroganz oder Impulsivität zu tun, und wie Brené Brown sagt, ist sie nicht passiv: »[Wahre Zugehörigkeit] ist eine Handlungsweise, die von uns verlangt, verletzlich zu sein, Unangenehmes zuzulassen und zu lernen, wie wir uns anderen aussetzen können, ohne uns selbst aufzugeben.«[13]

Auch Vanessa musste ihre falsche Vorstellung von Zugehörigkeit durch Anpassung ablegen und ihren Weg der Authentizität finden.

»Kein Mann lässt sich mit einer Frau ein, die ein kleines Kind hat«, rief sie aus. Und fügte hinzu: »Und wer stellt mich schon ein, nachdem ich jahrelang in Elternzeit war?« Solche und andere Vorstellungen hinderten sie lange daran, sich einen neuen Partner, Job oder Wohnort zu suchen und hielten sie sogar davon ab, anderen von ihrem Befinden zu erzählen. Sie hatte sich unbewusst vorgenommen, nicht dazuzugehören. Als ich ihr diese Beobachtung mitteilte, fragte sie sofort nach.

»Aber wozu sollte ich so was tun?«, fragte sie.

»Das hat einen bestimmten Zweck«, antwortete ich.

Sie schaute mich ein wenig verwirrt an. Ich konnte sehen, wie sie nachdachte. *Welchem Zweck sollte etwas dienen, wenn es nicht gut für mich ist?* Doch dann machte es klick. »Dient es meinen Wunden? Soll es vielleicht beweisen, dass meine Herkunftswunde recht hat, immer und immer wieder? Erlaube ich mir dadurch, einfach so zu bleiben, wie ich bin, und mich nicht zu verändern?«

Vanessa hatte es verstanden. Um wirklich dazuzugehören, musste sie *alles* ändern. Und zwar indem sie sie selbst war. Eine Aufgabe, die schwer, aber auch gleichzeitig ganz einfach war. Sie musste sich darüber klarwerden, wohin *sie* wollte, was *ihr* wichtig war, was *sie* inspirierte und *sie* beflügelte. Und sie musste aufhören, ihr Leben von Ängsten und einem mangelnden Zugehörigkeitsgefühl bestimmen zu lassen. Sie musste inneren Frieden finden, anstatt ihn im Außen zu suchen. Sich authentisch zeigen, sich selbst annehmen und sich mit den Ängsten auseinandersetzen, die sie davon abhielten, für ihr Leben das einzufordern, was sie wollte.

Vanessas Leben war nicht so, wie sie es gern gehabt hätte. Aber wenn sie immer wieder ihre falschen Vorstellungen bestätigte, würde das Leben auch niemals so aussehen, wie sie es gern hätte. Indem sie Authentizität, Mut und Selbstvertrauen Raum gab, fand sie ihren ganz eigenen Weg. Zugehörigkeit war für sie nämlich jederzeit möglich, in jeder Lebenslage, solange sie sich von ihrer Authentizität leiten ließ.

Schau nun auf deinen Lebensweg und überleg, wann deine Entscheidungen und Handlungen mit deinen Prinzipien, Werten und inneren Überzeugungen übereinstimmten und wann nicht. Sei dabei freundlich und ehrlich zu dir selbst. Wenn du authentisch leben würdest, was wäre dann anders?

- Ich habe mich in meinem bisherigen Leben anderen zuliebe selbst verleugnet, weil ich __________.
- Ich verleugne mich immer noch anderen zuliebe, indem ich __________.

Zugehörigkeit zu spüren ist nicht immer einfach. Aber je mehr Vanessa, Carl, Neil, Trish und Bri ihre Herkunftsgeschichte erforschten und ihre Zugehörigkeitswunde benannten, bezeugten, betrauerten und sich neu ausrichteten, desto mehr lockerten sich die festgefahrenen Muster. Dabei will ich ihre Geschichten nicht idealisieren. Vanessa blieb öfter stecken, als ihr lieb war. Carl fiel es weiterhin schwer zu glauben, dass ihn jemand attraktiv finden könnte. Neil brauchte Jahre, um einen Mann zu treffen, der so leben wollte wie er. Bri ertappte sich des Öfteren dabei, dass sie sich selbst Vorwürfe machte. Und Trish musste hart um ihr Selbstvertrauen kämpfen, besonders wenn andere ihre Behinderung ignorierten oder Trishs Wert anzweifelten. Trotzdem! Neil hörte auf, sich zu verstellen, und es gelang ihm viel besser, Nein zu sagen, wenn es nötig war. Carl setzte sich mit seinem Selbstbild auseinander und fand einen Weg, der Zugehörigkeit nicht mit Kontrolle und Strenge verknüpfte. Vanessa nahm Veränderungen in ihrem Leben vor, die es ihr ermöglichten, an Dingen teilzuhaben, die größer waren als sie selbst. Bri achtete zunehmend auf ihre innere Kritikerin und schaffte es, sich selbst Mitgefühl und Nachsicht entgegenzubringen. Trish verstärkte immer weiter ihr Selbstvertrauen. Diese Art der Heilungsarbeit ist langfristig angelegt. Sie muss immer wieder getan werden. Aus der vollbrachten Arbeit entsteht dann mit der Zeit Heilung.

Herkunftsheilungsarbeit

Lass uns die Arbeit noch ein bisschen vertiefen. Wenn du bei dir eine Zugehörigkeitswunde entdeckt hast, können wir jetzt gemeinsam mit der Heilungsarbeit beginnen. Mach es dir bequem. Du kannst dich hinlegen oder auf einen Stuhl setzen. Deine Augen können offen oder geschlossen sein. Achte darauf, dass du dich in deiner Umgebung sicher fühlst und ungestört bist. Zur Erinnerung: Wenn du dich durch ein Trauma durcharbeitest, ist es wichtig, dass du gut auf dich schaust. Es ist wichtig, dass du jemanden hast, der dich anleitet, dich unterstützt und dir einen geschützten Raum gibt, während du diese Arbeit machst.

BENENNEN. Kannst du dich daran erinnern, wann du zum ersten Mal daran gezweifelt hast, dass du dazugehörst? An das erste Mal, als du ein Außenseiter warst oder dich so gefühlt hast? Kannst du dich an den Tag erinnern? Weißt du noch, wo es war? Wer hat dich dazu gebracht, deine Zugehörigkeit anzuzweifeln? Welche Details weißt du noch?

BEZEUGEN. Nun konzentrier dich mehr auf dich selbst. Nimm die jüngere Version deiner selbst in den Blick, und zwar in dem Moment, in dem du zum ersten Mal deine Zugehörigkeitswunde gespürt hast. Und jetzt möchte ich, dass du die Gefühle wahrnimmst, die du in diesem Moment gefühlt hast, so als würdest du dich selbst in einem Film betrachten. Achte auf deinen Gesichtsausdruck, jede Veränderung in deiner Körpersprache. Und fang an, mit dem kleinen Kind, deinem jüngeren Ich, mitzufühlen.

BETRAUERN. Es ist möglich, dass nun Gefühle in dir hochkommen. Kannst du sie zulassen? Kannst du nachfühlen, wie es für dich vor all den Jahren war? Vielleicht bricht dir das Herz bei dem Gedanken an dein jüngeres Ich, das eine Zugehörigkeitswunde erleiden musste. Fühl ruhig mit diesem Kind mit. Nimmst du die Gefühle wahr, die damit einhergingen, dass du dich angepasst hast, um dazuzugehören? Oder erkennst du die rebellische Haltung, die du eingenommen hast, und wie sie sich damals angefühlt hat? Spür in dich hinein, ob und was du deinem jüngeren Ich jetzt anbieten möchtest. Willst du es trösten? Möchtest du ihm sagen, dass es dir leidtut, dass es das durchmachen musste? Willst du es in den Arm nehmen und ihm sagen, dass alles gut wird? Spürst du den Drang, etwas zu tun? Nimm dies einfach zur Kenntnis.

Bleib so lange oder so kurz bei diesen Eindrücken, wie es sich für dich gut anfühlt. Wenn deine Augen geschlossen sind, nimm dir etwas Zeit, bevor du die Außenwelt wieder an dich heranlässt. Halt die Augen geschlossen und fang langsam an, deine Finger und Zehen zu bewegen. Dehn deinen Nacken. Leg deine Hände auf dein Herz oder deinen Bauch. Oder konzentrier dich auf deinen Atem. Überleg, was du sehen wirst, wenn du die Augen öffnest. Weißt du noch, wo du bist? Und dann öffne ganz langsam die Augen. Nimm dir Zeit dafür.

Du kannst diese Übung so oft wiederholen, wie du willst. Du kannst sie eine Woche lang jeden Tag durchführen. Oder du machst sie einmal und dann erst wieder in einem oder in fünf Jahren. Wie auch immer – ich bin stolz auf dich.

SICH NEU AUSRICHTEN. Nun, da wir langsam zum Ende kommen, wäre es schön, wenn du dir einen Moment Zeit nimmst, um darauf zu schauen, wie sich deine Zugehörigkeitswunde heute zeigt. Auf welche Weise? In welchen Beziehungen? Kannst du die folgende Frage beantworten? *Was wäre in meinem Leben anders, wenn ich mir erlauben würde, authentisch zu leben, wenn ich keine Angst davor hätte, ich zu sein?* Ich möchte, dass du in dieser Woche darauf achtest, ob sich eine Gelegenheit bietet, ein altes Verhalten durch ein neues zu ersetzen. Erkenne diese Gelegenheit einfach, mehr musst du vorerst nicht tun.

Wie immer, Hut ab, du machst das gut. Nimm dir einen Moment Zeit, um dich dafür zu loben, was du dich zu sehen und zu fühlen traust.

5

ICH MÖCHTE AUFMERKSAMKEIT

Kinder bitten ihre Eltern nicht direkt darum, Aufmerksamkeit zu bekommen. Das ist kein Wort, das sie benutzen. Stattdessen bitten sie ihre Eltern darum, mit ihnen zu spielen, mit ihnen nach draußen zu gehen oder ihnen vorzulesen. So fordern sie Zuwendung und Aufmerksamkeit ein. In ihren Worten drücken sie sich vielleicht so aus: »Nicht arbeiten, Mama« oder »Fernsehen doof« oder »kein Handy mehr«. Die Dinge, die Eltern von ihren Kindern ablenken, sind im besten Fall Stressfaktoren für das Kind, im schlimmsten Fall bedrohen sie sein Selbstverständnis und seinen Stellenwert in dieser Welt. Kinder chronisch abgelenkter Eltern glauben später im Leben vielleicht, dass sie in ihren Beziehungen Wert darauf legen, beachtet zu werden. In Wirklichkeit aber suchen diese nach wie vor verwundeten Erwachsenen unbewusst nach Dynamiken, die das wiederholen und bestärken, was sie Jahrzehnte zuvor von ihren Familien gelernt haben: dass sie nicht wichtig sind.

Wenn du dich in deinem Familiensystem nicht beachtet gefühlt hast, dann hast du vielleicht eine Aufmerksamkeitswunde. Ein Kind, dem Aufmerksamkeit zuteilwird, ist ein Kind, dessen Bedürfnisse gesehen, verstanden und erfüllt werden. Das bedeutet keineswegs, dass es alles bekommt, was es will, oder dass es in jedem Moment im Mittelpunkt steht. Eltern dürfen Grenzen setzen und Nein sagen, und sie dürfen ihr eigenes Leben haben, das sie ebenfalls wertschätzen und wichtig finden. Aber Aufmerksamkeit zu erhalten heißt, dass Eltern sich auf das Kind einstellen. Sie hören zu, sie kümmern sich, sie sind neugierig und interessiert und sie geben dem, was in der inneren und äußeren Welt des Kindes passiert, Raum. Vielleicht gefallen dem Kind nicht alle Entscheidungen, die die Eltern treffen, aber es bezweifelt nicht, dass es ihnen wichtig ist.

Wenn die Zuwendung infrage steht, liegt das daran, dass das Kind entsprechende Botschaften erhält, die es für sich entschlüsselt und zu Glaubenssätzen macht. Manchmal sind diese Botschaften explizit, etwa wenn die Eltern immer wieder betonen, dass sie in Ruhe gelassen werden wollen, oder so etwas sagen wie: »Es ist Samstag! Stör deinen Vater nicht beim Fußballgucken.« Manchmal sind diese Botschaften aber auch versteckt, etwa wenn ein Elternteil das Kind ignoriert, während es spricht, oder wenn Eltern ständig miteinander streiten und keine Zeit haben, um dem Kind bei den Hausaufgaben zu helfen oder gemeinsam einen Film anzuschauen. Eine Aufmerksamkeitswunde schürt Zweifel daran, dass man den Menschen, denen man unbedingt wichtig sein will, auch tatsächlich wichtig ist.

Der Ursprung der Aufmerksamkeitswunde

Wenn ein Paar zu mir kommt, spiele ich oft die Detektivin. In den ersten Sitzungen schildern die beiden ihren Konflikt und erzählen alle möglichen Einzelheiten. Sie sprechen über ihre Streitereien und versuchen, mich von ihrem jeweiligen Standpunkt zu überzeugen. Sie wollen herausfinden, auf wessen Seite ich stehe oder wie schlimm ich die Lage einschätze. »Ist unsere Beziehung noch zu retten? Hast du schon mal ein anderes Paar mit solchen Problemen gehabt?«, fragen sie vielleicht.

Natürlich ist es sinnvoll, einige Details zu erfahren, aber dieser erste Lagebericht ist selten vollständig. Das Thema, weshalb sie zur Therapie gehen, ist nur die Spitze des Eisbergs. Um herauszufinden, was wirklich in der Beziehung los ist, müssen wir in der Regel tiefer eintauchen, auf ihre Familien schauen und ihre emotionalen Wunden aufdecken.

Als Isabel und Josefina das erste Mal bei mir waren, versuchten sie, wie die meisten Paare zu Beginn einer Therapie, mich für ihren jeweiligen Standpunkt einzunehmen und schnell eine Lösung zu finden. Zu dem Zeitpunkt, als ich die beiden kennenlernte, war es zwei Jahre her, dass sie gemeinsam aus Spanien nach New York gezogen waren. Sie waren beide in ein Graduiertenprogramm aufgenommen worden, auf das sie sich sehr freuten. Wenn ehemalige Freundinnen zu Liebenden werden, kann das oft wunderbare Beziehungen ergeben, aber Isabel und Josefina machten gerade eine schwierige Phase durch und hatten es mit immer wiederkehrenden Konflikten zu tun, die sich nie wirklich lösen ließen.

Als sie zur ersten gemeinsamen Sitzung kamen, spürte ich sofort ihre Nervosität.

»Ist es wichtig, wo wir uns hinsetzen?«, fragte Isabel.

Ich zeigte auf das Sofa und ließ sie ihre Plätze wählen. Isabel setzte sich näher zu mir. Josefina war nicht weit weg, aber Isabel saß direkt vor mir. Ich notierte mir ihre Positionen.

»Schön, dass ihr gekommen seid. Ich würde gern von euch beiden hören, warum ihr heute hier seid.«

Es überraschte mich nicht, dass Isabel anfing. »Wir haben uns in letzter Zeit oft gestritten. Eigentlich das ganze letzte Jahr. Und wir kriegen da keine Lösung hin. Es fühlt sich an, als würden wir uns immer weiter voneinander entfernen, und das macht mir Angst. Jo hat schon von Trennung gesprochen, und das will ich nicht, aber ich weiß auch nicht, was ich tun soll.«

»Kannst du mir sagen, worüber ihr euch streitet?«

»Meistens bin ich es, die sich über Jo beschwert. Als wir aus Spanien hierherzogen, war es so schön, dieses Abenteuer gemeinsam anzugehen.

Keiner von uns beiden hat je in einem anderen Land gelebt, also fühlte es sich an, als würden wir zu einer gemeinsamen Reise aufbrechen. Unser erstes Jahr hier war gut. Wir haben zusammen gewohnt, Freundschaften geschlossen und waren so gut wie unzertrennlich, aber jetzt macht Jo immer mehr eigene Sachen, was auch gut ist, aber mir kommt es so vor, als ob sie mich gar nicht mehr um sich haben will. Sie bleibt lange weg, wir verbringen kaum noch Zeit miteinander und sie antwortet seltener auf meine Nachrichten.«

Isabel hielt einen Moment inne. Während sie sprach, hatte ich sie angeschaut, aber ich behalte in solchen Momenten auch immer die andere Seite im Blick, um Gesichtsausdrücke oder Körperreaktionen wahrzunehmen, die möglicherweise bei der Zuhörerin aufscheinen. Jo blieb distanziert und verschlossen. Sie schien genervt zu sein, dass sie überhaupt dabei sein musste. Von Zeit zu Zeit verdrehte sie die Augen und schüttelte beim Zuhören fast unmerklich, aber verärgert den Kopf. Ich ahnte, dass es nur eine Frage der Zeit war, bis sie Dampf ablassen und uns damit mehr Informationen geben würde.

»Josefina, ist es dir recht, wenn ich dich Jo nenne?«, fragte ich.

»Du kannst mich nennen, wie du willst. Jo sagen alle, die mich gut kennen, aber da du mich wohl sehr bald sehr gut kennen wirst, kannst du mich auch gleich so nennen.«

Das war zwar etwas barsch, aber es steckte auch eine Einladung darin: Sie zeigte sich offen dafür, dass ich sie kennenlernen durfte.

Als ich Jo fragte, was sich für sie verändert hatte, konnte sie es klar formulieren. Sie bestätigte, dass Isabel ihre beste Freundin gewesen war und dass im ersten Jahr in New York alles noch toll gewesen war. Aber Jo fühlte sich bald von Isabel erdrückt. Sie hatte eigene Freunde gefunden und wollte auch ohne Isabel ausgehen. Doch die wollte weiterhin alles gemeinsam machen. Jo hatte das Gefühl, dass Isabel ihr Leben einschränken wollte, und gab zu, dass sie sauer wurde, wenn sie sich von Isabel eingeengt fühlte. In solchen Fällen kam es meist zum Streit und sie fanden nie zu einer Lösung. Jo machte sehr deutlich, dass es für sie wichtig war, auch ein Leben außerhalb der Beziehung zu haben. Sie brauchte ihren Freiraum, um gesund zu bleiben. Sie war schon einmal in einer ungesunden Beziehung gewesen und wollte sich nie wieder auf etwas Ähnliches einlassen. Jo liebte Isabel, spürte aber selbst, dass sie sich immer mehr von ihr abwandte und sich zurückzog.

Das war nicht das erste Mal, dass Isabel das von Jo hörte. Auch wenn es sie traurig machte, schien ein Teil von ihr Verständnis dafür zu haben.

Ich hatte hier zwei Frauen vor mir, die sich gemeinsam auf ein großes Abenteuer eingelassen hatten. Sie hatten eine aufregende Reise in ein Land gewagt, in dem keine von ihnen je zuvor gewesen war, um ähnliche Träume zu verfolgen. Wer sich auf große Veränderungen einlässt, hat unweigerlich bestimmte unausgesprochene Erwartungen und Vorstellungen davon, wie die ganze Sache verlaufen könnte. Dr. Robert Glover, Autor von *Nie mehr Mr. Nice Guy*, nennt diese heimlichen Annahmen *verdeckte Erwartungen* und meint damit die unausgesprochenen Vereinbarungen, die – *wie wir glauben* – zwischen uns und unserem Partner bestehen.[14] Offenbar hatten es Isabel und Jo mit dem Problem unterschiedlicher Vorstellungen und Erwartungen zu tun.

Isabel wollte in Jos Leben an erster Stelle stehen. Doch mittlerweile bezweifelte sie, ob sie für Jo überhaupt wichtig war. Diese Zweifel waren nach all der Zeit, in der sie füreinander da gewesen waren, verstörend. Es *ist* traurig, wenn die Person, die man liebt, nicht so viel Zeit mit einem verbringen will wie man selbst. Isabel tat alles, was in ihrer Macht stand, um Jo dazu zu bringen, ihr die ganze Aufmerksamkeit zu schenken: Sie bettelte und flehte, täuschte Gleichgültigkeit vor, stellte Ultimaten und bekam Wutanfälle. In unseren Sitzungen wurde Isabel jedes Mal wütend und beschimpfte Jo, wenn diese ihren Wunsch nach Unabhängigkeit und Selbstständigkeit ausdrückte.

Isabels Reaktionen in den Sitzungen deuteten darauf hin, dass da noch mehr aufzudecken war. Wie du im 2. Kapitel erfahren hast, ist so eine Überreaktion eine Art Hinweisschild auf Ängste, Unsicherheiten und Selbstzweifel. Sie verrät, dass der gegenwärtigen Situation irgendetwas Wichtiges vorausgegangen ist, und dass dies erforscht werden muss. Also begannen wir damit, die Wunde zu identifizieren, die hier berührt worden war.

In unserer zweiten Sitzung fragte ich Isabel, ob sie das Gefühl gehabt hatte, in ihrer Familie wichtig zu sein.

»Oh ja, natürlich, meine Familie liebt mich sehr.«

Das überzeugte mich nicht. Natürlich konnte sich auch erst später in ihrem Leben eine Wunde entwickelt haben, aber ich hatte das Gefühl, dass ihr jemand in der Kindheit nicht genug Aufmerksamkeit geschenkt hatte. Das Hinweisschild blinkte. Das Gefühl, nicht genug beachtet zu werden, spürte Isabel mit Sicherheit nicht das erste Mal in ihrem Leben.

»Kannst du mir von deiner Mutter erzählen? Ich würde gerne wissen, was für ein Mensch sie aus deiner Sicht war, und wie du sie als Mutter empfunden hast.«

»Sie war eine gute Mutter. Sie war mit mir und meinen Geschwistern zu Hause, und wir hatten viel Spaß zusammen. Sie war lustig und wirklich fürsorglich. Alle mochten meine Mutter, sie stand auf jeder Party im Mittelpunkt. Aber irgendwann war sie nur noch traurig.«

»Was war passiert?«, fragte ich.

»Als ich sieben war, brachte die Schwester meiner Mutter sich um. Damals wusste ich nicht, was wirklich passiert war, es hieß nur, sie sei gestorben. Aber danach war alles anders. Meine Mutter verfiel in eine Depression, aus der sie bis heute nicht herausgekommen ist. Es war so traurig, sie so zu erleben. Es war, als ob das Leben aus ihr verschwunden war. Sie war so unternehmungslustig gewesen, aber danach machte sie nichts mehr. Sie verließ das Bett und ihr Zimmer kaum noch. Mein Vater musste deshalb viel übernehmen. Er ging sehr liebevoll mit ihr um, und wir haben uns gemeinsam um sie gekümmert.«

Jo schaute Isabel an. Sie hatte die Geschichte schon einmal gehört, aber diesmal ließ sie sie auch an sich heran.

Die Depression von Isabels Mutter hatte in ihrer Familie nun absolute Priorität. Sie überlagerte alles. Natürlich wollte ihre Mutter das nicht – es war einfach so. Sie sahen, dass sie traurig war, aber es wurde nichts dagegen unternommen. Ihr Vater, der die Gutmütigkeit in Person war, tat, was er konnte. Er nahm sich noch einen Nebenjob, kochte, putzte und kümmerte sich um seine Frau, so gut er konnte. Aber er schaffte es einfach nicht, alles allein zu bewältigen.

Diese Geschichte half uns sehr dabei, den Schmerz zu verstehen, den Isabel als 29-jährige Frau in New York erlebte. In ihren ersten sieben Lebensjahren hatte Isabel als die Kleinste in der Familie viel Freude, Zuwendung, Liebe und Aufmerksamkeit erhalten. Sie stand im Zentrum des Familiensystems, hatte hilfreiche ältere Geschwister und zwei Eltern, die sie wirklich liebten. Natürlich antwortete sie auf meine Frage, dass sie in ihrer Familie Aufmerksamkeit erhalten hatte. Aber dabei sprach sie nur von den ersten Jahren ihres Lebens.

Nach dem Tod ihrer Tante änderte sich alles. Isabel stand nicht mehr im Zentrum und fand kaum noch Beachtung. Isabel erzählte: »Mein Vater brachte es nicht fertig, jemanden anderen als mich um Hilfe zu bitten. Ich glaube, er schämte sich und wollte meine Mutter beschützen. Deshalb wollte er nicht, dass jemand sie so sah.«

Jo und ich begriffen. Das war kein böser Wille gewesen. Ein verheerendes Ereignis hatte die ganze Familie so stark in Mitleidenschaft gezogen, dass die siebenjährige Isabel im Leben ihrer Eltern keine Rolle mehr spielen konnte – selbst wenn diese es sich anders gewünscht hätten.

Dieses Ereignis legte den Grundstein für Isabels Anerkennungswunde. Die psychische Erkrankung ihrer Mutter hatte im Leben ihres Vaters und auch in ihrem eigenen absolute Priorität. Sie half dem Vater beim Kochen, Putzen und bei der Pflege ihrer Mutter. Oft hörte sie von ihm: »Kannst du versuchen, deine Mutter aufzumuntern? Ich glaube, sie würde sich sehr freuen, wenn du Zeit mit ihr verbringst.« Und das stimmte natürlich – es tat der Mutter gut. Aber es führte auch dazu, dass Isabel vor lauter Kochen, Putzen und Aufheitern keinen Raum mehr hatte, um ein kleines Mädchen mit sehr realen körperlichen und emotionalen Bedürfnissen zu sein.

So hatte Isabel noch nie über ihr Leben und ihre Familie nachgedacht. Aber noch mehr erstaunte sie die Erkenntnis, dass sich die drastische Veränderung in der Beziehung zu Jo ganz ähnlich anfühlte wie das, was sie in ihrer Familie erlebt hatte. Sie war in einer Beziehung, in der sie anfangs an erster Stelle gestanden hatte. Dann hatte sich das verändert und ihre Bedürfnisse wurden nicht mehr so beachtet.

Ich merkte, dass Jo ein bisschen weicher wurde. Sie löste die verschränkten Arme und ließ die Schultern sinken. Was sie hörte, änderte nichts an der Tatsache, dass sie nicht eingeengt werden wollte, aber sie sah Isabel in einem neuen Licht, erkannte neue Zusammenhänge, sah klarer.

Isabel hatte sich nie bewusst gemacht, dass sie in ihrer Familie keine Aufmerksamkeit mehr bekommen hatte. Diese Deutung der Geschichte kam ihr auch unfair vor, weil sie doch lange so ein schönes Familienleben gehabt hatten. Sie wusste ja, dass ihre Eltern einfach keine Kraft mehr übrighatten und alles taten, was sie konnten. Da konzentrierte sie sich lieber darauf, wie das Leben gewesen war, bevor sich alles verändert hatte. Sie erzählte Jo von der Mutter und der Familie, an die sie sich gerne erinnerte. Über das Leben nach der Erkrankung ihrer Mutter zu sprechen, war schmerzhafter. Daher sprach sie vor der gemeinsamen Therapie selten darüber, schaute nicht wirklich hin und erkannte auch nicht die Folgen.

Isabel freute sich nicht gerade über das Aufdecken ihrer Aufmerksamkeitswunde, vor allem, weil sie in ihrer Erinnerung nun auch weniger glückliche Momente zulassen musste. Aber dieser Schritt war notwendig, um herauszufinden, was diese unverheilte Herkunftswunde zu dem Streit zwischen ihr und Jo beitrug.

Ich habe schon unzählige Menschen mit einer Aufmerksamkeitswunde getroffen. In ihren Geschichten kommen überforderte und abgelenkte Eltern vor, die ihre eigenen Prioritäten über die ihrer Kinder stellen. Es kommen auch Bezugspersonen vor, die mit eigenen Herkunftswunden zu kämpfen hatten und sich daher nicht voll und ganz einbringen und auf ihre Kinder konzentrieren konnten.

Auch wenn ich im Folgenden das familiäre Umfeld im Blick habe, möchte ich daran erinnern, dass Aufmerksamkeitswunden auch erst später im Leben und durch Beziehungen außerhalb der Herkunftsfamilie entstehen können. Vielleicht erkennst du ja, dass du nicht in der Familie, sondern in einer Beziehung oder einer wichtigen Freundschaft erstmals das verletzende Gefühl erlebt hast, keine Bedeutung zu haben. Bleib in alle Richtungen offen, während wir dies erkunden.

EINE ABWESENDE HERKUNFTSFAMILIE

Mentale Abwesenheit und die Tatsache, von etwas ständig abgelenkt zu werden, wirken ähnlich. Wenn Eltern oder Bezugspersonen von etwas ganz in Beschlag genommen werden, wenn sie abgelenkt oder geistesabwesend sind, schenken sie einem Kind selten ihre volle Aufmerksamkeit. Die Ablenkung kann zum Beispiel durch ein dauerhaftes Phänomen wie etwa einen sehr fordernden Beruf auftreten. Sie kann auch die Folge eines tiefgreifenden Problems sein, etwa einer Alkohol-, Drogen- oder Spielsucht, einer seelischen oder körperlichen Erkrankung. Die Ursache kann auch sein, dass etwas eine Zeit lang die Aufmerksamkeit verschlingt, beispielsweise Eheprobleme, die einige Jahre andauern, oder emotionale Überforderung.

Andreis Aufmerksamkeitswunde entstand, weil er als Kind mit einer alleinerziehenden Mutter aufwuchs, die zwei Jobs hatte, um über die Runden zu kommen. Andrei beschrieb seine Mutter immer ganz freundlich und liebevoll. Ich spürte, dass er sie sehr liebte und achtete. Aber als er klein war, wollte er unbedingt Zeit mit ihr verbringen, und das ging nicht. Sie arbeitete sechs Tage die Woche in Doppelschichten, um genug zu verdienen. Er bekam sie nur sonntags zu sehen, wenn sie in die Kirche gingen und gemeinsam zu Mittag aßen, bevor ihre Abendschicht begann.

Andrei war seiner Mutter unendlich dankbar für die Opfer, die sie für ihn gebracht hatte. Manchmal behauptete er, die Doppelschichten wären ihre Art gewesen, ihn und seine Bedürfnisse in den

Vordergrund zu stellen. Aber das änderte nichts daran, dass er sich am meisten nach ihrer Anwesenheit gesehnt hatte. Die Wunde war da, obwohl seine Mutter alles getan hatte, um ihm eine bessere Zukunft zu ermöglichen.

Natürlich können emotionale Wunden auch dann auftreten, wenn eine Person oder eine Familie gute Absichten hat. Wir möchten gerne glauben, dass sie nur aus bösem Willen oder Nachlässigkeit entstehen, aber in Wirklichkeit haben sie unzählige Ursachen, die nicht auf bösen Absichten beruhen.

Das war auch bei Khaites Mutter der Fall, die ebenfalls mit Schwierigkeiten in ihrem eigenen Leben zu kämpfen hatte. Khaites Eltern waren nie verheiratet gewesen. Als sie vier Jahre alt war, fand ihr Vater eine Frau, die besser zu ihm passte, wie er sagte. Ihre Mutter war am Boden zerstört und fortan besessen davon, Männer kennenzulernen und eine neue Liebe zu finden. Manchmal hatte sie jeden zweiten Abend ein Date.

»Sie kam nach solchen Verabredungen nach Hause und erzählte mir alles. Ich glaube, sie merkte gar nicht, dass sie sich dann überhaupt nicht nach mir erkundigte. Sie war vollkommen mit sich beschäftigt«, erinnerte sich Khaite. Sie liebte ihre Mutter sehr, aber dieses Verhalten war trotzdem schmerzhaft für sie. Sie wollte nicht, dass ihre Mutter sich schlecht fühlte, wollte aber auch nicht als eine Art Freundin herhalten, der sie ihr Herz ausschütten konnte. Vielmehr wünschte sie sich, dass ihre Mutter sich für *ihr* Leben interessierte. Sie wollte das Gefühl haben, für ihre Mutter wichtig zu sein und nicht ganz unten auf der Prioritätenliste zu stehen, während irgendwelche Männer in ihrem Leben ein und aus gingen. Khaite wünschte sich so sehr Aufmerksamkeit, aber die bekam sie nicht, weil ihre Mutter nur mit dem eigenen Liebesleben beschäftigt war.

Wenn Eltern oder Bezugspersonen dauerhaft abgelenkt und mit anderen Dingen beschäftigt sind, hat das weitreichende Auswirkungen. Es tut weh, wenn man mit Zweifeln an der eigenen Bedeutung aufwächst und sich fragen muss, ob man unwichtiger ist als das, was die Großen davon abhält, einem Aufmerksamkeit zu schenken. Und diese Erfahrung kann sich in den späteren Erwachsenenbeziehungen bemerkbar machen, sowohl ganz offensichtlich als auch unterschwellig.

ELTERN MIT UNVERHEILTEN WUNDEN

In der Zeit, in der du groß geworden bist, haben die Erwachsenen in deinem Leben wahrscheinlich selbst Verletzungen erfahren. Möglicherweise haben sie immer noch uneingestandene und nicht verarbeitete Wunden. Diese Wunden können leicht an dich weitergereicht werden. Manche Eltern stellen sich in den Mittelpunkt, weil sie als Kind keine Aufmerksamkeit bekommen haben. Vielleicht haben sie ihre Bedürfnisse, Wünsche und Sehnsüchte über deine gestellt, weil sie in ihrer Kindheit übersehen wurden. Die unverheilten Wunden der Eltern können auf unterschiedlichste Art weitergegeben werden. Wenn man dies im Blick behält, erkennt man zwar wichtige Zusammenhänge, aber das ändert nichts an der Tatsache, dass man sich nicht beachtet gefühlt hat. Es ist niemals die Aufgabe der Kinder, sich mit den unverheilten Wunden der Eltern zu befassen, aber leider sind sie denen viel zu oft ausgesetzt.

Sarah erzählte mir, dass sie als Kind begeistert fotografiert hatte. Sie wollte alles zu dem Thema wissen, was es zu wissen gab. Sie hatte sich zum elften Geburtstag eine Kamera gewünscht und das Beste vom Besten bekommen. Doch zwei Jahre nach diesem wunderbaren Geschenk teilten ihre Eltern ihr plötzlich mit, dass sie ihre Leidenschaft für die Fotografie aufgeben müsse. »Sie sagten, das sei ›kein angemessenes Hobby‹, und ich solle mich lieber mit etwas beschäftigen, was mir am College nützlich sein könne«, erzählte sie.

Sarahs Eltern waren wohlhabend. Sie wuchs im New Yorker Reichenviertel Upper East Side auf, und ihre Eltern hatten ihre schulische und berufliche Laufbahn schon durchgeplant. Aus ihrer Sicht war mit dem Hobby Fotografie kein Geld zu verdienen, daher sollte sie sich lieber ernsthaft mit ihrer Zukunft auseinandersetzen. Das war niederschmetternd für Sarah. Noch Jahrzehnte später schüttelte sie beim Erzählen den Kopf, und der Schmerz stand ihr ins Gesicht geschrieben.

Ihre Eltern besaßen die Mittel, um Sarah bei der Verwirklichung ihres Traums zu unterstützen. Aber sie lehnten diesen Traum rundweg ab, denn in ihren Kreisen wären sie schief angeschaut worden, wenn ihre Tochter nicht den vorgezeichneten Karriereweg beschritten hätte. »Sie wollten, dass ich Ärztin werde«, sagte Sarah. »Ich erinnere mich an einen ganz bestimmten Moment. Vor einer Weihnachtsfeier mit all ihren Bekannten wiesen sie mich an, niemandem von meinen Fotografie-Träumen zu erzählen. Meine Mutter sagte wörtlich: ›Bitte blamier uns heute Abend nicht.‹ Ihnen war nur wichtig, was andere von ihnen als Eltern dachten, sie kümmerten sich mehr darum als um meine Wünsche.« Darin offenbarten sich die Ängste und Befürchtungen *der Eltern – deren* Zugehörigkeitswunden. Auch wenn sie es selbst nicht so sahen, stellten sie ihre Bedürfnisse über die von Sarah.

Die Geschichte brach mir das Herz. Sarah wurde tatsächlich eine sehr erfolgreiche Ärztin. Aber sie hasste ihren Beruf, doch was sie noch mehr hasste, war, unglücklich zu sein. Sie kam zu mir, weil ihr Freund gerade zum vierten Mal mit ihr Schluss gemacht hatte. Die beiden kamen immer wieder zusammen, weil sie sich liebten, zerstritten sich aber dann wegen einer Sache, die sie einfach nicht lösen konnten: Er wollte unbedingt Kinder, sie aber nur »vielleicht«.

Als wir näher darauf eingingen, erfuhr ich, dass Sarah *doch* Kinder wollte. Aber unbewusst testete sie ihren Freund, um zu sehen, ob er ihren Wünschen nachgeben würde – wie es ihre Eltern nie getan hatten. Es steckte noch mehr dahinter, aber allein diese Erkenntnis öffnete Sarah die Augen. Ihre Aufmerksamkeitswunde – das Gefühl, bei geliebten Bezugspersonen nie die Nummer eins gewesen zu sein – hatte immer noch heftige Auswirkungen auf ihr Leben.

Vielleicht gibt es in deinem Familiensystem ungeheilte Wunden, die zu deiner Aufmerksamkeitswunde beigetragen haben. Ohne damit nach Entschuldigungen zu suchen, kannst du dich fragen, ob der unverheilte Schmerz deiner Bezugspersonen sie vielleicht davon abgehalten hat, dir die nötige Beachtung zu schenken.

Die Suche nach einer emotionalen Wunde soll keine Ausrede liefern. Sie entschuldigt Reaktionen nicht, sie erklärt sie nur. Das Auffinden der Herkunftswunde ist auch nicht das Ende. Es ist der Ausgangspunkt, der Katalysator, der dich auf den Weg der Heilung bringt.

Bewältigung der Aufmerksamkeitswunde

Viele Kinder bemühen sich unermüdlich darum, Aufmerksamkeit zu bekommen. Sie tun alles, um herauszufinden, wer sie sein oder was sie tun müssen, um von ihren Bezugspersonen beachtet zu werden. Aber wenn ihre Bemühungen scheitern, werfen sie irgendwann das Handtuch und akzeptieren, dass sie nicht wichtig sind. Ich finde es furchtbar, wenn ein Kind sich damit abfinden muss. Wenn so etwas in der Kindheit passiert, kann sich die Bewältigungsstrategie bis ins Erwachsenenalter fortsetzen.

DER WEG DER WIEDERHOLUNG

Wie wir schon gesehen haben, besteht ein möglicher Umgang mit Wunden darin, sie in den Erwachsenenbeziehungen ungewollt zu wiederholen. Das war sowohl bei Andrei als auch bei Khaite der Fall.

In der Psychologie gibt es eine Theorie über die intergenerationale Weitergabe von Psychopathologie. (Schwierig, ich weiß, aber ich verwende so wenig Fachjargon wie möglich, versprochen!) Damit ist die genetische und nicht genetische Übertragung von Verhaltensweisen, Eigenschaften und Merkmalen von Generation zu Generation gemeint.[15] Einfacher ausgedrückt: Vieles wird von den Generationen vor uns an uns weitergegeben. Und es überrascht nicht, dass wir oft das wiederholen, was wir in unserer Kindheit beobachtet oder erlebt haben. Wahrscheinlich hast du schon mal auf dich oder jemand anderen bezogen den Spruch gehört: »Du bist genau wie deine Mutter oder dein Vater.« Vielleicht hast du ihn sogar schon selbst verwendet. Der Weg der Wiederholung ist naheliegend und leicht zu erkennen. Man wiederholt die Verhaltensweisen, Eigenschaften und Merkmale derer, die vorher da waren. Das kann passieren, ohne dass man sich dessen bewusst ist, etwa wenn man mit einem wütenden und reizbaren Elternteil aufgewachsen ist und Jahrzehnte später selbst wütend und reizbar ist. Manchmal passiert das auch, obwohl man sich anders verhalten möchte, beispielsweise wenn man mit Misshandlungen aufgewachsen ist und sich geschworen hat, das eigene Kind niemals zu misshandeln, nur um dann festzustellen, dass man den Kreislauf wiederholt. Sowohl Andrei als auch Khaite nahmen in Bezug auf ihre Anerkennungswunde als Erwachsene den Weg der Wiederholung – der eine unbewusst, die andere eher bewusst, aber dennoch den Kreislauf wiederholend.

Andrei, dessen Mutter alles für ihn geopfert hatte und durch ihre Doppelschichten dennoch eine Aufmerksamkeitswunde bei ihm hinterlassen hatte, sagte in der Therapie, seine Frau habe genug von ihm, weil sie es satthabe, dass er nach der Arbeit Computerspiele spiele. Doch das sei eben seine Art der Entspannung. Durch unsere gemeinsame Arbeit erkannte Andrei, dass das Computerspielen seine Doppelschicht war. Denn er hatte mir gestanden, dass er bis zu sechs Stunden pro Abend spielte. Anstatt sich eine ständig beschäftigte Partnerin zu suchen, war er nun der ständig Beschäftigte, während seine Frau letztlich seine Kindheitsrolle abbekam. Er wiederholte seine Wunde, indem er sich selbst beschäftigt hielt. So setzte er nicht nur seine Verletzung fort, sondern gab auch seiner Frau das Gefühl, keine Bedeutung zu haben. Wenn wir glauben, dass wir keine Beachtung finden, schaffen wir manchmal ein Umfeld, das eben diesen Zustand aufrechterhält.

Während Andrei zunächst gar nicht bemerkte, dass er seine Aufmerksamkeitswunde wiederholte, erkannte Khaite ihr Muster sofort. Sie gab schnell zu, dass sie sich in ihrer Beziehung ablenken ließ, und gestand, dass sie abends stundenlang durch Instagram scrollte.

Das reduzierte die gemeinsame Zeit mit ihrer Partnerin und verhinderte Intimität. »Ich weiß, ich weiß. Ich mache das Gleiche, was meine Mutter mit mir gemacht hat«, stellte Khaite ganz sachlich fest. Sie sah es ein, ließ aber auch weiterhin dieses Verhalten zu. Ihre Selbsterkenntnis reichte nicht aus, um etwas zu verändern, aber sie reichte, um ins Gespräch über das Vorgefallene zu kommen.

Khaite hatte ihrer Mutter nie gesagt, wie sehr sie sich benachteiligt gefühlt hatte. Deshalb hatte sie auch nicht erlebt, dass ihre Mutter ihr Abgelenktsein anerkannte und die Verantwortung dafür übernahm. Doch das hätte Khaite erleben müssen. Stattdessen wiederholte sie unbewusst das gleiche Muster und brachte ihre Ex-Partnerin in dieselbe Situation, in der sie selbst mit ihrer Mutter gewesen war. Wenn ihre Partnerin die gleichen Erfahrungen machte wie Khaite, würde diese sich gesehen, verstanden und bestätigt fühlen – glaubte sie zumindest. Als wir das herausfanden, erkannte sie, wie schädlich das für ihre Beziehung gewesen war. *Eigentlich* wollte sie ja nicht, dass ihre Partnerin das Gefühl hatte, nicht wichtig zu sein, vielmehr wollte sie selbst sich gehört und verstanden fühlen. Und sie begriff, dass sie das auf andere, bessere Weise erreichen konnte.

Zum Glück hatte Khaite eine aufgeschlossene Mutter. Im Rahmen unserer gemeinsamen Arbeit brachte sie den Mut auf, ihre Mutter darauf anzusprechen. Und tatsächlich bestätigte ihre Mutter das, was Khaite erlebt hatte, übernahm die Verantwortung und entschuldigte sich von ganzem Herzen dafür, dass sie so abgelenkt gewesen war. Dass ihre Mutter die Erfahrung des kleinen Mädchens von damals bezeugte, war unglaublich heilsam für Khaite. Aber ihr Heilungsweg erforderte auch, dass sie sich ihrer eigenen Verantwortung stellte und sich bei ihrer Partnerin dafür entschuldigte, den Schmerz weitergegeben zu haben, und dass sie fortan deutlich präsenter war und ihre Partnerin und die Beziehung mehr in den Mittelpunkt stellte.

Der Weg der Wiederholung mag deutlich sein, wird aber auch leicht übersehen. Vielleicht hast du ja schon vor Jahren verkündet, dies oder jenes niemals zu tun, aber ich habe bisher viele Leute getroffen, die nicht einmal merken, dass sie sich entgegen ihrer Vorsätze doch genau so verhalten, wie sie es nicht wollten. Der Weg der Wiederholung ist leicht zu erkennen, aber manchmal ist er so offensichtlich, dass man ihn nicht sieht. Wenn du deine Augen ganz weit öffnest, was siehst du dann?

DER WEG DER AUFLEHNUNG

Eine subtilere Art der Weitergabe von Generation zu Generation scheint zunächst das genaue Gegenteil der Wiederholung zu sein. Das Prinzip ist, genau das Gegenteil von dem zu tun, was man beobachtet und erlebt hat. Wenn man in der Kindheit etwas wirklich abgelehnt oder gehasst hat, ist es kein Wunder, dass man einen anderen Weg einschlagen will. Hat man Schmerz, Verzweiflung oder Fehlverhalten erlebt, ist es nur vernünftig, sich davon abzuwenden, um sich selbst zu schützen oder das anzupeilen, was mehr Erfolg verspricht. Wer mitangesehen hat, wie der Alkohol das Leben der eigenen Mutter ruiniert hat, rührt sein ganzes Leben vielleicht keinen Tropfen davon an. Ist man in einer Familie aufgewachsen, in der Streit an der Tagesordnung war, geht man als Erwachsener Auseinandersetzungen gern aus dem Weg. Vielleicht haben die Eltern auch Geld verschleudert und sich verschuldet, sodass das erwachsene Kind stattdessen bei eigenen Ausgaben geizig ist. Es gibt viele Möglichkeiten, wie wir uns gegen unsere Vorfahren auflehnen. Und auf den ersten Blick scheint das eine gesündere Art der Bewältigung zu sein. Denn was sollte daran falsch sein, nicht zu trinken, Streitereien aus dem Weg zu gehen oder Geld zu sparen, statt alles auszugeben? Das sind doch alles gute Entscheidungen. Wenn dieser Weg der Auflehnung allerdings wegen einer ungeheilten Wunde eingeschlagen wird, sitzt die Angst am Steuer und trifft die Entscheidungen. Und der Weg der Auflehnung kann viele Probleme verursachen, wie die Geschichte von Isabel und Jo gezeigt hat.

Isabels zahllose Ansprüche an Jo waren in vielerlei Hinsicht eine Auflehnung dagegen, dass ihr keine Aufmerksamkeit geschenkt wurde. Sie wollte als Erwachsene nicht so behandelt werden, wie sie es als Kind erlebt hatte. Sie wollte von anderen, vor allem von Jo, Priorisierung einfordern. *Aufmerksamkeit erreiche ich, indem ich andere dazu zwinge, mich wichtig zu nehmen.* Isabel verlangte von Jo, ihr den Vorzug vor allem anderen zu geben. Aber diese Taktik richtete sich letztlich gegen sie selbst. Je mehr Isabel Jo drängte, desto mehr wendete sich diese ab. Als Isabel ihre Aufmerksamkeitswunde und den Weg der Auflehnung, auf dem sie sich befand, erkannte, sah sie ihr eigenes Verhalten in einem anderen Licht.

Isabels Aufmerksamkeitswunde wurde auch durch das aktiviert, was sie bei Jo als Egoismus wahrnahm. Dazu möchte ich klarstellen, dass der Wunsch nach Autonomie nicht egoistisch ist. Das Bedürfnis, auch ein Leben außerhalb der Partnerschaft zu haben, ist nicht das Problem. Glückliche Paare finden ein Gleichgewicht zwischen Autonomie und Zweisamkeit, indem sich beide Seiten in ihrer jeweiligen Selbstverwirklichung unterstützen, aber auch Sinn im Zusammensein finden.[16] Jos Bestreben, ohne Isabel Zeit im eigenen Freundeskreis zu verbringen, war an sich nicht schlecht oder falsch. Ihre Lust auf Unternehmungen ohne Isabels Begleitung musste nicht bedeuten, dass diese ihr nicht wichtig war.

Das Problem war, dass der Konflikt so lange ungelöst blieb, dass Jos Handeln *tatsächlich* egoistisch wurde. Im Gegenzug wurde Isabel sauer, beschimpfte Jo und forderte sie in Textnachrichten auf, spätestens dann und dann nach Hause zu kommen oder gar nicht. Jo hatte so die Nase voll von Isabels immer zornigeren Forderungen nach Aufmerksamkeit und Priorisierung, dass sie es an Rücksichtnahme und Sorge um Isabel mangeln ließ. Tatsächlich stellte sie irgendwann ihr eigenes Vergnügen in den Vordergrund, obwohl sie wusste, dass sich Isabel zu Hause in den Schlaf weinte. Das mag hart klingen, aber es geschah nicht, weil Jo ein schlechter Mensch war, sondern weil die beiden nicht richtig kommunizierten, sodass sich ihre Beziehungsprobleme aufstauten. Mit der Zeit wuchs der Groll, und sie gerieten in einen Kreislauf, der für Isabel immer wieder eine Depriorisierung ergab, obwohl sie versuchte, das Muster aus ihrer Kindheit zu durchbrechen.

Wenn wir uns bedroht fühlen, tun wir in der Regel alles Mögliche, um das, was den Schmerz ausgelöst hat, nicht noch einmal zu erleben. *Ändert sich unsere Beziehung, dann kann ich nicht mehr volle Priorität haben.* Dieser Gedanke hatte sich in der Beziehung mit Jo festgesetzt. Isabel wollte nicht einengend sein, *war* es aber. Dadurch, dass sie Jo daran hinderte, sich mit anderen zu treffen oder allein auszugehen, versuchte sie, sich Sicherheit zu verschaffen, aber das klappte nicht.

Isabel hatte noch nicht begriffen, dass sie selbst Herkunftsheilungsarbeit leisten musste, damit ihre Wunde heilen konnte. Sie konnte nicht erwarten, dass Jo die Heilungsarbeit für sie erledigte. Hätte Jo Isabels Wünschen einfach nachgegeben, hätte das vielleicht deren Aufmerksamkeitswunde vorübergehend gelindert, aber sie wäre ständig wieder aufgerissen und Jo wäre wahrscheinlich immer frustrierter geworden. Jo hätte dann ihr Leben ganz auf ihrer Partnerin und deren Befindlichkeit abgestimmt, und zwar auf Kosten ihres eigenen berechtigten Wunsches nach Autonomie und Unabhängigkeit. Doch das funktioniert auf Dauer nicht, das ist wissenschaftlich erwiesen. In guten Partnerschaften unterstützen sich beide Seiten bei der Erfüllung ihrer Bedürfnisse nach Autonomie und persönlichem Wachstum.[17]

Wenn du viel dafür getan hast, um in deiner Familie beachtet zu werden, dann hat sich die Mühe vielleicht zeitweise gelohnt, auch wenn du dafür deine Authentizität aufgeben musstest. Oder sie war vergebens, und du hast schließlich damit aufgehört. Die Art der Bewältigung, die du damals erlernt hast, wendest du eventuell heute noch an. Du wiederholst das Muster, indem du anderen in deinem Leben wenig Aufmerksamkeit schenkst, oder du hast den Weg der Auflehnung gewählt und tust alles in deiner Macht Stehende, um das einst Erlebte bloß nicht noch einmal durchzumachen. Was auch immer du tust, nichts davon gibt dir das Gefühl, wichtig zu sein. Nichts davon heilt deine Wunde wirklich. Es streut nur Salz hinein.

Heilung der Aufmerksamkeitswunde

Vielleicht hast du in einem der vorherigen Kapitel bereits Heilungsarbeit geleistet, aber ich möchte, dass du lesend miterlebst, wie jemand anderes – in diesem Fall Isabel – mit mir zusammen diese Arbeit getan hat. Denk daran, dass es eine Ehre ist, bei jemand anderem Zeuge des Heilungsprozesses zu sein. Achte beim Lesen darauf, was in dir hochkommt. Wie empfindest du Isabel und die Art und Weise, wie sie diese Arbeit durchführt? Lernst du etwas daraus? Merkst du, dass du urteilst? Was nimmst du mit, wenn du den Heilungsprozess eines anderen Menschen so hautnah miterlebst?

Nachdem Isabel verstanden hatte, dass ihre Aufmerksamkeitswunde heilen musste, arbeiteten wir in den folgenden Sitzungen daran. Isabel gelang es, sich mit geschlossenen Augen ihr siebenjähriges Ich vorzustellen und Zeugnis abzulegen. Sie konnte alle Ablenkungen beiseiteschieben und ihr jüngeres Ich in seiner Ganzheit würdigen. Nachdem sie lange Zeit ihre Erfahrungen bagatellisiert, rationalisiert oder entwertet hatte, war das ein erstaunlicher Akt der Wiedergutmachung. Wenn Zeugenschaft geschieht, verändert sich das Leben geradezu radikal.

An diesem Tag beobachteten Jo und ich, wie Isabel laut aussprach, wie es sich für sie anfühlte, Beobachterin ihres eigenen, zwei Jahrzehnte jüngeren Ichs zu sein. Ich beschreibe meinen Klient:innen diese Übung oft so, dass man sich neben sein jüngeres Ich setzt, egal wie alt es ist – nah genug, um die Details zu erkennen, aber weit genug entfernt, um körperliche Grenzen nicht zu verletzen. Siehst du es vor dir? Das Haus? Der Treppenabsatz, auf dem du immer gehockt hast? Dein Kinderzimmer? Natürlich geht es nicht immer um ein einzelnes beunruhigendes Ereignis wie bei Isabel. Wenn du über einen längeren Zeitraum keine Aufmerksamkeit bekommen hast, weil ein Elternteil zum Beispiel ständig überarbeitet oder betrunken war, dann lässt du ein oder mehrere Bilder hochkommen, die du betrachten, bezeugen und nachempfinden kannst.

»Isabel, ist es okay, wenn ich dich hier ein bisschen anleite?«, fragte ich.

»Klar«, antwortete sie zögerlich.

Wir atmeten alle drei gemeinsam mit geschlossenen Augen ein und aus, um uns in der Gegenwart zu erden.

»Kannst du die kleine Isabel nach vorne holen und mir von ihr erzählen? Was hat sie gerade an? Wie sieht sie aus?«

»Sie hat langes braunes Haar, das zu zwei Zöpfen geflochten ist. Mensch, ich hab so gern Zöpfe getragen. Und sie hat ein T-Shirt, lila Shorts und Turnschuhe an.«

»Kannst du ihr Gesicht erkennen? Was fällt dir auf?«

»Sie lächelt, aber hinter dem Lächeln erkenne ich Traurigkeit.«

»Sieht sie, dass du neben ihr sitzt? Sag ihr, dass du bei ihr bist.«

»Klar.« Isabel hielt einen Moment inne. »Hallo«, sagte sie dann zu ihrem jüngeren Ich.

Isabel begann zu weinen. Sie brauchte jetzt keine Anleitung mehr. »Hallo, meine Kleine«, fuhr sie fort. »Es tut mir so leid, dass sich dein Leben so sehr verändert hat, so plötzlich. Dein Leben war schön, und ich finde es furchtbar, dass du auf einmal so viele geliebte Menschen verloren hast. Natürlich waren sie noch da, aber sie waren auch weg. Es tut mir so leid, dass du keine Aufmerksamkeit mehr bekommen hast. Dass die Depression alles überlagert hat und du und dein Vater Verantwortung für Dinge übernommen habt, die ihr nicht hättet übernehmen sollen. Es tut mir sehr leid. Du hast dich so darum bemüht, dass man dich beachtet, aber mit der Art, wie du das tust, erreichst du das nicht, was du brauchst. Entschuldige, dass ich das nicht schon früher erkannt habe. Und dass ich für dich, für uns keinen besseren Weg gefunden habe. Aber den werde ich jetzt finden.«

Isabel holte tief Luft. Meine Augen waren immer noch geschlossen, doch ich öffnete sie schnell, um zu sehen, was mit Jo und Isabel geschah.

Jo hatte Isabels Hand genommen und ich sah Tränen auf ihrem Gesicht. Sie war näher an Isabel herangerückt, und Isabels Kopf ruhte auf Jos Schulter. Als ich Isabel anblickte, sah ich eine Frau, die weit weg war. Sie war ganz bei ihrem siebenjährigen Ich. In diesem Augenblick begann Isabel, sich selbst Aufmerksamkeit zu schenken. Dadurch, dass sie ihre Wunde und ihre Bewältigungsstrategie benannte und darüber Zeugnis ablegte, löste sie sich davon und begann, sich selbst wichtig zu nehmen. Und weil Jo und ich ebenfalls anwesend waren, konnte sie uns als Zeuginnen ihres erwachsenen wie auch ihres kindlichen Ichs erleben. Diesen Prozess vollzog Isabel noch oft in unseren Sitzungen, aber auch als bewusste Übung allein zu Hause.

Isabel lernte auch, ihre Trauer zu spüren. Und damit lernte sie ebenso, Liebe zu spüren. Trauer und Liebe hängen zusammen, wie die Autorin Jandy Nelson angemerkt hat. Wir können das eine Gefühl nicht ohne das andere erleben.[18] Wer sich gegen die Trauer wehrt, widersetzt sich auch der Selbstliebe. Indem Isabel ihrer Trauer bewusst Raum gab, schuf sie auch die Möglichkeit, sich selbst zu lieben. Wichtig ist, dass es hier nicht darum geht, Trauer zu *erzwingen*. Es steht uns frei, uns dagegen zu entscheiden. Das tun wir sogar oft, weil es eine gesunde Bewältigungsstrategie ist. Aber irgendwann kommt die Zeit, dass man die eigenen Gefühle nicht mehr ignorieren kann. Die Trauer klopft hartnäckig an, sei es laut oder leise. Nicht, weil sie uns quälen will, sondern weil sie befreit werden will.

Für Isabel ging es bei dieser Arbeit nicht darum, etwas zu überwinden, sondern vielmehr darum, anders damit umzugehen. Sie konnte nicht ändern, was geschehen war, aber sie konnte den Einfluss, den es auf sie hatte, ändern – etwas, was ihre Mutter nie geschafft hatte. Wenn wir uns unserer Trauer nähern und sie annehmen, müssen der Schmerz und das Leid aus der Vergangenheit nicht jedes Mal wieder hochkommen, wenn etwas Altbekanntes geschieht. Isabel hatte Jo die Aufgabe zugewiesen, sie zu trösten und ihr Aufmerksamkeit zu schenken. Was sie damit unbewusst vermeiden wollte, waren die Einsamkeit, die in einer neuen Stadt ohne Freundeskreis drohte, und die Trauer darüber, für ihre Partnerin nicht wichtig genug zu sein. Dies war eine unbewusste Wiederholung dessen, was Isabel als kleines Mädchen erlebt hatte, als sie gebeten wurde, sich anzupassen und ihre Mutter zu trösten, weil die Erwachsenen mit ihren eigenen Wunden beschäftigt waren. Das alles öffnete ihr die Augen, aber nur, weil Isabel bereit war, sich darauf *einzulassen*.

Das Paar musste erkennen, dass Jo Isabel keinen Gefallen getan hätte, wenn sie einfach ihrem Verlangen nach Aufmerksamkeit nachgekommen wäre. Natürlich war auch Jos Verhalten nicht gerade förderlich, aber das mussten wir erst bei der Neuausrichtung bearbeiten.

Die Neuausrichtung ist, wie du weißt, der Punkt, an dem Nägel mit Köpfen gemacht werden. Es ist der Punkt, an dem man vom Erkennen zum Handeln übergeht. Es ist die Chance, anders zu reagieren, auch wenn schon wieder die gleichen Probleme auftauchen. Die Neuausrichtung geschieht in dem Moment zwischen der Aktivierung (dem Trigger) und der Reaktion. Dazwischen gibt es einen Augenblick, in dem man die Möglichkeit hat, das normale Verhaltensmuster zu ändern. Anstatt sich von unbewussten Programmen und Konditionierungen lenken zu lassen, lässt man sich vom Bewusstsein leiten. Bei der Neuausrichtung nimmt man sich eine (oder einige) Minute Zeit, um sich das bereits erkannte Muster ins Gedächtnis zu rufen und damit zu interagieren, anstatt darauf zu reagieren. Das ist viel leichter gesagt als getan und eine Aufgabe fürs Leben.

Isabel musste erst bemerken, dass ihre Aufmerksamkeitswunde aktiviert wurde, und dann innehalten, um sie zu benennen, zu bezeugen und zu betrauern, damit sie überhaupt erkennen konnte, was als Nächstes geschehen musste. Um die Neuausrichtung zu schaffen, war es wichtig, dass sie mit sich selbst im Reinen war und sich gegenüber ihrer Partnerin klar ausdrückte. Anstatt Jo zu kritisieren, musste Isabel ihr eigenes emotionales Bedürfnis offenbaren. Mehr dazu erfährst du im 8. Kapitel, »Konflikte«. Im Moment musst du nur verstehen, dass ein Paar Kritik und Vorwürfe hinter sich lassen und dazu übergehen muss, emotionale Bedürfnisse zu äußern, dann hat es viel bessere Chancen, gemeinsam die Neuausrichtung zu schaffen und zu anderen Ergebnissen zu kommen.

Als ich erwähnte, dass sie sich gemeinsam neu ausrichten müssten, fragte Jo: »Was sollen wir denn tun? Was machen wir, wenn ich allein mit Freundinnen etwas unternehmen will? Ich möchte nicht, dass Isabel sich zurückgesetzt fühlt. Ich will sie nicht verletzen, aber ich möchte gewisse Freiräume für mich selbst, und genauso soll auch sie welche haben.«

Jo ging im Grunde schon richtig vor, sie merkte es nur nicht. Allein dass sie sagte, sie wolle nicht, dass Isabel sich zurückgesetzt fühlt, war schon ein guter erster Schritt. Damit zeigte sie ihrer Partnerin, dass sie sich der Wunde bewusst war und sie nicht absichtlich bei ihr aktivieren wollte. Sie hatte verstanden, dass alles, was Isabel das Gefühl gab, wie in ihrer Vergangenheit zu wenig Aufmerksamkeit zu bekommen, problematisch war.

Und daran mussten wir weiter arbeiten. Jo begann nun, ihre Unternehmungen anzukündigen, aber Isabel gleichzeitig Bedeutung zuzusichern. Und Isabel versuchte, es nicht mehr persönlich zu nehmen, wenn Jo von Zeit zu Zeit etwas ohne sie unternehmen wollte. Es war schön, die Entwicklung der beiden mitanzusehen.

Zu Isabels Neuausrichtung gehörte auch, dass sie lernen musste, sich zu beruhigen, wenn ihre Wunde durch Jos Unabhängigkeit aktiviert wurde. Dafür schlug ich ihr vor, alte Verhaltensweisen durch neue zu ersetzen. Anstatt Jo wütende Nachrichten zu schreiben, könnte sie ein Buch lesen, eine Freundin anrufen oder spazieren gehen. Durch Selbstberuhigung und neue Verhaltensweisen würde es ihr möglich sein, gelassen zu bleiben, ohne Forderungen an Jo zu stellen.

Wir arbeiteten Woche für Woche am Erkennen, Bezeugen und Betrauern altbekannter Gefühle, und beide gaben sich Mühe, Gelegenheiten zur Neuausrichtung zu bemerken und über ihre inneren Vorgänge Auskunft zu geben. Das gelingt sehr gut, wenn man laut ausspricht, was im Inneren vor sich geht. Wenn sich Isabel neu ausrichtete, sagte sie zu Jo: »Ich weiß, dass es dir wichtig ist, dich mit deinem Freundeskreis zu treffen, aber die Geschichte, die sich für mich daraus ergibt, lautet, dass ich für dich keine Priorität habe.« Dieses Vorgehen kommt aus der narrativen Therapie, die vor allem von Michael White und David Epston in den 70er- und 80er-Jahren entwickelt wurde. Ziel dieser Arbeit ist, dass man Geschichten über sich selbst und seine Identität entwickelt, die hilfreich sind, anstatt solche zu benutzen, die es nicht sind.[19] In Isabels und Jos Fall entstand dadurch, dass Isabel die negative Geschichte offenlegte, die sie sich selbst erzählte, der Raum für Jo, um diese Geschichte zu brechen. Jo konnte nun sagen: »Danke, dass du mir das erzählt hast. Diese Geschichte stimmt nicht. Du hast für mich absolut Vorrang. Ich liebe dich, und ich freue mich darauf, morgen Zeit mit dir zu verbringen. Ich nehme mein Handy mit und melde mich im Laufe des Abends mal.« Das mag idealisiert klingen. Vielleicht verdrehst du sogar die Augen und denkst: *Wer redet denn so?!* Ich verstehe deine Skepsis, aber Jo und Isabel schafften so ihre Neuausrichtung, weil sie wirklich hart daran arbeiteten, dieses Ziel zu erreichen. Der Zustand war noch nicht perfekt, aber es gab einen Fortschritt. Vergiss nicht, dass sie dort angefangen haben, wo du selbst vielleicht auch gerade stehst.

Natürlich denken wir uns alle endlose Geschichten darüber aus, was jemand anderes fühlt, denkt oder wahrnimmt. Eine nützliche Aussage, die ursprünglich aus der narrativen Therapie stammt, aber von Brené Brown in ihrem Buch *Entdecke deine innere Stärke* bekannt gemacht wurde, lautet: »Die Geschichte, die ich mir selbst erzähle, lautet …«[20] Vielleicht kannst du diese Aussage nutzen, um mit dir selbst ins Reine zu kommen oder um deine Geschichte so wie Isabel offenzulegen und mit jemandem darüber zu reden, anstatt im Stillen und Ungewissen darüber zu brüten. Probier es aus und schau, was es bewirkt.

Gewiss unterscheidet sich deine Heilungsarbeit stark von der von Isabel, und ein wichtiger Unterschied mag sein, dass du die Sache nicht mit jemand anderem durcharbeitest. Du hast vielleicht keine Jo, die dir als Zeugin zur Seite steht. Doch falls du eine mit dir liierte, eng verwandte oder befreundete Person hast, die du gerne in diesen intimen Raum holen würdest, kann etwas Besonderes und Heilendes geschehen.

Das ist natürlich nicht notwendig, kann aber sehr hilfreich sein, vor allem wenn eine Herkunftswunde zu einer Beziehungswunde in der Gegenwart geführt hat. Eine Wunde, die aus einer Herkunftsbeziehung stammt, lässt uns glauben, dass nur jemand anderes die Botschaft widerlegen kann, die uns in unserer Kindheit vermittelt wurde. Vielleicht geht es dir wie den vielen anderen, die davon überzeugt sind, der Nachweis ihrer Wichtigkeit oder ihres Werts läge in den Händen eines anderen – also außerhalb und nicht innerhalb der eigenen Person. *Ich habe Bedeutung, wenn mir jemand Aufmerksamkeit gewährt und zeigt, dass ich Bedeutung habe. Ich bin würdig, wenn mir jemand sagt, dass ich würdig bin. Ich gehöre dazu, wenn ich mich in die Gruppe einfüge.* Es ist verständlich, dass wir so denken. Und es ist tatsächlich so: Bis zu einem gewissen Grad braucht man Beziehungen, die einem bei der Heilung helfen. Ich bin überzeugt, dass Beziehungen, wenn sie zur Verwundung beigetragen haben, auch zur Heilung beitragen müssen. Und diese Arbeit ist Beziehungsarbeit, aber auch individuelle Arbeit. Wenn du allein nicht sofort zur Erkenntnis und Überzeugung bezüglich deines Wertes, deiner Bedeutung oder deiner Zugehörigkeit gelangst, ist das eine Möglichkeit, die du in Betracht ziehen solltest.

Herkunftsheilungsarbeit

Lass uns nun ein bisschen arbeiten, wenn du Lust hast. Auch wenn ich mich wiederhole: Es ist wichtig, während der Heilungsarbeit gut auf dich zu achten. Mach eine Pause, wenn nötig. Zwing dich nicht, das ist nicht der Sinn der Sache.

BENENNEN. Mach dir noch einmal bewusst, dass das Erkennen oder Benennen einer Aufmerksamkeitswunde nicht erfordert, dass du die Liebe verleugnest oder abwertest, die du von einem Familienmitglied erhalten *hast*.

Kannst du dir den Moment ins Gedächtnis rufen, an dem du zum ersten Mal gespürt hast, dass dir in deiner Familie keine Aufmerksamkeit zuteilwurde? Dieser Moment kann mit einer bestimmten Person oder mit dem ganzen Familiensystem zusammenhängen. Weißt du noch, wer zu diesem Gefühl beigetragen hat? Kannst du dich daran erinnern, wo du warst? Was hast du gemacht? Welche Handlung oder Äußerung hättest du dir von der anderen Person gewünscht? Weißt du noch, was oder wer mehr Aufmerksamkeit bekommen hat als du? An welche Details erinnerst du dich noch?

BEZEUGEN. Nimm nun dein jüngeres Ich, das sich zum ersten Mal oder auch bereits des Öfteren nicht ausreichend beachtet gefühlt hat, in den Blick. Sieh genau hin, um deine Gesichtszüge, deinen Ausdruck und deine Körpersprache wahrzunehmen. Und beginne, mit dem kleinen Kind, deinem jüngeren Ich, mitzufühlen.

BETRAUERN. Es ist möglich, dass nun Gefühle in dir hochkommen. Kannst du sie zulassen? Kannst du nachempfinden, wie es für dich vor all den Jahren war? Vielleicht bricht dir das Herz angesichts deines jüngeren Ichs, das die Aufmerksamkeitswunde erleiden musste. Fühl mit deinem jüngeren Ich mit. Spür in dich hinein, ob und was du deinem jüngeren Ich jetzt anbieten möchtest. Willst du es trösten? Möchtest du ihm sagen, dass es dir leidtut, dass es all das durchmachen musste? Willst du es in den Arm nehmen und ihm sagen, dass alles gut wird? Spürst du den Drang, etwas zu tun? Nimm das einfach zur Kenntnis.

Überleg, auf welche Weise du versucht hast, Aufmerksamkeit zu bekommen. Hast du überhaupt Aufmerksamkeit eingefordert? Oder hast du es irgendwann aufgegeben? Kannst du Mitleid mit deinem jüngeren Ich haben, das die Situation damals auf eine Weise bewältigt hat, die dich weiter von dir selbst entfernt hat?

Bleib so lange oder so kurz bei diesen Eindrücken, wie es sich für dich gut anfühlt. Wenn deine Augen geschlossen sind, nimm dir etwas Zeit, bevor du die Außenwelt wieder an dich heranlässt. Halt die Augen geschlossen und beweg langsam deine Finger und Zehen. Dehn deinen Nacken. Leg die Hände auf dein Herz oder deinen Bauch. Oder konzentrier dich auf deinen Atem. Überleg, was du sehen wirst, wenn du die Augen öffnest. Weißt du noch, wo du bist? Und dann öffne ganz langsam die Augen. Nimm dir Zeit dafür.

Du kannst diese Übung so oft wiederholen, wie du willst. Du kannst sie eine Woche lang jeden Tag durchführen. Oder du machst sie einmal und dann erst wieder in einem oder in fünf Jahren. Wie auch immer – ich bin stolz auf dich.

SICH NEU AUSRICHTEN. Nun, da wir langsam zum Ende kommen, wäre es schön, wenn du dir einen Moment Zeit nimmst, um darauf zu schauen, wie sich deine Aufmerksamkeitswunde in der Gegenwart zeigt. Auf welche Weise? In welchen Beziehungen? Kannst du folgende Sätze ergänzen? *Wenn ich mir selbst mehr Aufmerksamkeit widmen würde, würde ich in meinem Leben Folgendes verändern: _________. Wenn ich mir selbst mehr Aufmerksamkeit schenken würde, würde ich jemand anderem sagen, dass _________.* Ich möchte, dass du in dieser Woche nach einer Gelegenheit suchst, dir selbst deine ganze Aufmerksamkeit zuteilwerden zu lassen, und dass du sie auch nutzt. Ganz ehrlich ... du bis auf einem guten Weg.

6

ICH MÖCHTE VERTRAUEN

Schenkst du jemandem dein Vertrauen, machst du dich verwundbar. Wenn du vertraust, ist das eine Entscheidung. Du entscheidest dich, an andere zu glauben, dich auf sie zu verlassen und darauf zu bauen, dass sie ihre Versprechen und Zusagen einhalten. Die ersten Menschen, denen du vertraust, sind in der Regel die Mitglieder deiner Familie. Durch das, was deine Familie dir sagt, wie sie entscheidet, woran sie sich hält und was sie von Außenstehenden erwartet, bringt sie dir bei, was Vertrauen ist.

Erinnerst du dich an Natasha, von der am Anfang dieses Buches die Rede war? Die bei ihrem Vater auf einen amourösen Mailverkehr mit einer Frau stieß, die nicht ihre Mutter war? Natasha hatte etwas Schlimmes erfahren, das sie nicht hätte wissen sollen, und es hat sie erschüttert. Die Mails waren ein verstörender Verrat an ihrer Mutter, ein klarer Bruch der Vereinbarungen und des Vertrauens zwischen ihren Eltern. Aber auch Natashas Vertrauen wurde dadurch gestört. Sie hatte Untreue erfahren und wurde dann unfreiwillig *Teil* des Verrats, weil sie das Geheimnis ihres Vaters jahrelang bewahrte und ihrer Mutter Wissen vorenthielt, das deren Glück und Zufriedenheit betraf.

Natasha hatte niemandem außer mir diese Geschichte erzählt. Nur sie und ihr Vater wussten davon. Das war eine schwere Bürde für sie. Dieser Treuebruch raubte ihr nicht nur das Vertrauen in ihren Vater, sondern auch in alle anderen Menschen, denen sie begegnete, vor allem in die Männer, mit denen sie ausging. Es fiel ihr schwer, an das Gute im Menschen zu glauben, daran, dass Menschen ehrlich und anständig sind und ihre Zusagen einhalten. Sie lebte in ständiger Erwartung, dass etwas geschehen und ihr Vertrauen wieder gebrochen werden würde.

Wenn es dir grundsätzlich schwerfällt, Menschen zu glauben oder zu vertrauen, dann hast du vielleicht eine Vertrauenswunde, die du dir anschauen solltest. Vertrauen kann durch Unzuverlässigkeit, Lügen, Untreue und Verlassenwerden gebrochen werden. Und wenn das Vertrauen erst einmal verloren ist, lässt es sich oft kaum wiedergewinnen. Es ist dann schwer, erneut zu vertrauen.

Der Ursprung der Vertrauenswunde

Musstest du miterleben, dass ein Elternteil jemandem uneingeschränkt vertraute, aber nur ausgenutzt wurde? Hat dir ein unter einer eigenen Vertrauenswunde leidendes Elternteil beigebracht, immer misstrauisch zu sein oder »nie einem Mann zu vertrauen«. Hast du ähnliche Pauschalurteile zu hören bekommen, die du nur schwer abschütteln konntest? Wurde dein sorglos geschenktes Vertrauen plötzlich gebrochen, weil dich ein Elternteil verlassen oder dich jemand, dem du vertraut oder den du geliebt hast, belogen oder betrogen hat? Wenn Vertrauen gebrochen wird, kann man leicht verhärten. Mauern werden hochgezogen, und Zweifel, Skepsis und Misstrauen prägen alle Interaktionen und Beziehungen.

Meiner Erfahrung nach *wollen* die meisten Menschen *nicht,* dass vergangene Vertrauensbrüche sie daran hindern, Menschen in der Gegenwart zu vertrauen. Sie *möchten nicht* wegen ihrer früheren Erfahrungen mit Falschheit oder Lügen davon ausgehen, dass Menschen nicht ehrlich, offen und zuverlässig sein können. Sie *wollen* auch *nicht* ihre Beziehungen unablässig nach Anzeichen von Betrug absuchen. Ein Leben, in dem man ständig auf der Hut ist vor Vertrauensbrüchen, ist anstrengend.

Die meisten meiner Klient:innen mit Vertrauenswunde fragen mich: »Wie kann ich lernen, anderen zu vertrauen? Gibt es eine Möglichkeit, die Vergangenheit hinter mir zu lassen und unbeschwert nach vorne zu blicken?« Die Antwort lautet: Es kann ein langer und schmerzhafter Prozess sein, Vertrauen wiederherzustellen. Und wenn sich Lügen, Verrat und Verlassenwerden über deine Kindheit hinaus bis in deine heutigen Liebesbeziehungen und Freundschaften fortgesetzt haben, hat sich dein Misstrauen anderen gegenüber wahrscheinlich noch verstärkt und die Wunde wurde weiter aufgerissen.

Doch es gibt Hoffnung. Du kannst etwas verändern, aber dazu musst du deine Vertrauenswunde erst einmal erkennen.

VERRAT

Als Troy und Mark zur Sitzung kamen, war Troy sauer wegen etwas, was am Abend zuvor auf einer Party passiert war. Er kam so wütend ins Therapiezimmer, als wäre es gerade erst geschehen.

»Troy, beruhige dich. Was ist los? Was ist passiert?«, fragte ich ruhig.

»Er hat es wieder getan. Er hält nie zu mir. Er hält lieber zu allen anderen als zu mir. Ich habe es satt. Wenn du nicht auf meiner Seite stehen kannst, warum bist du dann mit mir zusammen?« Troy war wütend.

»Du hast einfach nicht immer recht, Troy«, antwortete Mark leise.

»Aber ich habe auch nicht immer unrecht«, gab Troy zurück.

So etwas hörte ich nicht das erste Mal. Troy hatte sich schon oft darüber beschwert, dass Mark nicht hinter ihm stand. Aus seiner Sicht musste sein Partner ihn immer unterstützen und sich für ihn einsetzen. Er fühlte sich verraten, wenn Mark das nicht tat und sogar noch die Gegenseite bestärkte. Mark seinerseits tat sich schwer damit, vorbehaltlos zu Troy zu stehen, weil er »schlechtes Verhalten«, wie er es nannte, nicht belohnen wollte.

»Soll man jemanden wirklich nur deshalb unterstützen, weil man liiert ist, auch wenn die Art und Weise, wie er mit anderen spricht, nicht gut ist? Oder wenn das, was er sagt, sachlich nicht korrekt ist? Ich verstehe ja, dass er meine Unterstützung will, aber ich kann ihm doch nicht einfach zujubeln, wenn ich nicht seiner Meinung bin. Wo ist da die Grenze?«

Das war ein guter Punkt. Wo *ist* die Grenze? Doch bevor wir dieser Frage nachgingen, mussten wir erst die Wunde verstehen, die sich hier äußerte. Troy fühlte sich eindeutig verraten und vertraute nicht mehr darauf, dass Mark zu ihm stand. Doch das Ausmaß seiner Wut ließ vermuten, dass er nicht zum ersten Mal in seinem Leben eine solche Erfahrung machte.

Als wir uns mit seiner Herkunftsfamilie beschäftigten, erfuhr ich, dass Troys Eltern sich hatten scheiden lassen, als er sieben Jahre alt gewesen war, und seine Mutter ein paar Jahre später wieder geheiratet hatte. Sein Stiefvater hatte zwei eigene Kinder, zwei Jungen im gleichen Alter wie Troy.

»Ich war der Einzige, der Ärger bekam. Jedes Mal. Egal worum es ging, immer war ich schuld. Meine Mutter griff nie ein. Sie ließ es geschehen, dass mein Stiefvater sich ständig auf die Seite seiner Söhne stellte. Sie hätten mich anzünden können, und auch da wäre ich selbst schuld gewesen. Ich habe sie gehasst.«

Troy wuchs in einer Familie auf, in der sich niemand für ihn einsetzte. Er begriff nicht, warum sein Stiefvater das unverschämte Verhalten seiner eigenen Söhne nicht sah. Und noch schlimmer war für ihn, dass seine Mutter, seine einzige Blutsverwandte in dieser Familie, nicht eingriff. Troy fühlte sich verraten, weil sie nicht für ihn eintrat und ihn beschützte. Es fiel ihm in der Folge schwer, darauf zu vertrauen, dass Erwachsene das Richtige tun. »Ich verstehe ja, dass man sich mehr um die eigenen Kinder kümmert, aber wie kann man nicht nur ein Auge zudrücken, wenn sie etwas anstellen, sondern dann auch noch die ganze Schuld auf mich schieben?«

Verrat liegt vor, wenn jemand eine explizite oder implizite Vereinbarung bricht, die für die Gesundheit und das Wohlergehen der Beziehung wichtig ist. Zum Verrat kommt es, wenn eine Beziehungsvereinbarung absichtlich gebrochen wird, etwa bei einer Affäre oder einer Trennung. Verrat kann aber auch darin bestehen, dass man von jemandem etwas braucht oder erwartet – Sicherheit, Schutz oder Aufmerksamkeit – und dies nicht bekommt. Auch das ist ein Vertrauensbruch.

Verrat kann durch das Zurückhalten von Informationen geschehen, die für die andere Person wichtig sind, etwa wenn man verschweigt, dass man seinen Job verloren hat, dass man eine andere Familie hat, dass man das Geld vom Sparbuch des Kindes beim Glücksspiel verloren hat oder dass man heimlich große Anschaffungen gemacht hat.

Ich erlebe das oft in Beziehungen. Solche Täuschungen und Betrügereien haben viel größere Auswirkungen, als manche zunächst denken. Ich hatte schon Klientinnen, die nach der großen Shoppingtour alle Kartons und Tüten wegwarfen, bevor der Partner sie sehen konnte. Es gab Klienten, die ihrer Familie viel Geld überwiesen, ohne ihrer Partnerin das mitzuteilen. Für solches Verhalten gibt es verschiedene Ausreden, die von *Es ist den Streit nicht wert* bis *Es ist mein Geld, ich kann damit machen, was ich will* reichen. Aber keine Erklärung ändert etwas an dem Gefühl, verraten worden zu sein, an dem Knacks in der Beziehung.

Wenn durch Verrat eine Vertrauenswunde entsteht, geht Vertrauen verloren. Dann heißt es oft: *Ich kann (oder will) dir nicht mehr vertrauen.*

Verrat äußert sich im Familiensystem auf unendlich viele Arten. Kannst du in deiner Vergangenheit Verrat erkennen? Wurde dein Vertrauen auf irgendeine Weise gebrochen? Hast du das Vertrauen in jemanden verloren? Wie hast du gelernt, dass man anderen Menschen nicht trauen darf?

- Ich habe mich verraten gefühlt, weil __________.
- Ich wurde verraten, indem __________.
- Ich kann Menschen nur eingeschränkt vertrauen, weil __________.
- Ich schütze mich heute vor Verrat, indem __________.

Wenn dich jemand betrügt, den du liebst, kann das dazu führen, dass du alles in deiner Welt infrage stellst. Jede Gewissheit, die du einmal hattest, jede Erinnerung, die du in dir trägst, wird nun von Zweifeln überlagert. Und dein einst vertrauensvolles Leben ist nun vertrauensarm. Es gehören Tapferkeit und Mut dazu, die Vertrauenswunde zu identifizieren und das Vertrauen wiederaufzubauen. Ich sehe dich und dein wundes Herz. Du arbeitest daran, und ich drücke dir die Daumen.

TÄUSCHUNG

Als ich Angelika kennenlernte, sagte sie, sie müsse daran arbeiten, ihrem Partner mehr zu vertrauen. Er hatte sie zum wiederholten Mal beim Durchforsten seines Smartphones erwischt und war verständlicherweise sauer. Angelika wusste, dass sie damit aufhören musste. »Ich verstehe, dass ich damit immer wieder Grenzen verletze, aber es fällt mir so schwer, ihm zu vertrauen, obwohl er mir nie einen Anlass gegeben hat, es nicht zu tun.«

Angelika offenbarte damit eine Vertrauenswunde. Mithilfe einer App, mit der man den Standort einer Person übers Handy verfolgen kann, überprüfte sie ständig, ob ihr Partner wirklich dort war, wo er behauptete. Sie durchsuchte seine privaten Nachrichten auf Instagram und las seine Chats und Mails, um zu sehen, ob er mit jemandem Kontakt hatte, den sie nicht kannte. Wenn sie auf einen unbekannten Namen oder eine neue Nummer stieß, fragte sie nach, wer die Person war und woher er sie kannte. Sie tat das alles aus Angst, von ihrem Partner betrogen zu werden.

Mir war klar, dass hinter diesem Verhalten eine Vorgeschichte stecken musste. In einer unserer Sitzungen erzählte Angelika mir, dass sie erst mit 21 Jahren herausgefunden hatte, dass die Frau, die sie ihr ganzes Leben lang für ihre Mutter gehalten hatte, in Wahrheit ihre Tante war und ihre Tante ihre Mutter. Ja, richtig gelesen. Angelika hatte gerade ihren College-Abschluss in der Tasche, und über 20 Familienmitglieder waren gekommen, um das zu feiern. Danach belauschte sie in der Kabine der Toilette ungewollt ein Gespräch zwischen ihrer Mutter und ihrer Tante. Ihre Tante sagte: »Vielen Dank für alles, was du für Angelika getan hast. Ich bin so dankbar, dass ihr mir damals geholfen habt. Ich war einfach noch nicht bereit, Mutter zu sein, und sie hat mit dir solches Glück gehabt. Ich auch.« Angelika stand wie erstarrt in der Kabine. *Was habe ich da gehört? Wovon spricht meine Tante? Was hat das zu bedeuten?* Sie hatte jedes Wort deutlich gehört, aber ihr Verstand konnte die Informationen nicht verarbeiten. Als niemand mehr in der Toilette war, drückte sie auf die Spülung und trat hinaus. Es war eine Szene wie aus einem Film. Auf diese Weise erfuhr Angelika, dass sie ihr ganzes Leben lang getäuscht worden war.

Ihre Familie hatte ihr die Wahrheit vorenthalten, weil sie aufrichtig geglaubt hatte, das Richtige zu tun. Aber Angelika fühlte sich trotzdem betrogen. Sie hatte mit einer Lüge gelebt und – was noch schlimmer war – alle außer ihr hatten das gewusst. Wegen dieser Enthüllung stellte Angelika fortan alles in ihrem Leben infrage. *Hast du mir hier die Wahrheit gesagt? Hast du mich da belogen?* Solche Fragen kamen immer wieder.

Verständlicherweise hatte sie das Gefühl, alles selbst überprüfen oder »mit eigenen Augen sehen« zu müssen, wie sie es mir gegenüber ausdrückte. Aber nicht nur ihr Vertrauen in andere war ein Problem. Wer auf irgendeine Weise betrogen, verraten oder irregeführt worden ist, verliert auch leicht das Vertrauen in sich selbst. *Wieso wusste ich das nicht? Wie konnte ich das übersehen? Warum habe ich nicht eins und eins zusammengezählt? Kann ich mich nicht darauf verlassen, dass ich durchschaue, was vor meiner Nase abläuft?*

Erinnerst du dich darin, ob du in deiner Kindheit irgendeine Täuschung erlebt oder beobachtet hast? Diese Täuschung muss nicht unbedingt gegen *dich* gerichtet gewesen sein, damit du davon betroffen bist. Vielleicht hast du miterlebt, wie ein Elternteil das andere oder eines deiner Geschwister getäuscht hat – auch dann hat das auf dich gewirkt.

- Ich wurde getäuscht von _________.
- Diese Erfahrung hat bei mir dazu geführt, dass _________.
- In der Gegenwart wirkt sich das folgendermaßen aus: _________.

VERLASSEN WERDEN

»Ich glaube, sie ist die Richtige.« Mahmoud hatte am Abend zuvor ein Date gehabt und war ganz aufgeregt, als er mir Einzelheiten berichtete. »Ich glaube wirklich, sie könnte es sein«, wiederholte er. So sehr ich mich auch mit ihm freuen wollte, war ich doch vorsichtig. Denn in den letzten zwei Monaten hatte ich schon mehrere solche Aussagen über andere Frauen gehört. Bei Mahmoud geschah immer das Gleiche: Er verabredete sich mit einer Frau, sie verstanden sich bestens und er verkündete mir dann, dass er die Richtige gefunden habe. Eine Woche später kam er dann wieder und berichtete, dass es vorbei sei. Dieser Kreislauf wiederholte sich ständig, und heute war es nicht anders.

Um herauszufinden, was hier vor sich ging, mussten wir nachbohren. Als Mahmoud acht Jahre alt war, teilte sein Vater der Familie mit, dass er aus beruflichen Gründen in sein Heimatland Ägypten reisen musste. Es war normal, dass er einmal im Monat beruflich verreiste, aber dieses Mal kam er nicht zurück. Nach ein paar Wochen fragten Mahmoud und seine Schwestern ihre Mutter, wann er zurückkehren würde. Monatelang erzählte sie ihnen, dass er dort mehr Arbeit hatte als erwartet, aber irgendwann eröffnete sie ihnen, dass er nicht mehr kommen werde, weil er beschlossen hatte, in Ägypten zu bleiben.

Auf die Frage, warum, gab es keine klare Antwort, sondern nur Vermutungen. Die Trennung war für die ganze Familie furchtbar. Als einziger Sohn stand Mahmoud seinem Vater besonders nahe und war am Boden zerstört. Er hatte später immer so werden wollen wie sein Vater. Jetzt aber war der weg. *Warum hat Papa uns verlassen? Liebt er uns nicht? Habe ich etwas falsch gemacht?* Er konnte sich einfach nicht erklären, was passiert war.

Wenn Eltern oder andere Bezugspersonen ihre Pflichten vorsätzlich vernachlässigen oder verweigern, ohne sich um das Wohlergehen der Kinder zu kümmern, dann ist das eine Form von Verrat in der Kindheit. Das kann durch das physische Verlassen geschehen wie im Fall von Mahmouds Vater oder durch emotionale Vernachlässigung, etwa wenn Eltern nicht in der Lage sind, wirklich für ihr Kind da zu sein.

Wurdest du in deiner Kindheit verlassen oder vernachlässigt? Von wem? Wie hat sich das auf dich ausgewirkt? Und inwiefern hat dich das gelehrt, anderen nicht zu vertrauen?

- Ich wurde verlassen/vernachlässigt von __________.
- Das hat mich darin bestärkt, dass __________.
- Heute schütze ich mich davor, indem ___________.
- Aber mir ist jetzt klar, dass __________.

Bewältigung der Vertrauenswunde

Wenn du in deinem Familiensystem nicht das Gefühl hattest, vertrauen zu können, hast du dich wahrscheinlich bewusst oder unbewusst vor Verrat, Täuschung, Lügen und unfreiwilliger Trennung geschützt. Du hast bestimmt auch alles getan, um dir Stabilität und Sicherheit zu verschaffen. Dazu kann beispielsweise gehören, dass du immer über deine Schulter oder die anderer schaust, dass du deine Mitmenschen überprüfst, dich abschottest und nicht angreifbar machst oder dass du so schnell wie möglich enge Beziehungen zu anderen aufbaust, um ein Gefühl von Sicherheit, Nähe und Vertrauen zu schaffen. Doch all diese Arten, eine Vertrauenswunde zu bewältigen, tragen nicht wirklich zur Wiederherstellung von Vertrauen bei. Im Gegenteil: Sie füttern das Misstrauen.

ABSCHOTTUNG

Wenn man getäuscht, verraten, belogen oder verlassen wurde, kann das Gefühl entstehen, die einzige Möglichkeit, sich davor zu schützen, sei die, sich von anderen abzuschotten. *Wenn mir niemand zu nahe kommt, kann ich auch nicht verletzt werden.* So beschließt man vielleicht, niemandem Einzelheiten aus seinem Leben zu verraten, auf echte Intimität mit Freundinnen zu verzichten, gar nicht erst auf Partnersuche zu gehen oder auf irgendeine andere Weise auf Distanz zu bleiben.

Hast du schon einmal eine Trennung erlebt, hast du womöglich in der Situation gesagt: »Ich werde mich nie wieder verlieben.« Wir äußern so etwas, weil das Ende einer Beziehung schmerzhaft ist und oft als Verrat empfunden wird, und wir möchten eine solche Erfahrung kein zweites Mal riskieren. Wir wollen diesen Schmerz nie wieder durchmachen.

Aber das gilt nicht nur für das Ende von Beziehungen. Wenn jemand in deinem Familiensystem dein Vertrauen verletzt und nichts oder nur sehr wenig tut, um es wiederherzustellen, dann scheint die einzig richtige Reaktion darin zu bestehen, sich zu verschließen und abzuschotten.

Das Tückische an Bewältigungsstrategien ist, dass sie in vielerlei Hinsicht *tatsächlich* vor dem schützen, was man fürchtet. Wer sich abschottet, erreicht damit möglicherweise das Gewünschte, aber das geht auf Kosten von Zuwendung, Nähe, Intimität und Tiefe in der Beziehung. Wer auf Distanz bleibt, wird möglicherweise nie enttäuscht, erlebt aber auch nie, dass Vertrauen zwischen Menschen entsteht, dass Vertrauen wiederhergestellt wird und eine neue Geschichte beginnt.

Inwiefern hast du dich abgeschottet, um mit einer Vertrauenswunde fertigzuwerden? Welchen Vorteil hat dir das gebracht? Wovor hat dich das in der Vergangenheit geschützt? Erkennst du auch, wo dich diese Bewältigungsstrategie heute blockiert?

ERHÖHTE WACHSAMKEIT

Als bei Angelikas Abschlussfeier die Täuschung aufflog, die sie durch ihre Familie erfahren hatte, setzte sich in ihr eine Kettenreaktion in Gang. Danach war sie in ihren Beziehungen übertrieben wachsam, oder fachsprachlich gesprochen: hypervigilant. Sie stöberte in den Mails, Nachrichten und Chats ihrer Partner und lebte in ständiger Alarmbereitschaft, weil sie fürchtete, erneut getäuscht zu werden.

Hypervigilante Menschen suchen in ihrer Umgebung und ihren Beziehungen ständig nach Anzeichen für Lüge, Täuschung oder Verrat. Auch das ist eine Form des Selbstschutzes. *Wenn mir nichts entgeht, kann ich nicht verletzt werden.* Das ist natürlich anstrengend. Es ist, als würde man sein ganzes Leben in der Abwehr spielen und dabei nur darauf warten, getäuscht und verraten zu werden. Und das wird man auch. Wenn deine Erfahrung dich zu der Überzeugung gebracht hat, dass niemand auf dich aufpasst und du niemandem trauen kannst, auf wen kannst du dann bauen?

Auch ich entwickelte während der Scheidung meiner Eltern so eine überhöhte Wachsamkeit. Ich hörte von ihnen völlig unterschiedliche Geschichten, die unmöglich beide wahr sein konnten. Da ich erkannte, dass etwas nicht stimmen konnte, hörte ich sehr genau zu, wenn die Erwachsenen sprachen, und merkte, wenn jemand log oder Informationen zurückhielt. Telefonierten meine Eltern miteinander und war ich bei einem Elternteil, ging ich an einen anderen Apparat und hörte ihre Gespräche mit, nur um die *Wahrheit* zu erfahren. Dadurch wurde ich gut darin, Menschen zu durchschauen – eine Fähigkeit, die mir heute sehr nützlich ist. Aber die Hypervigilanz verhinderte auch, dass ich die Freude, Zuwendung, Freiheit und Leichtigkeit erlebte, die ich mir gewünscht hätte. Eine solche übertriebene Bewältigungsstrategie setzt sich leicht auch im Erwachsenenleben fort. So war es bei mir. In meinem Privatleben ertappte ich mich dabei, dass ich mich an Kleinigkeiten festbiss oder jeden Fehler meines Partners sofort entdeckte. Connor und ich machten uns scherzhaft darüber lustig, dass mir kein Detail entging und ich auf jeden Fall darauf hinwies. Heute kann ich darüber lachen, aber es war ein Verhalten, das zu Distanz und Konflikten führte.

Inwiefern bist du zur Bewältigung deiner Vertrauenswunde hypervigilant geworden? Bist du es heute noch? Wie hat dir das geholfen? Erkennst du auch, wo sich diese Bewältigungsstrategie heute negativ auf dich auswirkt?

TESTEN UND SABOTIEREN

Wer kein Vertrauen hat, hat oft das Bedürfnis, die Menschen in seinem Umfeld zu testen. Dies kann man tun, indem man jemandem beispielsweise nicht mitteilt, was man von ihm erwartet. Man kann eine Person auch testen, indem man sie abweist und dann wartet, ob sie einem hinterherläuft und einem zeigt, wie wichtig man für sie ist. Oder man prüft, wie ernst es jemand meint, indem man seine Grenzen verletzt oder ihm Unzumutbares abverlangt.

Troy war sich nicht sicher, ob er Menschen vertrauen konnte, aber er wollte sie auf jeden Fall testen. Er wünschte sich jemanden, der an seiner Seite stand und für ihn eintrat. Manchmal merkte er durchaus, dass er im Unrecht war, aber er wollte trotzdem, dass Mark ihn unterstützte – so wie es sein Stiefvater bei seinen Stiefbrüdern getan hatte und er es sich damals von seiner Mutter gewünscht hatte. »Weißt du, ich will einfach nur spüren, wie es sich anfühlt.« Troy wollte erfahren, wie es ist, *unverschämt* zu sein und trotzdem vom Partner unterstützt zu werden.

Als Mark von Troys Vertrauenswunde und dem Verrat dahinter erfuhr, änderte sich etwas an der Dynamik. Weil wir gemeinsam an der Heilung der Wunde gearbeitet hatten, musste Troy Mark nicht mehr so oft auf die Probe stellen. Das Vertrauen wurde bewusst durch Gespräche und Offenheit aufgebaut, anstatt durch Troys Unverschämtheiten, die Mark provozieren sollten. Je mehr Vertrauen zwischen den beiden entstand, desto seltener benahm sich Troy in Gesellschaft daneben.

Inwiefern hast du andere getestet? Gibt es etwas, was du durch diese Tests beweisen willst? Wie schadet dies deinen heutigen Beziehungen?

Testen kann auch in Sabotage übergehen. Bevor Natasha von der Affäre ihres Vaters erfuhr, war sie als Kind und Teenager sehr vertrauensvoll. Sie hatte ihren Vater immer bewundert. Aber die Entdeckung des Mailverlaufs änderte alles. Ab sofort war sie überzeugt davon, dass die Menschen, die ihr am nächsten standen, die sie am meisten liebte, zu unvorstellbarem Verrat fähig waren.

Deshalb fiel es ihr schwer, Clyde voll und ganz zu vertrauen – dem Mann, mit dem sie zusammen war und der ihr einen Antrag machen wollte. Genauso war es bei allen anderen Männern vor ihm gewesen. Sie wartete nur darauf, etwas »Verborgenes« zu entdecken, obwohl Clyde ihr nie Anlass gegeben hatte, ihm zu misstrauen. Und dieses Auf-der-Hut-Sein schlug letztlich in Sabotage um.

Denn Natasha spielte mit dem Gedanken, die Beziehung aus Gründen des Selbstschutzes zu beenden, wie sie es mit allen früheren Beziehungen getan hatte. *Wenn ich Schluss mache, bevor er mich hintergeht, werde ich nicht verletzt.* Natasha hätte Clyde nicht auf die Probe gestellt, sie hätte die Beziehung sabotiert. So wie sie schon oft, Menschen von sich gestoßen und dafür gesorgt hatte, dass Beziehungen zerbrachen – bevor sie wieder enttäuscht wurde.

Ihre Vermeidungsstrategie und ihr Sabotageverhalten schadeten ihr aber nur. In der gegenwärtigen Beziehung hatte Natasha endlich den Mann vor sich, den sie heiraten wollte. Ein Mann, der freundlich, fürsorglich und rücksichtsvoll war. Ein Mann, der nicht wusste, was sie bedrückte und welche schwere Last sie schon so lange mit sich herumtrug.

Hast du dich schon einmal durch Sabotage geschützt, weil dir das Vertrauen fehlte? Woran hindert dich dies in deinem jetzigen Leben?

UNSICHERE BINDUNG

Manche Menschen mit Vertrauenswunde schotten sich als Erwachsene ab und isolieren sich, damit sie nie wieder verletzt werden. Andere, wie Mahmoud, gehen den umgekehrten Weg: Sie binden sich sehr schnell an Menschen, die sie noch nicht lange kennen, in der Hoffnung, eine Lücke zu füllen.

Vielleicht hast du schon von der Bindungstheorie gehört. Sie wurde erstmals 1952 von dem britischen Psychoanalytiker John Bowlby aufgebracht und später von der Entwicklungspsychologin Mary Ainsworth weiterentwickelt, die die berühmte Strange-Situation-Studie durchgeführt hat.[21] Bei diesem Experiment, das verschiedene Bindungsarten untersuchen sollte, wurden die Reaktionen von Einjährigen beobachtet, wenn ihre Mütter den Raum verließen und wieder zurückkamen. Babys, die eine sichere Bindung spürten, suchten nach dem Wiedersehen die Nähe ihrer Mütter und verlangten nach Interaktion. Babys mit einer unsicheren Bindung waren hingegen wütend und verzweifelt, wenn ihre Mütter zurückkamen, oder sie mieden sie sogar ganz. Die Studie wurde zu einem Messinstrument für sichere und unsichere Bindungen und prägt noch heute unser Verständnis von Bindung im Säuglings- und Erwachsenenalter.

Forschungen zufolge neigen Menschen, die in der Kindheit sichere Bindungen hatten, auch im Erwachsenenalter zu sicheren Bindungen, während Menschen, die in der Kindheit unsichere Bindungen erlebten, im Erwachsenenalter zu unsicheren Bindungen tendieren.[22] Als Mahmouds Vater die Familie verließ, wurde Mahmouds sichere Bindung gestört. Infolgedessen wurde er unsicher und versuchte später, sich durch Bindung wieder Sicherheit zu verschaffen. Deshalb hatte er keine Geduld für ein »normales« Kennenlernen und sah sich schon nach der ersten Verabredung fast in einer Partnerschaft. Bei dieser Bewältigungsstrategie versucht man, Schutz zu bekommen, indem man der anderen Person möglichst schnell so nahe kommt, dass das Vertrauen nicht verletzt werden kann. *Wenn ich es schaffe, dass diese Beziehung hält, werde ich nie wieder verlassen.*

Weil Mahmoud so sympathisch war, liefen seine ersten Dates mit Frauen meist richtig gut und sie verstanden sich bestens. Aber dann ging er zu schnell voran. Er sprach auf einmal über ein zukünftiges gemeinsames Leben, über das Zusammenziehen, über Verlobung, Heirat und gemeinsame Kinder. Das wirkte anfangs noch romantisch, aber wenn er es zu weit trieb, verschreckte er die Frauen, die dann kein Interesse mehr an einem weiteren Treffen hatten. Das passierte immer wieder. Er sagte reumütig zu mir: »Ich kapiere ja, dass das Frauen verunsichert, aber ich kann das Muster einfach nicht durchbrechen.« Er verstand, dass sein Verhalten nicht ankam. Er wusste nur nicht, warum er sich unwillkürlich immer wieder so verhielt und wie er dieses Verhaltensmuster ändern konnte.

»Du hast versucht, dich vor dem Verlassenwerden zu schützen, und so *noch mehr* Situationen des Verlassenwerdens erzeugt«, erklärte ich ihm.

»Waaas? So habe ich das noch nie gesehen. Darüber muss ich erst mal nachdenken.«

Egal, ob man Bindung und Nähe meidet, um sich vor dem erneuten Verlassenwerden zu schützen, oder ob man sich in Beziehungen aus Unsicherheit zu schnell bindet, in beiden Fällen fehlt es an authentischer Zuwendung. Mahmouds Beziehungen funktionierten nicht, weil sein Hauptziel darin bestand, sich zu schützen und bloß nie wieder verlassen zu werden. Und das ist keine gute Voraussetzung, um einen Menschen wirklich kennenzulernen, eine authentische Bindung aufzubauen und zuzulassen, dass sich die Beziehung mit der Zeit entwickelt und festigt. Mahmoud versuchte unbewusst, das zu erzwingen und herzustellen, was sein Vater ihm genommen hatte.

Anstatt die Annäherung zu überstürzen, musste er langsamer vorgehen und sich verletzbar zeigen. Er musste sich Zeit lassen, um eine Frau wirklich kennenzulernen … und zulassen, dass *sie ihn* besser kennenlernte. Das birgt natürlich immer ein Risiko in sich. Beziehungen funktionieren nicht automatisch. Es gibt keine Garantie dafür, dass eine Beziehung ewig hält oder dass jemand bei einem bleibt. Und wenn ein Elternteil, von dem man sich diese Garantie erhofft, einen verlässt, ist das eine niederschmetternde Erfahrung – nach der es fast unmöglich ist, zu glauben, dass es Menschen auf der Welt gibt, die nicht einfach weggehen.

Wir sollten uns darüber im Klaren sein, dass Verlassenwerden etwas anderes ist als das Beenden einer Beziehung. Diese Unterscheidung ist für manche schwer nachzuvollziehen, vor allem für diejenigen, die unsichere Bindungen haben. Deshalb ist es mir wichtig, sie zu betonen. Menschen, die eine Vertrauenswunde haben, die auf Verlassenwerden beruht, glauben, dass sie jemanden finden müssen, der sie nie verlassen wird. *Versprich mir, dass du mich nicht verlässt. Versprich mir, dass du immer bei mir bleibst.* Aber natürlich gibt es keine Garantien. Jemand kann das zusagen und diese Worte aussprechen, aber das ändert nichts an der Angst, die eine ungeheilte Wunde mit sich bringt. Worte schaffen kein Vertrauen.

Eine ungelöste Vertrauenswunde kann in späteren Beziehungen verheerende Folgen haben. Abgesehen von dem Druck, unter den potenzielle Partner deswegen geraten, fühlt man sich manchmal auch unbewusst zu unzuverlässigen Menschen hingezogen, die dann alle Befürchtungen bestätigen. Dadurch kann man in unauthentische Beziehungen geraten oder umgekehrt jede Nähe meiden, damit einem nie wieder das Herz gebrochen wird. Das ist keine gute Lebensweise. Wenn die Wunden das Sagen haben, ist es unmöglich, so viel Sicherheit und Vertrauen aufzubauen, dass man sich für neue Ansichten, Erfahrungen und für Heilungsprozesse öffnet.

Wenn du lernst, deine Vertrauenswunde zu umgehen, wird Schmerz vielleicht vermieden, aber es geschieht nichts Heilendes. Zum Vertrauen gehört auch, dass du an deine Widerstandsfähigkeit glaubst und dein Urteilsvermögen stärkst. Du musst darauf bauen, dass du dich nach allem, was du an Lügen, Täuschung und Verrat erlebt hast, aufrappeln und neu orientieren kannst. Um daraus zu lernen. Um klüger zu werden, ohne zu verhärten und sich abzuschotten.

Heilung der Vertrauenswunde

Das Vertrauen in sich selbst und in andere wieder zu erlernen ist mühsam. Angelika war stark genug, es mit ihrem Partner zu versuchen. Der erste Schritt war, ihre Vertrauenswunde zu benennen und sie ihm zu offenbaren. Wichtig war auch, dass sie sich selbst das Ausmaß und die

Auswirkungen der Täuschung in ihrer Familie bewusst machte. All das musste geschehen, damit sie die Hoffnung haben konnte, irgendwann ihr Misstrauen durch eine Neuausrichtung beseitigen zu können.

Anstatt einfach selbst in der Privatsphäre ihres Partners herumzuschnüffeln, ging sie dazu über, ihm Bescheid zu sagen, wenn sie das Bedürfnis dazu hatte, weil ihr etwas unklar war – und dann um Klärung oder Bestätigung in dieser Sache zu bitten. Anstatt ihn per App zu überwachen, schrieb sie ihm eine Nachricht und fragte nach, wo er war. Dann übte sie sich darin, ihm zu glauben. Schließlich hatte er ihr nie einen Grund gegeben, es nicht zu tun.

Nachdem wir Natashas Vertrauenswunde ausgemacht hatten, begriff sie sukzessive, dass sie sie nicht mehr allein bewältigen musste. Sie hatte sie mir gegenüber offenbart, was schon eine Erleichterung gewesen war. Nun musste sie noch Clyde einweihen. Diese Entscheidung machte sie verletzbar und zeugte an sich schon von einem hohen Maß an Vertrauen zu Clyde. Natasha ging ein Risiko ein. Sie wagte den Schritt ins Unbekannte. *Je mehr jemand über mich weiß, desto mehr kann er mich verletzen.* Diese Sorge ging ihr schon seit Wochen im Kopf herum.

»Er kennt dann meinen wunden Punkt«, sagte sie.

»Das stimmt«, antwortete ich. »Wir wissen nicht, was Clyde mit dieser Information anfangen wird. Es ist ungewiss, wie er darauf reagieren wird. Aber die Tatsache, dass ein Teil von dir bereit ist, dich ihm zu offenbaren, spricht dafür, dass ein Teil von dir glaubt, dass er gut damit umgeht. Dass er das, was du ihm sagst, zu würdigen weiß. Es spricht dafür, dass du irgendwo in deinem Inneren überzeugt bist, dass es dir und der Beziehung etwas bringt, es ihm mitzuteilen. Wenn du keinen Nutzen darin sehen würdest, würdest du wohl nicht darüber nachdenken.«

Die Worte kamen bei ihr an. Natasha war schon so weit geheilt, dass sie ihre Rolle als Hüterin der Geheimnisse ihres Vaters abstreifen konnte. Diese Geheimnisse hatten ihr Leben und ihre Beziehungen stark beeinflusst, aber jetzt war sie bereit, sich aus ihrem Griff zu befreien. Dadurch, dass sie Clyde einweihte, versuchte sie, wieder Vertrauen zu fassen und zu stärken, anstatt sich unverwundbar zu geben und Sabotage zu betreiben.

Sie hatte das Glück, einen Partner zu haben, dem das viel bedeutete. Dadurch, dass sie Clyde davon erzählte und ihr Geheimnis mit ihm teilte, wurden die beiden ein stärkeres Team. Sie ersetzte die Sabotage erfolgreich durch Kommunikation und ließ Clyde beim Aufbau von Vertrauen mithelfen. Das war unglaublich heilsam für Natasha. Die Geschichte, die sie in ihrem Herzen getragen hatte und die von Männern, von allen ihr Nahestehenden und vom Betrug in intimen Beziehungen handelte, begann sie nun zu verändern. Es war wunderbar, das mitzuerleben.

Diese Arbeit funktioniert natürlich nur mit einem ehrlichen Menschen, der bereit ist, mit dir zusammen Vertrauen aufzubauen. Du solltest diese Partnerin oder diesen Partner schon ein bisschen kennen, bevor du mit ihm oder ihr an dir arbeitest. Aber natürlich kann dich auch gerade die Person enttäuschen oder hintergehen, von der du es am wenigsten erwartet hättest.

Tatsache ist, dass diejenigen von uns, die eine Vertrauenswunde haben, es wohl immer riskant finden, anderen zu vertrauen. Es gibt ein Zitat von Ernest Hemingway, das das Dilemma auf den Punkt bringt: »Die beste Art, um herauszufinden, ob man jemandem vertrauen kann, ist, ihm zu vertrauen.« Das muss überhaupt nicht leichtfertig geschehen, sondern kann ein bewusster Akt sein, bei der man das Vertrauensverhältnis auf die Probe stellt und herausfindet, ob es existiert oder entwickelt werden kann.

Zum Vertrauen gehört wie bereits gesagt auch, dass du an deine Widerstandsfähigkeit glaubst und dein Urteilsvermögen stärkst. Du musst darauf bauen können, dass du dich nach all den Lügen, Täuschungen und dem Verrat, die du erlebt hast, davon erholen und neu ausrichten kannst. Damit du daraus lernen und klüger werden kannst, ohne dich zu verhärten und abzuschotten. Das ist viel einfacher, wenn du von Liebe umgeben bist, von Menschen, die dich unterstützen und dir helfen.

Sinn und Zweck dieser Arbeit ist nicht, deinen Schmerz oder andere Gefühle zu vermeiden oder über Täuschung und Verrat einfach hinwegzusehen. Vielmehr sollst du lernen, dich mit Liebe und Unterstützung durch schwierige und schreckliche Dinge durchzuarbeiten. Gleichzeitig lernst du auch unterscheiden, wem du vertrauen kannst und wem nicht, und stärkst dein Vertrauen in dich selbst.

Ich weiß nicht, ob du dich überhaupt auf irgendeine Weise davor schützen kannst, jemals getäuscht, verraten, verlassen oder irregeführt zu werden. Du magst das Risiko minimieren können, aber ich bin mir nicht sicher, ob es ganz zu vermeiden ist. Wenn du schon einmal verletzt wurdest, wirst du alles tun, um den gleichen Schmerz nicht erneut zu erleben. Doch wenn du lieber niemandem mehr vertraust, kannst du auch nicht lernen, wieder Vertrauen zu jemandem aufzubauen.

Diese Kröte musst du wohl schlucken, also lass es mich noch einmal sagen: Wenn du lieber niemandem mehr vertraust, kannst du auch nicht lernen, wieder Vertrauen zu jemandem aufzubauen. Die einzige Möglichkeit, wieder Vertrauen entstehen zu lassen, besteht darin, jemandem versuchsweise bewusst zu vertrauen.

Wenn man Vertrauen schenkt, macht einen das verletzbar. Das kann einen beunruhigen und ängstigen. Weil es anfangs schwer sein kann, einer anderen Person zu vertrauen, rate ich vielen, die mit mir arbeiten, dazu, zuerst Vertrauen zu sich selbst aufzubauen. Versuch, deine Versprechen an dich selbst einzuhalten, etwa indem du zu der Zeit ins Bett gehst, zu der du es dir vorgenommen hast, indem du ausreichend Wasser trinkst oder wie geplant Sport treibst. Arbeite daran, darauf zu vertrauen, dass du deine Vorhaben und Verpflichtungen erfüllst, und verwende deine Energie zunächst darauf.

Wenn du dich darauf einlassen willst, anderen zu vertrauen, dann solltest du darüber nachdenken, in welchen Bereichen es dir bei dieser Person leichtfällt zu vertrauen und wo du es schwierig findest. Du kannst dir die einzelnen Punkte zur besseren Übersicht aufschreiben. Achte darauf, ob dir die Dinge, bei denen dir das Vertrauen besonders schwerfällt, bekannt vorkommen oder für dich neu sind. Wie ich schon sagte, geht es hier nicht um unwillkürliches Rumprobieren. Du gehst bewusst vor, musst deine Wunde im Blick behalten, sie einer Person offenbaren, die dein Vertrauen dafür erworben hat, und dieser Person Zugang zu deiner inneren Welt voller Zweifel, Misstrauen und Skepsis gewähren.

Ich finde es hilfreich, der Person, der du mehr vertrauen willst, mitzuteilen, was dir das Vertrauen erschwert. Wenn sich jemand über dich lustig macht, unsensibel oder abfällig reagiert, ist das ein klares Zeichen dafür, dass diese Person dir die für diese Arbeit nötige Sicherheit nicht bieten kann. Ebenso solltest du auch niemanden wählen, den du gerade erst kennengelernt hast. Du brauchst eine Person, deren Mitgefühl und Fürsorge sich bereits gezeigt haben und spürbar sind. Egal, um welche Wunde es geht, wenn du Heilungsarbeit mit jemandem betreiben möchtest, der deinen Schmerz nicht zulassen und verstehen kann, wird es schwierig werden. Lass es uns jetzt gemeinsam angehen.

- Wenn _________ passiert, ist es schwer für mich, dir zu vertrauen, weil _________.
- Das erinnert mich an _________, und ich fühle mich dann _________.
- Es wäre für mich hilfreich, wenn _________.
- Ich nehme mir vor, _________.

Vertrauen wird gestärkt, wenn du *erst* vertraust und dich *dann* damit sicher fühlst. Es entsteht schrittweise, wenn du dir und anderen die Chance gibst, gemeinsam Vertrauen aufzubauen, indem du auf Zusagen vertraust und andere diese Zusagen einhalten und ihre Vertrauenswürdigkeit beweisen. Vertrauen ist dann mehr und mehr im gegenwärtigen Moment spürbar und wird weniger auf ein zukünftiges, ungewisses Ergebnis bezogen. Statt zu sagen: *Versprich mir, dass du mich nie verlassen wirst*, heißt es nun: *Wie fühle ich mich jetzt gerade?* Du kannst dir deshalb nicht sicher sein, dass eine Beziehung ewig Bestand hat oder ihr niemals beschließt, getrennte Wege zu gehen – aber du wirst diesen Weg dann trotzdem mit einem intakten Vertrauensgefühl gehen können.

Vertrauen lässt sich nicht leicht wiederherstellen. Du kannst es nicht über Nacht schaffen. Aber du kannst es nach und nach aufbauen – erst allein und dann, wenn du willst, mit anderen.

Herkunftsheilungsarbeit

Lass uns nun ein bisschen daran arbeiten. Bist du von einer Vertrauenswunde betroffen, können wir jetzt mit der Herkunftsheilungsarbeit beginnen.

Mach es dir bequem. Du kannst dich hinlegen oder auf einen Stuhl setzen. Deine Augen können offen oder geschlossen sein. Achte darauf, dass du dich in deiner Umgebung sicher fühlst und ungestört bist. Zur Erinnerung: Wenn du dich durch ein Trauma durcharbeitest, ist es wichtig, dass du gut auf dich schaust. Es ist wichtig, dass du jemanden hast, der dich anleitet, dich unterstützt und dir einen geschützten Raum gibt, während du diese Arbeit machst.

BENENNEN. Kannst du dich daran erinnern, wann du dich zum ersten Mal gefragt hast, ob du jemandem vertrauen kannst oder wann du erstmals Vertrauen verloren hast? Kannst du dich an den Tag erinnern? Weißt du noch, wo du da warst? Wer hat diesen Zweifel in dir ausgelöst?

BEZEUGEN. Konzentrier dich jetzt ganz auf dich selbst. Nimm dein jüngeres Ich, das gerade den Verrat, die Täuschung oder das Verlassenwerden erlebt hat, genau in den Blick (also nicht dein jetziges Ich, das gerade diese Übung macht). Schau auf dich, als würdest du dich in einem Film sehen, und nimm die

Gefühle wahr, die du in diesem Moment des Verrats oder der Täuschung erlebt hast. Wie fühlte es sich an, belogen oder von einem Elternteil verlassen zu werden? Achte auf deinen Gesichtsausdruck, auf jede Veränderung in deiner Körpersprache, während sich Trauer oder Unglauben in dir ausbreiten. Beginne dann, mit dem kleinen Kind, deinem jüngeren Ich, mitzufühlen.

BETRAUERN. Es ist möglich, dass nun Gefühle in dir hochkommen. Kannst du sie zulassen? Kannst du nachempfinden, wie es für dich vor all den Jahren war? Vielleicht bricht dir das Herz beim Gedanken an dein jüngeres Ich, das eine Vertrauenswunde erlitten hat. Fühl ruhig mit diesem Kind mit. Spür nach, ob und was du deinem jüngeren Ich jetzt anbieten möchtest. Was braucht es? Möchtest du es trösten? Willst du ihm sagen, dass es dir leidtut, dass es betrogen wurde? Willst du es in den Arm nehmen und ihm sagen, dass alles gut wird? Spürst du den Drang, etwas zu tun? Nimm dies einfach zur Kenntnis.

Bleib so lange oder so kurz bei diesen Eindrücken, wie es sich für dich gut anfühlt. Wenn deine Augen geschlossen sind, nimm dir etwas Zeit, bevor du die Außenwelt wieder an dich heranlässt. Halt die Augen geschlossen und beweg langsam deine Finger und Zehen. Dehn deinen Nacken. Leg die Hände auf dein Herz oder deinen Bauch. Oder konzentrier dich auf deinen Atem. Überleg, was du sehen wirst, wenn du die Augen öffnest. Weißt du noch, wo du bist? Und dann öffne ganz langsam die Augen. Nimm dir Zeit dafür.

Du kannst diese Übung so oft wiederholen, wie du willst. Du kannst sie eine Woche lang jeden Tag durchführen. Oder du machst sie einmal und dann erst wieder in einem oder in fünf Jahren. Wie auch immer, ich bin stolz auf dich.

SICH NEU AUSRICHTEN. Nun, da wir langsam zum Ende kommen, wäre es schön, wenn du dir einen Moment Zeit nimmst, um dir bewusst zu machen, wie sich deine Vertrauenswunde in der Gegenwart zeigt. Auf welche Weise? In welchen Beziehungen? Kannst du folgende Frage beantworten? *Was wäre in meinem Leben anders, wenn ich mir erlauben würde, voll zu vertrauen, wenn ich keine Angst davor hätte, ich zu sein?* Ich möchte, dass du in dieser Woche darauf achtest, ob sich eine Gelegenheit bietet, ein altes Verhalten durch ein neues zu ersetzen.

BRIEF AN DIE VERTRAUENSWUNDE

Hier ist eine letzte Übung für die Heilungsarbeit an der Vertrauenswunde. Einen Brief zu schreiben ist meines Erachtens eine sehr wirkungsvolle Übung. In einem Brief kann man alles ausdrücken und das in Worte fassen, was man haben möchte. Leidest du an einer Vertrauenswunde, kann ich dir nur empfehlen, dir dafür Zeit zu nehmen.

Ich möchte, dass du einen Brief an deine Vertrauenswunde schreibst. (Ja, dein Brief wird mit »Liebe Vertrauenswunde …« beginnen.) Im Brief solltest du Mitgefühl für die Wunde ausdrücken und vielleicht auch etwas Dankbarkeit für die bisherige Bewältigung deiner Wunde. Gleichzeitig sollst du ihr mitteilen, was du für dich zurückforderst. Was soll sie über dich wissen? Was willst du ihr darüber sagen, wo du gerade in deinem Leben stehst? Was möchtest du ab jetzt selbst in die Hand nehmen, anstatt es ihr zu überlassen? Sprich sie direkt an. Geh in eine engere Beziehung mit ihr. Zum Heilungsprozess gehört auch, dass die Wunde *dir* vertraut. Lass sie wissen, was sie von dir erwarten kann.

Noch einmal: Heilungsarbeit ist nicht an einem Tag erledigt. Vielleicht musst du noch öfter auf diesen Brief zurückkommen und etwas ergänzen. Oder du schreibst weitere Briefe an deine Vertrauenswunde. Doch jetzt fang einfach mal damit an.

7

ICH MÖCHTE MICH SICHER FÜHLEN

Als Kind verlassen wir uns in puncto Sicherheit stark auf unsere Eltern und Bezugspersonen. Um unsere Sicherheit zu gewährleisten, müssen Eltern uns beschützen, uns respektieren, uns verstehen, für uns eintreten und uns Regeln und Grenzen setzen. Aber bekanntlich machen die Erwachsenen in unserem Leben nicht immer alles richtig. Manchmal übersehen sie Warnzeichen, fügen uns Schaden zu, gehen rücksichtslos mit unserem Leben um oder bringen uns in Gefahr.

Natürlich gibt es keine Garantie dafür, dass ein Kind von Geburt an mit Sorgfalt behandelt und vor Schaden bewahrt wird. Das *sollte* so sein. Man *sollte* sich in der Familie sicher fühlen. Das Elternhaus *sollte* der Ort sein, an dem man Trost, Sicherheit, Ruhe, Stabilität und Zuverlässigkeit findet. Es *sollte* der Ort sein, an den man sich zurückzieht, wenn die Außenwelt beängstigend, bedrohlich und schwierig ist. (Ich verwende das Wort »sollte« nicht oft, aber an dieser Stelle ist es angebracht.)

Selbstverständlich können Eltern ihre Kinder nicht vor allen Gefahren der Welt beschützen, aber wenn die eigenen Angehörigen gewalttätig, vernachlässigend, ausbeuterisch, unterdrückend, rücksichtslos oder emotional unreif sind, kann leicht eine Sicherheitswunde entstehen.

Kennst du den Spruch »Zu Hause ist es am schönsten«? Nun, das gilt leider nicht für alle. Das Zuhause ist nicht immer ein Rückzugsort. Manchmal ist es dort unsicher, chaotisch oder es ist geprägt von Gewalt.

Der Ursprung der Sicherheitswunde

Wenn wir über Sicherheit sprechen, müssen wir auch über Gewalt reden. Das sage ich dir gleich zu Beginn des Kapitels und ich möchte, dass du gut auf dich achtest, wenn du weiterliest. Egal ob du schon einmal selbst Gewalt erlebt oder beobachtet hast oder nicht, es kann dich aufwühlen oder emotional überfordern, etwas darüber zu lesen. Während du die folgenden Seiten durchgehst, musst du genau darauf achten, wie viel du unbeschadet aufnehmen kannst.

GEWALT

Gewalt erzeugt ohne Frage eine Sicherheitswunde. Wo es Gewalt gibt, gibt es keine Sicherheit, Punkt. Und wenn Misshandlungen im eigenen Zuhause stattfinden oder nicht verhindert werden, erlebt man das als schweren Verrat vonseiten der Familie und als Vertrauensverlust. Die Autorin, Professorin und Aktivistin Bell Hooks formuliert es in ihrem Buch *Alles über Liebe* treffend: »Gewalt und Vernachlässigung schließen Liebe aus. Fürsorge und Bestätigung, die Gegenteile von Misshandlung und Demütigung, sind die Grundlagen der Liebe. Dass es überhaupt zu Gewalt kommt, zeugt vom Versagen der tätigen Liebe.« Liebe und Gewalt können nicht nebeneinander existieren.

Wir werden hier Gewalt im Rahmen des Familiensystems betrachten, aber vielleicht erkennst du darin eine Dynamik, die auch in deinem Erwachsenenleben wirkt. Falls du von Gewalt in einer Beziehung betroffen bist, kannst du über das Hilfetelefon »Gewalt gegen Frauen« (116 016, europaweit), »Gewalt an Männern« (0800-123 99 00) oder über hilfetelefon.de professionelle Unterstützung erhalten. Im Folgenden beschreibe ich verschiedene Arten von familiärer Gewalt, wie sie in der Kindheit auftreten könnten. Achte beim Lesen auf dich!

Gewalt wird definiert als ein Verhaltensmuster, das eine Person anwendet, um Macht und Kontrolle über eine andere zu erlangen und zu behalten.[23] Es gibt sechs Arten von Gewalt: körperliche, sexuelle, verbale/emotionale, psychische, finanzielle/wirtschaftliche und kulturelle/rassistische/identitätsbezogene. Bei allen Formen von Gewalt geht es um die Macht, die ein Mensch über einen anderen hat. Deshalb sind Kinder besonders anfällig für Misshandlungen, schließlich ist das Machtverhältnis bereits in der Beziehung zwischen Erwachsenen und Kindern angelegt.

Wahrscheinlich kennst du die meisten dieser Arten von Gewalt, aber ich finde es wichtig, sie uns gemeinsam genauer anzusehen.

Körperliche Gewalt bedroht die körperliche Unversehrtheit des Kindes. Manche Menschen haben als Kind mitbekommen, wie ein Elternteil den anderen oder eines der Geschwister körperlich misshandelt hat, und haben sich hilflos, verängstigt und bedroht gefühlt. Andere waren selbst das Ziel der körperlichen Misshandlung und haben die Wut eines Elternteils abbekommen. Gegenstände wurden nach ihnen geworfen, sie wurden geschlagen, getreten oder gewürgt. Es gibt unzählige Geschichten von Kindern, die in Angst leben und ständig damit rechnen müssen, misshandelt zu werden. Klient:innen haben mir erzählt, dass ihre Eltern Zigaretten auf ihnen ausgedrückt oder ihnen schwere Gegenstände an den Kopf geworfen haben. Jemand hat mir sogar berichtet, dass sein Bruder, der an Zerebralparese litt, vom Vater als Strafe gezwungen wurde, auf das Sofa und wieder herab zu springen.

Körperliche Gewalt kann aber auch ohne Körperkontakt stattfinden. Das kann so aussehen, dass ein Erwachsener bedrohlich und einschüchternd auftritt. Dass ein Elternteil das Kind jagt, auch wenn er es nicht erwischt, oder dass er sich so vor die Zimmertür stellt, dass das Kind nicht hinauskann. Dann hat das Kind Angst um seine körperliche Unversehrtheit oder fühlt sich physisch bedrängt oder gefangen.

Sexueller Missbrauch bedroht die sexuelle Unversehrtheit eines Kindes. Etwa eines von zehn Kindern wird vor dem 18. Geburtstag sexuell missbraucht.[24] Da sexueller Missbrauch in der Kindheit oft nicht angezeigt wird, dürfte die Zahl allerdings noch viel höher sein. Manche Menschen wurden als Kind von jemandem im häuslichen Umfeld sexuell missbraucht, zum Beispiel von einem Eltern- oder Stiefelternteil, einem Geschwister oder Cousin. Der Täter hat dem Kind gedroht, ihm oder jemandem, den es liebt, wehzutun, falls es etwas von dem Missbrauch erzählen sollte. Oder er hat dem Kind eingeredet, dass es das Geschehene verdient hat oder dass die Handlungen ganz normal und zulässig sind. Das Kind bekommt dann Angst oder ist verwirrt, weil es spürt, dass das alles nicht richtig ist, auch wenn es sexuelle Lust empfunden hat. Klient:innen haben mir berichtet, wie unangenehm es für sie war, schon in ganz jungen Jahren mit Pornografie in Berührung zu kommen oder von einem Stiefelternteil Anzüglichkeiten zu hören, wenn niemand anderes dabei war. Sexueller Missbrauch von Kindern umfasst Berührungen, aber auch berührungslose sexuelle Handlungen zwischen Erwachsenen und Minderjährigen oder zwischen Minderjährigen, zwischen denen ein Machtgefälle besteht.

Verbale und emotionale Gewalt ist jeder verbale oder emotionale Versuch, einen Menschen einzuschüchtern, zu isolieren, zu beherrschen oder zu erniedrigen. Weiter vorne im Buch habe ich bereits über verletzende Äußerungen gesprochen. Verbaler und emotionaler Missbrauch kann erfolgen, indem jemand ständig kritisiert, als schlecht gekennzeichnet, wegen seines Aussehens oder Verhaltens verspottet, vor Dritten blamiert oder bevormundet wird. Worte können wehtun. Ein Klient erzählte mir, dass ihn sein Stiefvater, der auch sein Hockeytrainer war, vor versammelter Mannschaft immer wieder als schlechten Sportler darstellte. Eines Tages sagte er vor allen Teamkameraden: »Deine Mutter hat wirklich einen Fehler gemacht, als sie sich von deinem Vater hat schwängern lassen. Sie hätte ihn besser nicht in sich kommen lassen sollen.« Diese Bemerkung war sowohl für meinen Klienten als auch für seine Mutter extrem beleidigend und erniedrigend.

Seelische und psychische Misshandlung gehört in die Kategorie der emotionalen Gewalt, aber sie ist etwas differenzierter. Missbrauchende nutzen psychische Gewalt, um ihre Opfer zu beherrschen, zu terrorisieren und zu verunglimpfen.[25] Eltern drohen etwa wiederholt damit, dem Kind, sich selbst oder jemand anderem Schaden zuzufügen. Manche Kinder werden für alles, was schiefläuft, verantwortlich gemacht. Bei anderen drohen die Eltern, ihr Kind zu verlassen, falls es sich nicht benimmt, oder sie bestrafen es durch Schweigen und ignorieren es über längere Zeiträume. Oder sie geben dem Kind das Gefühl, verrückt zu sein, indem sie Gegenstände wegräumen oder verstecken, die es für die Schule oder für sich selbst braucht. Eine Klientin erzählte mir, dass sich ihr Vater, wenn er wütend auf sie war, Basteleien oder Hausaufgaben nahm, an denen sie gerade saß, und drohte, sie zu zerstören. Er drohte ihr damit, ihre Lieblingskleidungsstücke vor ihren Augen zu zerschneiden, wenn sie nicht tat, was er sagte. Ein anderer Klient berichtete, dass sein Vater jahrelang nicht mehr mit ihm sprach, nachdem der Sohn sich den Eltern gegenüber geoutet hatte. Mein Klient stellte sogar fest, dass in dem Tagebuch, das er damals führte, jede Seite herausgerissen war, auf der er sein Schwulsein erwähnt hatte.

Finanzielle und wirtschaftliche Gewalt ist der Versuch, sich jemanden mit Geld zu unterwerfen. Normalerweise findet diese Art von Gewalt zwischen Erwachsenen statt, aber sie kommt auch zwischen Eltern und Kindern vor. So können Eltern Kinder daran hindern, an das Geld zu kommen, das sie sich aus Geschenken zusammengespart haben. Manche bestehlen ihre Kinder, andere lassen heimlich Kreditkarten, Rechnungen oder Bankkonten auf den Namen des Kindes laufen. Es gibt auch Fälle, in denen Kinder für Geld ausgebeutet oder dafür bestraft werden, dass sie eigenes Geld ausgegeben haben.

Kulturelle, rassistische oder identitätsbezogene Gewalt liegt vor, wenn jemand Aspekte der Kultur, der Rasse oder der Identität eines anderen ausnutzt, um ihm Leid zuzufügen und Macht auszuüben. Das kann in einer Familie mit kulturellen und ethnischen Unterschieden geschehen, beispielsweise bei Stiefeltern oder in einer Adoptiv- oder

Pflegefamilie. Manche Menschen haben als Kind kulturbezogene oder rassistische Beleidigungen hören müssen oder wurden von Angehörigen damit bedroht, geoutet zu werden. Wenn sich Kinder aus Überzeugung oder aus Glaubensgründen bestimmte Essens- oder Kleidungsvorschriften auferlegt haben, werden sie verspottet oder an der Einhaltung gehindert. Eine indische Klientin erzählte mir, dass ihre Mutter nach der Scheidung ihrer Eltern einen weißen Mann geheiratet hatte, der darüber spottete, wie behaart die Tochter an den Armen und im Gesicht war. Er machte sich über sie lustig und meinte, sie solle sich lieber rasieren, damit man sie in der Schule nicht für ein Tier hielt. Das war abscheulich und erniedrigend.

Es gibt noch zwei weitere Formen der Misshandlung, die ich erwähnen möchte: Vernachlässigung und Ausbeutung. Vernachlässigung bedeutet das Vorenthalten von angemessener Nahrung, Kleidung, Unterbringung, medizinischer Versorgung und Aufsicht. Sie kann aktiv und absichtlich oder passiv und unabsichtlich geschehen. Eltern kümmern sich dann etwa nicht um medizinische und hygienische Bedürfnisse oder sorgen nicht für Essen. Manche Kinder müssen allein zu Hause bleiben, ohne versorgt oder beaufsichtigt zu werden. Oder sie werden ignoriert, wenn sie sich mit emotionalen oder körperlichen Bedürfnissen an ihre Eltern wenden, was zu Enttäuschung und Trauer führt.

Ausbeutung eines Kindes bedeutet, dass ein Kind zu Profitzwecken, als Arbeitskraft, zur sexuellen Befriedigung oder wegen anderer persönlicher oder finanzieller Vorteile ausgenutzt wird. Das Kind erhält in der Regel eine Gegenleistung, zum Beispiel Geschenke, Geld, Drogen, Süßigkeiten oder Statusgewinn. Das kann so aussehen, dass ein Angehöriger das Kind prostituiert oder verkauft, um sich persönlich zu bereichern, oder dass eine Bezugsperson das Kind benutzt, um Drogen aufzubewahren, zu verkaufen oder zu transportieren.

So, nun erst einmal tief durchatmen. Das war ganz schön heftig. Falls du eine der beschriebenen Erfahrungen gemacht hast, egal ob dir das jetzt erst klar wird oder schon lange bewusst ist, empfehle ich dir, dich bei der Verarbeitung der Gewalterfahrung von einer therapeutischen Fachkraft unterstützen zu lassen. Es gibt geschützte Räume, in denen du diese sehr wichtige Arbeit tun kannst.

VERANTWORTUNGSLOSIGKEIT

Bei manchen Menschen entsteht eine Sicherheitswunde, wenn ihre Eltern zwar wissen oder wissen müssten, dass ihr Verhalten und ihre Entscheidungen Schaden anrichten werden, sie die erhebliche und vermeidbare Gefahr aber trotzdem eingehen. So kann sich Verantwortungslosigkeit darin äußern, dass ein Elternteil betrunken mit seinem Kind Auto fährt oder es zum Drogenkauf mitnimmt. Eltern gefährden ihre Kinder etwa dadurch, dass sie den Herd anlassen, weil sie vom Alkohol bewusstlos geworden sind, oder gebrauchte Spritzen oder Rauschgift offen herumliegen lassen. Verantwortungslosigkeit führt dazu, dass sich Kinder unsicher, schutzlos und gefährdet fühlen.

Amir kam zur Therapie, weil seine Ausgaben aus dem Ruder gelaufen waren. Ständig kaufte er sich Designerkleidung und -schuhe, gab Geld für Reisen und Hotels aus und gönnte sich und seinen Freunden jeden Luxus. Er verdiente zwar viel Geld, gab aber auch alles bis zum letzten Cent aus. Auf der anderen Seite war es ihm peinlich, dass er mit 49 Jahren keinerlei Ersparnisse hatte.

»Ich habe gar kein Geld gespart, also wirklich null. Es kommt rein und geht raus. Es wirkt natürlich toll, dass ich so viel Geld ausgebe. Wahrscheinlich denken alle, ich wäre reich, aber das stimmt nicht. Ich habe kein Vermögen angehäuft. Ich verdiene viel Geld und gebe dann Unmengen wieder aus, als wäre das mein Nebenjob. Ich bin so ein Versager.«

Amir hatte die Nase voll von sich selbst, denn so lebte er schon seit einiger Zeit. Seit 20 Jahren arbeitete er in einem festen Job, aber er war finanziell immer wieder unvorsichtig. Er hatte keinerlei Ersparnisse und häufte langsam sogar Schulden an.

»Ich brauche deine Hilfe. Warum mache ich das?«, fragte er.

Hier stand niemand vor mir, der gerade so über die Runden kam und von der Hand in den Mund leben musste. Amir war finanziell privilegiert, steuerte aber unnötigerweise auf eine unsichere und sorgenvolle Zukunft zu. Er ignorierte bewusst die Risiken, die damit verbunden waren, dass er alles ausgab, was er verdiente. Das war ein verantwortungsloses Verhalten. Und ich fragte mich, ob hinter diesem riskanten Vorgehen vielleicht eine Sicherheitswunde steckte.

Als wir auf seine Kindheit zu sprechen kamen, erzählte mir Amir, dass sein Vater immer schnell wütend geworden sei. Auf meine Frage, wie das ausgesehen habe und vor sich gegangen sei, antwortete er, dass es immer dann geschehen sei, wenn sein Vater ihn irgendwohin gefahren habe.

»Alle hielten meinen Vater für einen sanften Riesen, aber wenn er und ich allein im Auto waren, kam seine Wut heraus und er fuhr extrem schnell. Ich spreche von 130 oder 150 Stundenkilometern, wo 50 oder 60 erlaubt waren. Zwischendurch machte er eine Vollbremsung, dann raste er wieder los. Ich flehte ihn an aufzuhören. Ich weinte und sagte ihm, dass ich Angst hatte. Aber das spielte keine Rolle. Er wollte ja, dass ich Angst habe. Er wollte, dass ich um mein Leben fürchte. Er mochte das Gefühl, diese Macht zu haben, und ich habe nie verstanden, warum. Jeden Tag holte er mich von der Schule ab, weil meine Mutter nicht Auto fuhr, und wenn er wütend war, wurde gerast. Er musste nicht einmal wütend auf mich sein. Er konnte sich auch über meine Mutter, unseren Nachbarn oder seinen Bruder geärgert haben. Das war egal.«

Amir atmete schwer, nachdem er mir das erzählt hatte. Die Erinnerung daran wühlte ihn auf, aber er war noch nicht fertig. »Warum war ihm mein Leben so egal?«, rief er fassungslos aus. »Warum war es ihm egal, ob er uns umbrachte oder mir wehtat?«

Amir erkannte eine Sicherheitswunde, die sich aus dem verantwortungslosen Verhalten seines Vaters ergeben hatte. In anderen Fällen haben Eltern eine geladene Waffe in Reichweite des Kindes liegen lassen oder Drogen auf einem für das Kind zugänglichen Tisch deponiert. Im Verlauf unserer Arbeit erkannte Amir, dass er diese Verantwortungslosigkeit seines Vaters in sein eigenes Leben übernommen hatte. Sie zeigte sich nur in einem anderen Gewand. Amir war zu der Überzeugung gelangt, dass sein Leben für seinen Vater keine Rolle spielte, auch nicht für seine Mutter, die nie eingeschritten war. *Wenn es ihnen egal ist, warum sollte es mich dann kümmern?*

Amir verhielt sich verantwortungslos. In seinen Zwanzigern ging er gerne körperliche Risiken ein – er genoss Extremsportarten und ausschweifende Partys, was er damit rechtfertigte, dass er ein Adrenalinjunkie sei. Als er älter wurde, fand er eine neue Möglichkeit, am Limit zu leben: finanzielle Verantwortungslosigkeit. Was aber immer gleich blieb, war die Botschaft, die er immer wieder erhielt und sich selbst vermittelte: *Deine Sicherheit ist egal.* Amir kannte keine Selbstfürsorge. Er wusste nicht, wie man sich die Botschaft sendet, dass das eigene Leben und Wohlergehen, die eigene gegenwärtige und zukünftige Sicherheit wichtig sind.

Es ist nicht einfach, sein Leben in Richtung Sicherheit auszurichten, wenn die Vergangenheit gezeigt hat, dass Sicherheit keine Priorität hat. Und diese Umstellung kann besonders schwerfallen, wenn ein Elternteil die Sicherheitswunde verursacht hat.

Kannst du im Rückblick auf deine Kindheit feststellen, ob jemand in deinem Familiensystem dir gegenüber verantwortungslos gehandelt hat? Lass uns gemeinsam nachforschen.

- Die Person, die verantwortungslos mit mir umgegangen ist, war __________.
- Ich weiß davon noch, dass __________.
- Das wirkt sich in meiner Gegenwart folgendermaßen aus: __________.

DISSOZIATION

Dissoziation ist ein mentaler Prozess, bei dem man sich vom eigenen Körper und den eigenen Gedanken abkoppelt.[26] Sie wird oft als Erfahrung beschrieben, bei der man sich völlig von sich selbst trennt, als ob die Seele an einen anderen Ort versetzt wurde, obwohl der Körper immer noch da ist. Zwar gibt es auch adaptive, also nützliche dissoziative Erfahrungen, aber eine maladaptive dissoziative Erfahrung bewirkt eine Aufspaltung des eigenen Selbst.[27] Dr. Bessel van der Kolk, Traumaexperte und Autor von *Das Trauma in dir*, beschreibt Dissoziation als einen Prozess des »gleichzeitigen Wissens und Nichtwissens«.[28] Dissoziation kann als Reaktion auf ein unverarbeitetes Trauma auftreten. Wer schon einmal jemandem im dissoziierten Zustand begegnet ist, weißt, wie beängstigend diese Erfahrung sein kann – besonders für ein Kind, das wahrscheinlich gar nicht versteht, was passiert.

Ein Kind macht sich vielleicht Sorgen um seine Eltern, weil sie so abwesend wirken. Oder es macht ihm Angst, dass sich ein Elternteil nicht an wichtige Details erinnern kann. Oder es fühlt sich körperlich in Gefahr, wenn ein Elternteil mitten im Gespräch, beim Autofahren oder Kochen dissoziiert.

Mein Klient Tony erzählte mir, dass es ihm schwerfiel, anderen näher zu kommen. Er war sein ganzes Erwachsenenleben lang Single und verabredete sich nur ungern mit Frauen. Seine Freunde hatten ihn gedrängten, eine Therapie zu machen, um den Grund dafür herauszufinden. Wir nahmen uns viel Zeit zum Erkunden seiner Herkunftsfamilie und seiner Jugendzeit. Nach ein paar Sitzungen eröffnete mir Tony, dass sein Vater seine Mutter körperlich misshandelt hatte. Die Misshandlungen begannen, als Tony etwa neun Jahre alt war, und kamen häufig vor. Obwohl Tony die Gewalt nie selbst beobachtete, musste er miterleben, wie seine Mutter immer mehr zu einem Schatten ihrer selbst wurde.

»Irgendwie war sie da, aber andererseits auch nicht. Sie war weit weg, ohne die Möglichkeit, sie zurückzuholen. Zuvor war sie die beste Mutter gewesen, die ich mir hätte wünschen können.« Für Tony war es beängstigend zu sehen, wie sie langsam zugrunde ging. Er fühlte sich nie sicher in diesem Haus und machte sich Sorgen, dass sein Vater eines Tages auch ihn angreifen würde.

Tony flehte seinen Vater an, damit aufzuhören, aber erst als er groß und stark genug war, um ihm Paroli zu bieten, konnte er der Gewalt ein Ende setzen. »Ich schlug ihn k. o. und er hat sie nie wieder angefasst.«

Tony war froh, dass die Misshandlungen aufhörten, aber das brachte seine Mutter nicht zurück. Sie war nur noch ein Schatten ihrer selbst. Das war ein verheerender Verlust. Er hätte sie wirklich gebraucht und war wütend, dass sein Vater nicht nur seiner Mutter ihr wahres Wesen geraubt hatte, sondern auch ihm die Mutter genommen hatte, die ihren einzigen Sohn einst so geliebt und umsorgt hatte.

Tony hatte Angst, dass in Beziehungen Liebe und Verbundenheit unweigerlich verloren gehen würden. Beziehungen waren für ihn etwas, was Unsicherheit erzeugte, das einen von sich selbst entfernte und seelisch verkümmern ließ. Anstatt zu riskieren, dass dieser unsägliche Schmerz sich wiederholte, hatte er sich entschieden, Partnersuche und Liebe gänzlich zu meiden. Tony hatte Angst, Menschen zu verlieren. Er fürchtete sich davor, geliebt und dann der Liebe wieder beraubt zu werden. Er war überfordert damit, seine Erfahrung zu verarbeiten, und verbarg sich vor der Liebe. Als Tony diesen Ursprung erkannt hatte, konnte er damit beginnen, seine Sicherheitswunde zu heilen und wieder Anspruch auf persönliche Sicherheit zu erheben, um in seinem Leben Platz für die Liebe zu schaffen.

Kannst du im Rückblick auf deine Kindheit feststellen, ob jemand in deinem Familiensystem dissoziiert war? Wie hat sich diese Erfahrung auf dein Sicherheitsgefühl ausgewirkt?

- Die Person, die in meiner Kindheit dissoziiert war, war __________.
- Ich weiß davon noch, dass__________.
- Mir hat Angst gemacht, dass __________.
- Das wirkt sich in meiner Gegenwart folgendermaßen aus: __________.

BEÄNGSTIGENDE SITUATIONEN

Viele Sicherheitswunden stammen aus Gewalterfahrungen. Eltern, Stiefeltern, Betreuer, Erwachsene oder ältere Geschwister können auf offene oder unterschwellige Weise verantwortungslos, tyrannisch, vernachlässigend oder gewalttätig sein. Aber ich wäre nicht ehrlich, wenn ich verschweigen würde, dass eine Sicherheitswunde auch dann in einer Familie auftreten kann, wenn Macht, Übergriffe, Verantwortungslosigkeit, Egoismus oder Ausbeutung gar nicht im Spiel sind.

Manchmal wird das Sicherheitsgefühl auch eingeschränkt, wenn Eltern ihr Bestes tun, so etwa, wenn ein Elternteil Geldsorgen hat, die das Kind mitbekommt. Die Grundbedürfnisse des Kindes werden vielleicht befriedigt, aber es macht sich trotzdem Sorgen um das Wohlergehen der Familie. Selbst wenn geschiedene Eltern in der gemeinsamen Erziehung so gut es geht an einem Strang ziehen, kann ein Kind Scheu davor haben, dem einen Elternteil mitzuteilen, dass das Wochenende beim anderen Elternteil schön war. Zuweilen wird das Sicherheitsgefühl auch dadurch beeinträchtigt, dass etwas Schreckliches passiert – etwa der Tod eines Elternteils. Dann entsteht Angst vor weiteren Katastrophen (beispielsweise, dass auch der verbliebene Elternteil stirbt).

Die genannten Beispiele sind Szenarien, in denen Machtmissbrauch keine Rolle spielt. Das Eigeninteresse der Eltern kommt ihrem Verhältnis zu den Kindern nicht in die Quere. Die Eltern machen alles richtig, und *trotzdem* bildet sich eine Sicherheitswunde.

Aaliyahs Sicherheitswunde entstand, als sie noch ein kleines Mädchen war. Ihre Eltern waren eines Abends essen gegangen und hatten sie in der Obhut ihrer Großmutter gelassen, die einen schweren Schlaganfall erlitt. Aaliyah erzählte, dass sie, obwohl sie erst neun Jahre alt war, ihrer Großmutter den Kopf hielt, um sie zu stabilisieren, den Notruf wählte und den Sanitätern half, als diese eintrafen. Ihre Großmutter wurde wieder gesund, aber dieser Vorfall war so verstörend und beängstigend, dass Aaliyah nie wieder allein gelassen werden wollte.

In ihrem Erwachsenenleben hatte Aaliyah es tunlichst vermieden, jemals allein zu leben. Sie war immer in einer Partnerschaft, ihre Partner wechselten sich ohne Pause nacheinander ab. Sobald die Beziehung mit einem Mann endete, fing sie eine neue mit einem anderem an (ihrem »Backup«) und zog mit ihm zusammen. Trotz all dem hatte sie nach eigenem Bekunden bisher noch nie jemanden wirklich geliebt. Sie gab auch zu, dass sie sich für ihr Beziehungsverhalten schämte. Die Frage war nur, warum sie sich so verhielt.

Als wir weiter nachforschten, erkannte Aaliyah, dass die Sicherheitswunde, die in der Angstsituation mit ihrer Großmutter entstanden war, dafür sorgte, dass ihr das Zusammenleben wichtiger war als echte Zuwendung. Dieser Drang brachte sie in Beziehungen, in denen es nicht darum ging, was *sie* sich von einem Partner wünschte oder erwartete, wichtig war nur, dass es schnell zu einem Zusammenleben kam. Sie hatte nie wirklich darüber nachgedacht, was ihr in einer Partnerschaft wichtig war, und blieb in Beziehungen, die ihr nicht guttaten, nur um nicht allein leben zu müssen.

Ich weiß noch, wie überrascht sie war, als wir Stück für Stück ihre Sicherheitswunde entlarvten. Durch diese Erkenntnis änderte sich einiges für sie. Sie begriff erleichtert, dass sie nicht ständig leichtsinnige Entscheidungen traf, sondern ihr Verhalten vielmehr ein Versuch war, Sicherheit zu schaffen. Solange ein fester Freund zur Stelle war, würde sie in Angstsituationen wie der mit ihrer Großmutter nie allein sein. Ihre Scham verwandelte sich dadurch in Selbstmitgefühl ... mit einer großen Portion Selbsterkenntnis.

Hast du als Kind jemals unsichere Situationen erlebt, ohne dass Übergriffe oder Machtdynamiken im Spiel waren? Ist dir etwas passiert, woran niemand schuld war, das dir aber trotzdem Angst eingejagt hat?

- Obwohl niemand daran schuld war, hat mir als Kind Angst gemacht, dass __________.
- Das hat sich folgendermaßen auf mein ganzes Leben ausgewirkt: __________.
- Das steht mir heute noch im Weg, weil __________.

Bewältigung der Sicherheitswunde

In einer Umgebung zu leben, in der es an Sicherheit mangelte, hat dir etwas genommen. Es hat dich verändert. Aber die Verhaltensmuster, mit denen du auf das bedrohliche Gefühl in deiner Kindheit reagiert hast, müssen nicht dein heutiges Leben bestimmen.

Klar: Die Welt kann einem Angst machen und nicht alle Menschen, die dir begegnen, sind ungefährlich. Aber Teil deiner Arbeit muss es sein, den Unterschied zwischen bedrohlichen und unbedrohlichen Menschen zu erkennen. Diese Unterscheidungsfähigkeit solltest du üben. Ich weiß, es gibt Menschen, die anderen wehtun wollen, aber ebenso gibt es Menschen, die ein sicherer Hafen und eine feste Basis für dich sein wollen. Natürlich kann es schwer sein zu vertrauen, aber vielleicht können wir ja ganz kleine Schritte in diese Richtung gehen.

IN ANGST LEBEN

Viele, viele Kinder führen ein Leben in Angst. Manche bangen um ihre körperliche Unversehrtheit. Andere fürchten, ihre Eltern zu enttäuschen, ihren Bezugspersonen ihre Gefühle zu offenbaren und dafür gemaßregelt zu werden oder verspottet und erniedrigt zu werden, wenn sie Grenzen setzen. In einem unsicheren familiären Umfeld kann ein Leben in Angst bedeuten, dass man sich vor den Reaktionen, dem Urteil, dem Spott und der Arroganz eines Familienmitglieds fürchtet.

Womöglich kommt bei dir da einiges an die Oberfläche. Vielleicht hast du ja schon einmal über die Ängste in deiner Kindheit nachgedacht, aber als ich Miyako und Jin kennenlernte, hatte die beiden noch nie nach Herkunftswunden bei sich gesucht.

Miyako und Jin waren beide Mitte 30 und seit vier Jahren zusammen. Miyako wollte sich nun unbedingt verloben, aber Jin war verärgert über das, was er Miyakos unangenehme Ultimaten nannte. Ihre Wünsche schienen ihn genau in die entgegengesetzte Richtung zu treiben. Miyako sah ihre Forderungen nicht als Ultimaten. Für sie war das eine Art der Grenzziehung. Beide wollten Kinder, beide liebten einander und hatten ähnliche Lebensentwürfe, doch wenn er nicht bereit war, mit ihr den nächsten Schritt zu gehen, hatte sie das Gefühl, sich anderweitig umschauen zu müssen.

Ich erfuhr, dass Miyako diesen Wunsch bereits seit einem Jahr immer wieder äußerte. In diesem Jahr waren aus ihrer Sicht fünf wunderbare Möglichkeiten verstrichen: der Valentinstag, ihr Geburtstag, sein Geburtstag, ihre Parisreise, von der sie sich einen Heiratsantrag vor dem Eiffelturm erhofft hatte, und Thanksgiving. Jeder dieser Tage war ohne Verlobung oder Antrag vorübergegangen. Für Miyako war das eine herbe Enttäuschung. Jedes Mal packte sie ihre Sachen, schlief ein paar Nächte bei einer Freundin, durchforstete Wohnungsanzeigen und führte ein Trennungsgespräch mit Jin, aber am Ende kehrte sie doch immer wieder zurück und wollte es ein »allerletztes« Mal versuchen.

Miyako erzählte, dass sie vor etwa einem Jahr ihren Job verloren hatte. Das war schwer für sie gewesen, weil es sich um ihren Traumjob gehandelt hatte und sie entlassen worden war, weil sie die Erwartungen des Unternehmens nicht erfüllt hatte. Das war ein harter Schlag. Es war ihr so peinlich, dass sie niemandem davon erzählte außer Jin. Statt sich eine neue Stelle zu suchen, blieb sie ein ganzes Jahr lang arbeitslos und tat nach außen so, als arbeite sie noch bei der Firma. Doch insgeheim litt sie sehr darunter. Jeden Abend, wenn Jin von der Arbeit kam, weinte sie sich bei ihm aus und holte sich emotionale Unterstützung. Sie brauchte fast täglich seine Bestätigung und Ermutigung.

»Wie hat sich das auf dich ausgewirkt, Jin?«, fragte ich.

»Natürlich bin ich froh, dass ich helfen kann. Schwere Zeiten machen wir schließlich alle mal durch, aber es dauert jetzt doch schon eine Zeit lang. Und ich frage mich, wie lange sie noch arbeitslos sein wird. Wie lange will sie sich noch verstellen? Außerdem bringt es mich in die unangenehme Lage, den Schein wahren und so tun zu müssen, als würde sie immer noch dort arbeiten.«

Miyako reagierte prompt. »Ist das der Grund, warum du mich nicht heiraten willst? Warum du keine Verlobung eingehen willst?«

Jin hatte in diesem Moment keine Antwort parat, aber er wusste, dass er sich bezüglich der Hochzeit unsicher war. Ihre berufliche Situation stresste ihn. Irgendwann gab er zu, dass er abends manchmal absichtlich später nach Hause kam. »Zu Hause ist es manchmal ganz schön anstrengend und ich bekomme immer das Gleiche zu hören. Ja, ich weiß, du steckst in einer Krise, aber du holst dir keine Hilfe und unternimmst nichts dagegen. Du willst nur, dass ich dir helfe, aber ich kann nicht mehr. Es macht mich fertig und bereitet mir Sorgen.«

Ich erkannte, dass sich Jin dagegen sträubte, in die Rolle des emotionalen Helfers gedrängt zu werden. Als ich ihn nach seinen Eltern und deren Beziehung fragte, antwortete er zurückhaltend, dass sie einander geachtet hätten. Sie seien kein großartiges Liebespaar gewesen. Sie hätten einfach nebeneinander her gelebt und nicht viel voneinander verlangt, aber sie hätten sich immer um seine Schwester und ihn gekümmert. Ich bat ihn, mir von seiner Mutter zu erzählen.

»Sie war eine stille Frau, aber sehr fleißig, und sie hat mir eine gute Arbeitsmoral vorgelebt.«

Miyako meinte leise: »Kannst du ihr von der Sache mit dem Selbstmord erzählen, Jin?«

Ich schwieg, während Jin überlegte, ob er bereit war, mir etwas so Persönliches mitzuteilen.

Dann hob er den Blick und suchte in meinem Gesicht nach etwas, was ihm Sicherheit gab. Ich lächelte und nickte, um anzudeuten, dass ich bereit war, alles, was er mir mitteilen wollte, aufzunehmen.

»Ich war 13, als meine Mutter zum ersten Mal mit Suizid drohte. Es ging ihr nicht gut. Sie war wirklich unzufrieden mit ihrem Leben und mit der Beziehung zu meinem Vater. Kaum war ich ein Teenager, fing sie an, mir Dinge mitzuteilen, die mich nichts angingen. Sie dachte wohl, dass ich in dem Alter kein Kind mehr war, oder so etwas in der Art, und sie hat mich einfach mit allem Möglichen zugeschüttet, weil sie dachte, ich könnte damit umgehen.« Er brauchte einen Moment, um sich zu sammeln.

»Nun ja, sie hat oft mit Selbstmord gedroht. Alle paar Wochen. Und zwar nicht nur ganz vage. Wenn sie wieder verzweifelt war, redete sie davon und verabschiedete sich von mir. Ich musste dann weinen und schreien, betteln und flehen und bei ihr bleiben, damit sie sich nichts antat. Und sie hat sich nie etwas angetan. Nicht ein einziges Mal hat sie es tatsächlich versucht, aber sie hat jahrelang immer und immer wieder damit gedroht.«

Miyako drückte Jins Hand etwas fester. Sein Kopf sank zur Brust und er begann zu weinen.

»Das muss schrecklich für dich gewesen sein, Jin. Einfach furchtbar. Ständig um das Leben deiner Mutter zu fürchten und jedes Mal das Gefühl zu haben, dass du derjenige bist, der sie retten muss.«

Er nickte.

Sein Zuhause war für Jin keine sichere Umgebung. Es war eine Umgebung, die von ihm verlangte, die unangemessene Rolle des emotionalen Retters seiner Mutter zu übernehmen. Er musste ständig in höchster Alarmbereitschaft sein und immer zur Verfügung stehen, wenn sie ihn brauchte. Wer schon einmal mitansehen musste, wie ein geliebter Mensch unermessliche Verzweiflung durchmacht, weiß, wie schrecklich das ist. Jin liebte seine Mutter sehr und wollte, dass es ihr gut geht, aber die Rolle, in die er gedrängt wurde, war nicht passend für ihn. Jin lebte als Kind ständig in Angst. Niemand wusste von diesen Zuständen, und er war zu verängstigt und beschämt, um mit irgendjemandem darüber zu sprechen.

Wir verbrachten einige Zeit schweigend, nahmen die unverarbeiteten Gefühle wahr und besprachen dann, was Jin nach dem Ende unserer Sitzung brauchen würde. Jin hatte gerade eine Sicherheitswunde benannt. Er begriff allmählich, wie unsicher sein Elternhaus für ihn gewesen war. Er hatte nicht darauf vertrauen können, dass sein Vater ihm die Verantwortung abnahm, und auch nicht darauf, dass seine Mutter die nötige Unterstützung und Fürsorge bekam, um sich vor sich selbst zu schützen. Die wiederholten Drohungen schürten in Jin eine tiefe Angst davor, dass seine Mutter sich selbst verletzen könnte, dass er sie nicht würde aufhalten können und dass er sich deswegen schuldig fühlen würde. Jin hatte, ohne es zu verstehen, eine Art von

Gewalt erlebt, und das war das fehlende Puzzleteil, das seinen Widerstand gegen die Verlobung mit Miyako erklärte.

Auch wenn Miyako und Jins Mutter unterschiedliche Menschen waren, gab es gewisse Ähnlichkeiten. Jin hatte Angst davor, die einzige emotionale Stütze in Miyakos Leben sein zu müssen, so wie er es für seine Mutter gewesen war. Und er machte sich Sorgen, weil Miyako nicht die Hilfe und Unterstützung bekam, die sie brauchte, um diese schwierige Zeit zu überstehen – eine Erfahrung, die er nur zu gut kannte.

Wenn man zu Hause immer auf sich selbst oder auf andere aufpassen muss, kann man sich unmöglich sicher fühlen. Dann fällt es schwer, Leichtigkeit, Frieden, Freude oder Vergnügen zu erleben. Entweder ist man im Erwartungsmodus oder im Schutzmodus, und in beiden findet man keine Ruhe, Erholung, Entspannung oder Freiheit. Stattdessen ist man stets in höchster Alarmbereitschaft und wartet auf die nächste sich anschleichende Bedrohung.

Vielleicht ist das Signal dafür, das etwas geschehen wird, das Öffnen einer Bierdose oder die Tatsache, dass die Mutter zur Nachtschicht aufbricht und einen mit dem gewalttätigen Stiefvater allein lässt. Oder das Signal ist das Geschrei, das von unten zu hören ist, oder das ganz bestimmte Stirnrunzeln des Vaters. Welche Signale haben in deinem Elternhaus den Umschwung von Sicherheit zu Unsicherheit angekündigt?

Das Zuhause sollte ein Ort sein, an dem man sich ausruhen kann, an dem man den Schutzpanzer ablegen, sich neu aufstellen und erholen kann. Aber für viele ist das Zuhause kein Ort der Ruhe, und für die meisten Kinder und Erwachsenen mit Sicherheitswunde ist es leider ein Ort, an dem sie sich besonders bedroht und alleingelassen gefühlt haben.

ABSCHOTTUNG

Von Kindern erwartet man oft, dass sie Drohungen, Wutausbrüche, ungerechtfertigte Vorwürfe, schneidende Kommentare und Angsterfahrungen einfach wegstecken oder ignorieren, aber all das kann unglaublich bedrohlich und belastend sein und dazu führen, dass sie sich zu Hause unsicher fühlen.

Manche Kinder haben einen Elternteil, der sich ständig über ihr Aussehen beschwert und sie dadurch so verunsichert, dass sie nur noch weite Kleidung tragen, die den ganzen Körper verhüllt. Oder Eltern streiten ständig und wegen dem Geschrei und Lärm kann man sich zu Hause nie sicher fühlen. In anderen Fällen verbreiten Mutter oder Vater immer die Angst, dass jederzeit etwas Schreckliches passieren kann.

Solche Erfahrungen nehmen einem den Raum, um zu sein, zu fühlen, sich zu äußern und zu offenbaren. Die Reaktion darauf ist oft, dass man sich abschottet, anstatt sich dem Schmerz zu stellen, den man fühlt.[29]

Als Ally das erste Mal zur Therapie kam, setzte sie sich aufs Sofa und sagte: »Es ist Zeit.«

»Zeit wofür?«, fragte ich.

»Ich muss lernen, wie ich anderen sagen kann, was ich fühle. Das fällt mir so schwer, aber wenn ich es nicht herausfinde, werde ich nie eine Partnerin behalten können.«

Ally war eine 25-jährige Angestellte aus New York. Ihre Freundin hatte gerade mit ihr Schluss gemacht, aber diese Trennung war eher normal als ungewöhnlich. Ally hatte allerdings noch nie mit jemandem Schluss gemacht. »Ich werde immer verlassen. Und zwar jedes Mal, weil ich mich zu wenig öffne.«

Ich merkte, dass das Ally ärgerte. Sie stimmte dem Urteil ihrer Verflossenen wohl zu, aber es gefiel ihr nicht.

»Was ist dir an diesem Vorwurf unangenehm?«, fragte ich.

»Na ja, es bedeutet, dass ich mich öffnen muss, oder? Wenn andere mich verlassen, weil ich zu verschlossen bin, dann muss ich wohl oder übel damit anfangen.«

»Das stimmt«, sagte ich. »Aber anstatt dich mit Gewalt dazu zu zwingen, sollten wir vielleicht lieber herausfinden, warum es dir so schwerfällt, dich zu öffnen?«

Allys Widerstreben war das neonrote Warnsignal. Es war der deutliche Hinweis darauf, dass eine Wunde vorhanden war, an die wir uns gemeinsam heranwagen mussten.

»Woran denkst du zuerst, wenn ich das Wort *öffnen* verwende?«, fragte ich.

»Mein Inneres zu zeigen?«, antwortete sie zögerlich.

»Großartig«, sagte ich. »Kannst du mir erzählen, wie es in deiner Kindheit war. Konntest du in deiner Familie dein Inneres zeigen?«

Ally gestand mir, dass sie sich nie sicher genug fühlte, um sich zu öffnen. Es fiel ihr schwer, und obwohl sie von mehreren Ex-Freundinnen denselben Vorwurf bekommen hatte, kam sie nicht gegen den Teil von sich an, der nichts preisgeben wollte. Ihre Verschlossenheit und Abschottung schützten sie vor etwas, setzten sie allerdings auch einem Risiko aus: dem Ende von Beziehungen. Was auch immer dieses Etwas war, es war wichtiger oder mächtiger als der Wunsch nach dem Aufrechterhalten der Beziehungen. Sie befand sich vollständig im Schutzmodus, und ich war mir sicher, dass es dafür einen guten Grund geben musste.

Ally erzählte mir schließlich eine erschütternde Geschichte. »Als ich 12 oder 13 Jahre alt war, fing alles an. Wir saßen alle beim Abendessen – meine Mutter, mein Vater und ich. Mein Vater fragte mich, wie es in der Schule gewesen war, wie es mir ging, und was sonst noch in meinem Leben los war. Auf einmal schrie meine Mutter mich an: ›Hör auf, mit meinem Ehemann zu flirten!‹ Dann stand sie auf und stürmte hinaus. Mein Vater und ich starrten uns an und hatten keine Ahnung, was gerade passiert war. Es war total unwirklich. Ich weiß, dass mein Vater mit ihr darüber geredet hat, aber ich habe nie eine Entschuldigung bekommen, nichts wurde besprochen, und es passierte ein paar Wochen lang immer wieder. Jeden Abend murmelte meine Mutter beim Abendessen Bemerkungen über mich. Wenn mein Vater mich etwas fragte oder sich für mein Leben interessierte, kamen immer diese schrecklichen Behauptungen, ich würde flirten, oder wie unerhört das sei, dass ich mich zu ihm hingezogen fühlte.«

Das war eine furchtbare Geschichte, die so viel Leid offenbarte. Anscheinend hatte Allys Mutter in dieser Zeit einen psychotischen Schub und wusste nicht mehr, was real war und was nicht. Und obwohl Ally und ihr Vater merkten, dass etwas nicht stimmte, wurde dieses schwerwiegende psychische Problem nicht angesprochen.

Ich fragte Ally, ob sie etwas über die Vergangenheit und die Vorgeschichte ihrer Mutter wusste. Sie erzählte, dass ihre Mutter als Teenager sexuell missbraucht worden war und das nie verarbeitet hatte. »Ich weiß, dass meine Mutter nie darüber hinweggekommen ist. Sie hat einfach zugemacht und nicht darüber gesprochen, es nie bewältigt. Es ist furchtbar. Ich kann mir kaum vorstellen, was sie durchgemacht hat, aber ihr Schmerz und ihr Trauma wurden einfach auf mich abgewälzt, und das war nicht richtig.«

Weil Allys Mutter selbst mit 13 Jahren missbraucht worden war, geriet sie offenbar in höchste Alarmbereitschaft, als Ally in dieses Alter kam. Ihre Anschuldigungen waren wohl ihre Art, nach sexuellem Fehlverhalten zu suchen. Allys Mutter kam nie zu einer Therapiesitzung, aber wir fragten uns, ob sie vielleicht Selbstvorwürfe auf Ally projizierte. Ob sie sich womöglich verantwortlich fühlte für die Gewalt, die sie hatte ertragen müssen. Ob sie Ally Dinge vorwarf, die in Wirklichkeit gar nicht passiert waren, weil ihr Trauma noch nicht verarbeitet war. Das waren Fragen, die Ally beschäftigten.

In diesem Fall ist deutlich zu erkennen, wie Leid von Generation zu Generation weitergegeben wird, und welche verheerenden Folgen unbewältigte psychische Probleme in einer Familie haben können. Obwohl es in Allys Leben keinen sexuellen Missbrauch gab, war der Missbrauch, den ihre Mutter in der Vergangenheit erlitten hatte, in der Familie präsent, und Ally fühlte sich deswegen verunsichert. Die Wut von Allys Mutter, ihr unbewältigtes Trauma und die ungerechtfertigten Anschuldigungen standen immer im Raum. Ally grenzte sich irgendwann ab, auch nachdem die Anschuldigungen aufgehört hatten. »Ich fand jede erdenkliche Ausrede, um nicht mit den beiden zu Abend essen zu müssen und so oft wie möglich aus dem Haus zu sein.

Ich spürte, dass sie mich anstarrte, dass sie ständig wütend auf mich war. Und mein Vater hat nichts dagegen unternommen. Er hat mir nur gesagt, ich solle mir keine Sorgen machen. Also schottete ich mich immer weiter ab. Damals verstand ich nicht, warum meine Mutter mich so sehr hasste. Erst später erfuhr ich mehr über ihre Vorgeschichte, und da ergab manches mehr Sinn für mich.«

Ally schüttelte den Kopf. »Glaubst du, dass es mir deshalb so schwerfällt, mich zu öffnen?«

Die Geschichte dieses jungen Mädchens, das sich unter diesen emotionalen Angriffen wegducken musste, war schrecklich. Aber ich konnte mir auch ein Lächeln nicht verkneifen, weil Ally endlich ihre Herkunftswunde gefunden hatte. »Ally, ich glaube, das hast du schon längst eingesehen.«

Für Ally gab es keine Möglichkeit, einfach sie selbst zu sein, von ihrem Tag zu erzählen oder normale und angemessene Gespräche mit ihren Eltern zu führen. Sie lernte schnell, dass es wegen der täglichen Angriffe ihrer Mutter riskant war, offen und mitteilsam zu sein. Wollte sie sich sicher fühlen, musste sie sich abschotten, sich ablenken, sich beschäftigen und so weit wie möglich von ihren Eltern lösen. Sie wurde übervorsichtig, blickte ihren Vater nie an, setzte sich bei Unternehmungen oder Veranstaltungen nicht neben ihn und stellte ihm keine Fragen, wenn ihre Mutter dabei war. Ally hatte den Code geknackt. Sie lernte, sich selbst zu schützen, aber dazu musste sie still werden, sich verschließen und nichts von sich preisgeben.

Natürlich ist Allys Geschichte wie die all meiner Klient:innen einzigartig und ganz persönlich. Du hattest vielleicht keinen Elternteil, der derartig traumatisiert war und seinen Schmerz so weitergegeben hat wie Allys Mutter. Aber womöglich hattest du Eltern, die nicht damit umgehen konnten, wenn du traurig warst oder geweint hast. Oder Eltern, die barsch reagierten, wenn du nicht das »perfekte Kind« warst, das sie von dir erwarteten. Haben deine Eltern dir ihre Ansichten aufgedrückt oder dir nur dann Aufmerksamkeit geschenkt, wenn du dich auf eine bestimmte Art und Weise gekleidet oder frisiert hast? Bekamst du oft zu hören, dass du mehr wie dein Bruder oder deine Schwester sein solltest?

Kein Wunder, dass Kinder sich in diesen Fällen verschließen und lernen, dass es gefährlich ist, alles von sich preiszugeben. Aus solchen Kindern werden dann oft Erwachsene, denen es schwerfällt, sich zu öffnen, oder die sich leichtfertig Personen offenbaren, die ihre Offenheit nicht verdient haben.

Hast du Probleme damit, dein Inneres zu offenbaren und anderen deine Gefühle zu zeigen, solltest du überlegen, ob eine Sicherheitswunde vorliegt. Nimm dir einen Moment Zeit, um dich auf deine Geschichte und dein Leben zu konzentrieren. Was glaubst du, würde passieren, wenn du deine Gedanken und Gefühle anderen mitteilen würdest? Kannst du nur bestimmte Dinge mit einem guten Gefühl preisgeben? Fällt es dir schwer, anderen zu widersprechen oder abweichende Meinungen zu äußern? Erkennst du im Rückblick auf deine Herkunftsfamilie irgendetwas oder irgendjemanden, das oder der dir die freie Meinungsäußerung erschwert hat?

Ally begriff, dass ihre Sicherheitswunde sie davon abhielt, sich den wichtigen Menschen in ihrem Leben zu öffnen. Diese Wunde aus der Vergangenheit verhinderte die Zuwendung, die Präsenz, die Bindung und die Freude, nach denen sie sich in ihren Beziehungen sehnte. Vielleicht trifft das auch auf dich zu. Wenn du dich selbst beschützt und absicherst, verschließt du dich den Menschen gegenüber, denen du wichtig sein könntest, die dich lieben könnten und die sicher gerne etwas über dein Leben und deine innere Welt erfahren würden.

Heilung der Sicherheitswunde

Ein Kind, das nicht darauf vertrauen kann, dass andere seine Sicherheit ernst nehmen, passt sich daran an, um zu überleben. Es ist kein Wunder, dass Kinder mit einer Sicherheitswunde leicht zu Erwachsenen werden, denen es schwerfällt, anderen und sich selbst zu vertrauen und die sich unermüdlich um irgendeine Art von Sicherheitsgefühl bemühen, was dann womöglich der ersehnten Zuwendung, Nähe und Intimität im Weg steht.

Amir, Tony, Aaliyah, Miyako, Jin und Ally versuchten alle ihr Bestes, aber die Art und Weise, wie sie sich Sicherheit verschaffen wollten, führte dazu, dass es in ihrem Leben keine Nähe gab. Wenn man die Wunde auf keinen Fall aktivieren will, kann sie nicht heilen. Und dieses Vermeiden geht meist auf Kosten anderer wichtiger Lebensziele: Partnerschaft, Zuwendung, Nähe und Intimität.

Die Heilung der Sicherheitswunde ist schwierig. Wie bereits gesagt, ist zunächst wichtig, dass du deine Geschichte offenbarst – wie es alle Protagonist:innen in diesem Buch getan haben. Aber das setzt ein Vertrauensverhältnis zwischen der Person, die erzählt, und der Person, die zuhört, voraus. Deshalb kann eine Therapie ein wunderbarer Raum für die Heilung sein. Die Beziehung zwischen Klient und Therapeutin ist etwas Heiliges. Viele, die in ihrem Leben Schreckliches durchgemacht haben, entscheiden sich für eine Therapie, um zu lernen, sich zu öffnen und sich anderen mitzuteilen, um von einem anderen Menschen gesehen und gewürdigt zu werden.

Innerhalb dieses Erfahrungsraums beginnt man dann möglicherweise zu *spüren*, wie es ist, wirklich sicher zu sein. Wie Dr. Alexandra Solomon sagt: »Vertrauen und Trauma gehen leider Hand in Hand.«[30] Das bedeutet, dass ein Trauma, das geheilt werden soll, zuallererst Vertrauen erfordert – also genau das, was zerstört wurde, als es an Sicherheit fehlte. Ein kühner, mutiger Schritt.

Amir, Tony, Aaliyah, Miyako, Jin und Ally hatten etwas gemeinsam. Sie alle fühlten sich in der Beziehung zu mir so sicher, dass sie ihre Geschichten erzählen konnten. Und Miyako und Jin waren auch füreinander da. Eine liebevolle Beziehungsdynamik, die man in der Partnerschaft, in der Therapie, in der Freundschaft und anderswo finden kann, hat eine starke Heilkraft. Weil diese Arbeit allein so schwer zu bewältigen ist, rate ich dir zu einem von einer Beziehung getragenen Heilungsprozess.

Wenn du etwas suchst, womit du allein arbeiten kannst, empfehle ich dir Achtsamkeitsübungen. Eine davon beschreibe ich weiter unten.

Möchtest du dir ein Sicherheitsgefühl verschaffen, musst du deinem Körper *zeigen*, was Sicherheit bedeutet, anstatt darüber *nachzudenken* oder dir selbst zu *erklären*, was Sicherheit ist. Der von der Psychologin Catherine Cook-Cottone geprägte Begriff *embodied self-regulation* (»körperbasierte Selbstregulierung«) steht für den Ansatz, das eigene Selbst und die Emotionen durch Achtsamkeitsübungen zu regulieren, anstatt sie nur intellektuell zu bearbeiten.[31] So lernt man, zu *spüren*, wann man vertrauen kann, wann man sicher ist und wann nicht.

Ich sollte an dieser Stelle erwähnen, dass Achtsamkeitspraktiken besonders schwierig und unangenehm sein können, wenn du ein Trauma hast. Das ist keine Seltenheit. Überfordere dich nicht und hör auf deinen Körper. Es ist besonders wichtig, dass du dir Zeit nimmst und das nötige Sicherheitsgefühl für dich herstellst, wenn du ein aus einer Sicherheitswunde entstandenes Trauma heilen willst, und dass du im Heilungsprozess mit auf Traumaarbeit spezialisierten Fachleuten zusammenarbeitest. Mir gefällt, wie Dr. Gabor Maté Trauma beschreibt. Er sagt, dass »Trauma nicht das ist, *was* dir passiert, sondern das, was *in dir* als Folge dessen passiert, was dir passiert ist«.[32]

Mit dir selbst und anderen in Kontakt zu treten, ist an und für sich schon heilsam. Was für eine tiefgreifende Erfahrung, eine neue Geschichte für dein Sicherheitsgefühl zu schreiben! Was für eine tiefgreifende Erfahrung, Sicherheit in dir selbst und in deinen Beziehungen zu finden! Das sind wirklich lohnende Ziele! Und es ist eine Arbeit, zu der du immer wieder zurückkommen wirst.

Herkunftsheilungsarbeit

Die Herkunftsheilungsarbeit, die du in den vorherigen Kapiteln kennengelernt hast, steht dir auch hier zur Verfügung: benennen, bezeugen, betrauern und neuausrichten. Da aber die Wahrscheinlichkeit hoch ist, dass neben dir dein Trauma sitzt, bitte ich dich, in diesem Fall besonders gut auf dich zu achten. Vielleicht lässt du die Herkunftsheilungsarbeit zunächst lieber ganz aus oder wartest, bis du sie zusammen mit einer Trauma-Fachkraft durchführen kannst, die die richtige Betreuung und Unterstützung leisten kann.

Als Ersatz habe ich eine geführte Meditation erstellt, die dir dabei helfen soll, im eigenen Körper Sicherheit zu erfahren.

HERKUNFTSHEILUNGSARBEIT: EINE GEFÜHRTE MEDITATION

Mit dieser Übung kannst du daran arbeiten, Sicherheit im eigenen Körper zu *spüren*, anstatt darüber *nachzudenken*, was Sicherheit bedeutet. Such dir einen bequemen, ruhigen Ort in deinem Zuhause, an dem du ungestört bist. Setz dich ganz entspannt hin. Im Allgemeinen empfehle ich, die Augen geschlossen zu halten, aber wenn du dich mit offenen Augen wohler fühlst, ist das auch in Ordnung. Dein starkes Rückgrat hält dich aufrecht, während die Vorderseite deines Körpers weich und offen ist. Spür die Kraft in deinem Rücken und die Weichheit deiner Vorderseite.

Konzentrier dich nun auf deinen Atem. Verfolge, wie er im Körper ein- und ausströmt. Du musst ihn zu nichts zwingen. Beobachte einfach, wie dein Atem fließt. Lenk dabei deine Aufmerksamkeit und dein Bewusstsein auf deine Augenbrauen und Augenlider und lass sie ganz weich werden. Dein Gesicht wird leicht und weich, lass die Gesichtsmuskeln locker. Atme in diese Leichtigkeit und Weichheit hinein. Nimm die Sicherheit wahr, die mit dieser Leichtigkeit verbunden ist.

Lenk dein Bewusstsein nun tiefer in den Körper und lass es in die Brust sinken. Verbinde dich mit der Krone deines Herzens – dem oberen Teil des Herzens. Nimm die Weite und das Wohlbefinden in diesem Teil deines Körpers wahr. Spür die Kraft und Sicherheit des oberen Herzens; nimm diese als sicheren Hafen in deiner Brust wahr. Lass nun die Sicherheit und Geborgenheit, die du an der Krone deines Herzens spürst, wachsen und sich im Brustkorb ausbreiten, sodass ein Gefühl von Leichtigkeit, Sicherheit und tiefer Gelassenheit entsteht.

Bleib in Kontakt mit deinem Atem und lass dein Bewusstsein noch tiefer in den Körper sinken, hinunter in den Bauch. Spür dein Zwerchfell, den Punkt, an dem die Rippen auf den Bauch treffen. Achte auch hier auf den Atem und spür die Kraft in der Mitte deines Körpers und deines Seins. Atme in diese Kraft hinein, lass sie anschwellen und ein bisschen mehr Raum einnehmen. Verbinde dich mit dem Inneren deines Körpers und atme in die Sicherheit hinein, die mit deiner inneren Stärke verbunden ist. Bleib mit dieser Kraft verbunden und finde im Kontakt mit ihr Leichtigkeit und Sicherheit. Atme. Verweile einen Moment lang.

Lass zuletzt dein Bewusstsein und deinen Atem noch tiefer in deinen Körper sinken, bis du am Beckenboden ankommst, an deiner Wurzel. Spür die erdende Kraft und die Sicherheit, die mit der Verwurzelung tief unten im Körper einhergehen. Nimm die Weite dort wahr und lass den Atem ein wenig langsamer fließen, sodass er ganz von selbst tief in den Körper sinkt und wieder herausströmt. Stell dir einen Moment lang vor, wie sich die Wurzel deines Körpers mit der Sitzfläche unter dir verbindet und in den Boden und die Erde darunter dringt. Atme und lass dich von dem Gefühl der Sicherheit einhüllen und durchströmen. Spür deine Erdung und Verwurzelung, die Kraft deines inneren Kerns und die Weite deines Herzens, die deinen Körper mit Kraft und Leichtigkeit füllen. Atme in diesen Zustand hinein, sodass sich diese Sicherheit durch den ganzen Körper bewegen und ausbreiten kann. Lass sie auch in Winkel und Bereiche eindringen, die sich normalerweise unsicher, angespannt oder unbehaglich anfühlen oder in denen du an Ängsten festhältst. Erlaube der Sicherheit, die du in der Mitte deines Seins spürst, sich in deinem Körper auszudehnen und mehr Raum einzunehmen, indem du sie mit dem Atem in die Arme, Handgelenke und Hände strömen lässt. Lass die Sicherheit über die Oberschenkel, Knie, Waden und Füße bis in die Zehen hinab und hinauf bis zum Scheitel wandern. Lass das tiefe und unzweifelhafte Gefühl der Sicherheit durch den ganzen Körper strömen, und verankere die Stelle, an der du es am stärksten empfindest, im Körpergedächtnis als den Ort, zu dem du bei Bedarf zurückkehren kannst. Verweile einen Moment lang ruhig in dieser Empfindung und genieße den Atem, die Kraft und die Leichtigkeit. Kehr dann, wenn du bereit dazu bist, langsam in die Außenwelt zurück, aber erhalte weiterhin im Inneren das Gefühl und die Erfahrung von Sicherheit in deinem Körper.

TEIL III

DAS VERHALTEN IN BEZIEHUNGEN VERÄNDERN

8

KONFLIKTE

In unseren Wunden ist eine große Menge an Informationen abgespeichert. In den letzten Kapiteln haben wir daran gearbeitet, diese wertvollen Informationen aus den Wunden herauszuholen. In vergangenen Erfahrungen nach Erkenntnissen für die Gegenwart zu suchen ist ein schmerzhafter, aber wirkmächtiger Prozess. Und nun wird es spannend. Jetzt geht es darum, all diese Erkenntnisse in deinen aktuellen und zukünftigen Beziehungen in die Praxis umzusetzen ... und schließlich gesündere, wohltuendere Verhaltensweisen zu entwickeln.

Die beste Gelegenheit, um dieses hart erkämpfte Wissen über sich selbst umzusetzen, ist die Beschäftigung mit Konflikten. Konflikte sind die einzige Konstante in sämtlichen zwischenmenschlichen Beziehungen und der Punkt, an dem viele unserer guten Vorsätze schnell zu schwächeln beginnen.

Mit Konflikten haben wir alle zu tun, aber warum ist es oft so schwierig, damit umzugehen? Nun, zum einen sind die meisten von uns nicht mit gesunder Konfliktbewältigung aufgewachsen. Wer im Falle von Konflikten übermäßige Strenge, Liebe mit Bedingungen, Gewalt, Unachtsamkeit, Intoleranz oder Beschämung erfahren hat, hat wohl kaum einen konstruktiven Weg zur Beilegung von Differenzen gelernt. Gerät man dann in einen Konflikt, sind ungesunde Verhaltensweisen die naheliegende Reaktion. Man ahmt nach, was man erlebt hat. Oder man vermeidet Konflikte um jeden Preis, was ungewollt zu anderen Problemen führt.

Es mag seltsam klingen, aber ein Konflikt ist auch ein Versuch, in *Verbindung* zu treten. Ein schlechter Versuch, aber immerhin ein Versuch. Überleg mal, warum du immer wieder den gleichen Streit anfängst. Was erhoffst du dir davon? Möchtest du dich am Ende des Streits unverbundener und unabhängiger fühlen? Erwartest du, dass du mehr Traurigkeit empfinden kannst, wenn er vorbei ist? Nein, natürlich nicht. Du hoffst, dass dein Gegenüber dir zuhört, dass es endlich versteht, was du vermitteln willst, dass es den Schmerz erkennt, den du in dir trägst, und dass es die notwendigen Veränderungen vornimmt.

Und so seltsam es auch klingen mag: Konflikte können der Weg zu mehr Zuwendung und Nähe sein und zur Heilung von Herkunftswunden beitragen. Voraussetzung dafür ist, dass wir lernen, Konflikte so auszutragen, dass wir entweder die dabei aktivierten Wunden anerkennen oder ihre Aktivierung von vornherein vermeiden. Wir müssen also *konstruktive Konflikte* pflegen.

Ein konstruktiver Konflikt liegt vor, wenn man mit dem bewussten Ziel, gesehen, gehört oder verstanden zu werden, in die Auseinandersetzung geht – und ebenfalls bereit ist, zu sehen, zu hören und zu verstehen. Das kann dann geschehen, wenn man sich der eigenen emotionalen Bedürfnisse bewusst ist und ein wünschenswertes Ergebnis am Ende des Konflikts klar im Blick hat.

Sieh es einmal so: Konflikte sind oft der Versuch, eine Kluft zwischen dir und jemand anderem zu überbrücken. Ob du diese Kluft überbrückst oder sie noch vergrößerst, hängt davon ab, wie bewusst oder unbewusst du in die Auseinandersetzung gehst.

Bewusst in einen Konflikt zu gehen ist leichter gesagt als getan. Ich übe es ständig, und trotzdem werfe ich manchmal alles Gelernte einfach über Bord. Dann versuche ich mal wieder, meinen Standpunkt durchzusetzen, beharre darauf. Ich gestehe dir das, weil dein Ziel nicht Perfektion sein darf. Dein Ziel ist es, jedes Mal, wenn du in einen Konflikt gerätst, ein bisschen bewusster zu agieren. Du bist ein Mensch und wirst dich immer wieder von etwas aus der Fassung bringen lassen. Um zu wachsen, ist es wichtig, bei deinen Erwartungen an dich selbst realistisch zu bleiben.

Schauen wir uns doch einmal genauer an, wie du diese Art von Selbstheilung vorantreiben kannst. Denn möglich ist es.

Ich möchte gesehen, gehört und verstanden werden

Mit Ausnahme der Menschen, die zur Empathie nicht fähig sind, wollen fast alle, die ich kenne, gesehen, gehört und verstanden werden. Geschieht dies nicht, kann es leicht zu Konflikten kommen.

Der Kern des Verstandenwerdens ist das Gefühl, auf einer tiefen Ebene erkannt zu werden. Wenn du dich schon einmal verstanden gefühlt hast, dann wahrscheinlich, weil du gespürt hast, dass dein Gegenüber ein echtes Interesse an dir und deinen Worten hatte. Die meisten Menschen fühlen sich dann wichtig, geschätzt, priorisiert und sicher. Dein Gegenüber hat dir in so einem Fall genau zugehört, Anschlussfragen gestellt, keine Verteidigung oder Vorwürfe vorgebracht und dir gespiegelt, was es von dir gehört hat. Das ist eine schöne, angenehme Erfahrung. Wenn dir dieses Szenario fremd vorkommt, dann denk an die Momente zurück, in denen du dich nicht verstanden gefühlt hast. Was ist dir dabei aufgefallen?

Es kann viele Gründe geben, warum du dich als Kind nicht verstanden gefühlt hast. Haben deine Eltern dich falsch eingeschätzt und dadurch verletzt, haben sie wenig Interesse an deinem Leben gezeigt oder dich ignoriert, wenn du etwas gesagt hast? Haben sie dich bewusst herabgesetzt oder dir beigebracht, Kinder sollten zu sehen, aber nicht zu hören sein? Vielleicht haben sie missbilligt, dass du anders warst als sie, statt sich die Zeit zu nehmen, dein wahres Ich und deine Träume kennenzulernen. Waren sie von der Art, wie du warst und dein Selbst ausgedrückt hast, abgestoßen und haben deine Gefühle gegen dich selbst gerichtet, indem sie dir vorwarfen, schwierig zu sein oder euer Zusammensein zu belasten?

Meine Klientin Carly erzählte mir, dass ihre Eltern immer von ihr erwarteten, so extrovertiert zu sein wie ihre älteren Geschwister. Sie drängten sie dazu, sich mehr wie ihre Schwestern zu verhalten. »Sie haben mir nie zugehört, wenn ich ihnen gesagt habe, dass ich eher zurückhaltend und sehr sensibel bin. Ich habe ihnen das immer wieder gesagt und bin damit auf taube Ohren gestoßen.«

Natürlich kommt es vor, dass Eltern Fehler machen. Das ist normal. Sie können nicht immer alles richtig sehen, hören und verstehen. Sie können auch nicht immer das Richtige sagen oder alles, was geäußert wird, tatsächlich begreifen. Aber entscheidend ist, *wie* sie ihre Bedenken, Einwände und Wünsche vorbringen. Auch wenn Eltern nicht mit allem einverstanden sein, was ein Kind tut, kann es sich trotzdem gesehen, gehört und verstanden fühlen. Unterstützen sie bestimmte Entscheidungen nicht, können sie dennoch nach den Gründen dafür fragen. Und sie können zuhören und Entscheidungen akzeptieren, obwohl sie mit dem Lebensstil nicht einverstanden sind.

Manchmal handeln Eltern aber *tatsächlich* falsch. Sie stellen sich selbst in den Vordergrund, und das hindert sie daran, ihr Kind zu sehen, zu hören oder zu verstehen. Eltern haben eigene Wunden und Grenzen, und wenn diese nicht überwunden werden, wird der Schmerz auf das Kind übertragen. Wenn aus Konflikten irgendwie Zuwendung, Nähe und Heilung entstehen soll, dann müssen wir begreifen, dass der gegenwärtige Umgang mit Konflikten von unseren Wunden geprägt ist.

Oder anders ausgedrückt: Unsere Wunden haben viel damit zu tun, wie wir Konflikte austragen oder anstoßen.

Wie Konflikte entstehen

Es gibt unzählige Ursachen und Gründe für Konflikte. Wenn du an belastende Konflikte aus deinem Leben denkst, fallen dir bestimmt auch einige Auslöser dafür ein: Du wurdest kritisiert, Bedenken wurden einfach weggewischt, man hat dich unterdrückt oder von oben herab behandelt.

Ist dir aufgefallen, dass diese Beispiele beinhalten, dass jemand anderes etwas getan hat? So liest es sich zunächst mal angenehmer. Aber tatsächlich wird ein Konflikt entweder von dir *oder* von deinem Gegenüber ausgelöst. Konflikte entstehen nicht nur, weil alle anderen sich komisch benehmen. Manchmal ist *dein* Verhalten der Auslöser für einen Konflikt. Ja, das tut weh, aber ich weiß, dass du das aushältst.

Egal, ob jemand anders damit angefangen hat oder du den Konflikt selbst ausgelöst hast, das Problem ist, dass wir dabei oft impulsiv reagieren. Und diese Impulsivität kann die Auseinandersetzung schnell entgleisen lassen. Häufig ist sie das Ergebnis einer Wunde, die zu Beginn des Konflikts aktiviert wurde. Wie wir sehen werden, musst du dich *zuerst* um die Wunde kümmern und das dahinter liegende emotionale Bedürfnis erkennen. Dann kannst du dich vom reflexartigen Reagieren lösen und dazu übergehen, wirklich gesehen, gehört und verstanden zu werden.

Doch um unsere impulsiven Reaktionen und ihre Auswirkungen besser zu verstehen, sollten wir uns erst einmal anschauen, wie Konflikte entstehen. Das Folgende stützt sich auf die »vier apokalyptischen Reiter der Paarbeziehung« von Dr. John Gottman, seine vier Kennzeichen für Beziehungsversagen.[33] Ich baue daraus fünf Szenarien, und in einem davon wirst du dich wahrscheinlich wiedererkennen, also Achtung, sei nett zu dir selbst und nimm das zur Kenntnis, was sich zeigt.

HÖR AUF ZU KRITISIEREN

»Ich weiß nicht, ob wir es schaffen werden. Es klappt einfach nicht.« Veronica kam eines Tages frustriert zur Therapiestunde und war voller Sorge, dass ihr neuer Partner die Beziehung beenden würde.

»Ich bitte ihn um die einfachsten Sachen, und er macht ein Riesentheater. Ich habe es einfach satt. Gestern habe ich ihn gebeten, auf dem

Weg von der Arbeit nach Hause etwas zu essen mitzubringen, und dann habe ich ihn noch gefragt, ob er zum Supermarkt fahren könnte, um ein paar Sachen für mich für den nächsten Morgen zu besorgen. Nichts Großes. Nur vier Sachen, damit ich so frühstücken und Kaffee trinken kann, wie ich es mag.«

Veronicas Tendenz, ihrem Partner Aufgaben zu übertragen, war eine Methode, um sich selbst zu beweisen, dass sie Liebe wert war. *Wenn er auch noch den Einkauf erledigt, heißt das, dass ich würdig bin. Dass ich ihm so wichtig bin, dass er meine Bitten erfüllt.* Das wäre eine Bestätigung ihrer Würdigkeit.

Aber sobald Veronica Widerstand, Ablehnung oder Abgrenzung verspürte, meldete sich ihre Würdigkeitswunde. »Er meinte, er sei vom langen Arbeitstag müde und habe keine Lust mehr, Essen zu holen und dann noch zum Supermarkt zu fahren«, beschwerte sie sich bei mir. »Wie egoistisch! Wie lang braucht er denn dafür? Maximal 20 Minuten?« Allein der Gedanke daran machte sie schon wieder wütend.

Veronicas Partner wusste nicht, was hinter ihrer Bitte steckte, und verstand nicht, warum seine Weigerung, nach der Arbeit noch einen Umweg zu machen, sie so sehr aufregte. Er empfand ihre Bitte als rücksichtslos und dachte wahrscheinlich: *Warum bittet sie mich darum, obwohl sie weiß, dass ich nach dem langen Tag müde bin? Sie braucht das alles morgen nicht wirklich. Sie kommt auch ohne dem zurecht.* Er setzte eine Grenze und löste damit eine Reaktion aus, die letztendlich zur Eskalation führte. Das Ergebnis: Veronicas Würdigkeitswunde wurde aktiviert und löste eine Schutzreaktion aus. Sie wurde aggressiv und brach einen Streit vom Zaun, ohne etwas zu erklären.

Dieses scheinbar harmlose Ereignis – er setzte eine Grenze und weigerte sich, wegen der Kaffeesahne für ihren Morgenkaffee einen Umweg zu machen – führte zu einem heftigen Krach zwischen Veronica und ihrem Freund. Und er eskalierte. Veronica überschüttete ihren Partner mit Kritik, nicht nur wegen seines Verhaltens in diesem Fall, sondern allgemein wegen seines Charakters und seiner Persönlichkeit. Und wie wir alle wissen, sind persönliche Angriffe besonders schmerzhaft. Sie verletzen und können der Beziehung erheblich schaden. Kein Wunder also, dass Menschen in die Defensive gehen, wenn sie ständig kritisiert werden. Das ist doch klar, oder? Je mehr man kritisiert wird, desto mehr schottet man sich ab, verteidigt sich oder kritisiert ebenfalls.

In Veronicas Fall gerieten sie und ihr Partner in eine Kritik-Abwehr-Schleife, die alles nur noch schlimmer machte. Sie beleidigte seinen Charakter, er verteidigte sich. Dann passierte das Gleiche umgekehrt. Das ging stundenlang so und brachte sie nicht weiter. Hast du so etwas auch schon mal erlebt? Es ist geistig, emotional und körperlich anstrengend und hinterlässt das Gefühl, nicht mehr mit dem Partner verbunden zu sein. Es kann sogar so weit führen, dass man alles infrage stellt.

Ich verstand, warum Veronica sich Sorgen um den Zustand ihrer Beziehung machte. Sie und ihr Partner gerieten oft in diesen Kreislauf, und diese Konflikte strengten sie beide an. Was sie nicht wusste, war, dass ihre Würdigkeitswunde dadurch immer wieder aufbrach. Denn es ist so: Unsere Wunden können nicht verheilen, wenn wir gar nicht wissen, dass sie aktiviert werden.

Ich besänftigte Veronica und fragte sie, ob sie erkennen könne, welche Wunde vor dem Konflikt aktiviert worden war. Veronica hatte schon seit Längerem ihre Würdigkeitswunde erkannt und war daher mit diesem Ausdruck vertraut.

»Ich weiß, dass es um Würdigkeit geht, aber was ist passiert, dass ich an seiner Wertschätzung für mich gezweifelt habe?«, fragte sie.

»Wie hat es sich denn angefühlt, als er nicht einkaufen gehen wollte?«

»Natürlich hat es mir nicht gefallen. Aber worauf willst du hinaus?«

»Hängt dein Wert davon ab, was andere für dich tun?«, fuhr ich fort. »Bestimmst du deinen Wert danach, wie bereitwillig dir jemand hilft? Hängt dein Wert davon ab, ob jemand bei dir bleibt, egal wie sehr du ihn bedrängst, prüfst oder testest?«

Veronica verstand, was ich meinte. Sie begriff, dass ihre Würdigkeit infrage gestellt wurde, wenn ihr Partner Nein sagte: *Nein, denn du bist es mir nicht wert, dass ich das für dich tue.* Anstatt dies offen und ehrlich anzusprechen, ging sie in den Angriffsmodus über. Sie vermied es, sich selbst zu sehen, zu hören und zu verstehen. Stattdessen wollte sie ihn dazu bringen, sich zu entschuldigen, seinen Fehler zuzugeben und sie um Verzeihung zu bitten. Das war ihr Versuch, gesehen, gehört und verstanden zu werden – aber er scheiterte kläglich.

Kritik bringt dich nicht dem näher, was du willst, sondern entfernt dich davon. Kritik bewegt andere auch nicht dazu, dich zu sehen, zu hören und zu verstehen. Stattdessen führt sie dazu, dass sie sich noch mehr schützen und nicht mehr mit dir an einem Strang ziehen. Aus dem Konflikt entsteht keine Verbindung, sondern Distanz.

Wann hast du das letzte Mal kritisiert? Welche Wunde wurde aktiviert und hat dich zur Kritik bewegt? Was wolltest du mit deiner Kritik ausdrücken?

Wann hast du dich das letzte Mal kritisiert gefühlt? Welche Wunde wurde dabei angesprochen? Wie hast du auf die Kritik reagiert? Was wolltest du eigentlich sagen, hast es aber nicht kommunizieren können?

VERMEIDE EINE ABWEHRHALTUNG

»Ich wusste, ich hätte über die Feiertage nicht nach Hause fahren sollen.«

Ich hatte Ally seit Weihnachten nicht mehr gesehen, und das war unsere erste Sitzung im neuen Jahr. Ally ist die junge Frau, deren Mutter sie beschuldigt hatte, mit ihrem Vater zu flirten, als sie ein Teenager war.

Seit Monaten hatte Ally überlegt, ob sie für ein paar Tage zu ihren Eltern fahren sollte, um die Feiertage im Familienkreis zu verbringen. Seit dem psychotischen Schub war ein Jahrzehnt ohne neue Anschuldigungen vergangen. Ihre Mutter hatte danach über Jahre hinweg eine Therapie gemacht und sich erheblich verändert. Da Ally daran arbeitete, ihr Inneres mehr preisgeben zu können, überlegte sie, ob sie nach Hause fahren und mit ihrer Mutter darüber reden sollte, wie es damals als Heranwachsende für sie gewesen war. Denn das hatte sie noch nie getan.

Ally wusste, dass es ein Risiko war. Wir hatten sie auf das Gespräch vorbereitet, indem wir über Erwartungen, Ängste, Unsicherheiten und Worst-Case-Szenarien gesprochen hatten. Schließlich fühlte sie sich bereit dazu.

»Was ist passiert?«, fragte ich.

»Ich habe alles so gemacht, wie wir es besprochen haben, aber sie ging sofort in die Abwehrhaltung. Dabei habe ich sie überhaupt nicht kritisiert. Ich habe nur erzählt, wie beängstigend es für mich als Heranwachsende gewesen ist, dass sie mir vorgeworfen hat zu flirten. Ich sagte ihr sogar, dass ich weiß, was bei ihr dahintersteckt, und dass mich ihre sexuelle Traumatisierung traurig macht. Aber sie wollte das alles nicht hören. Stattdessen drehte sie den Spieß einfach um und behauptete, ich würde mich nicht richtig erinnern, ich hätte eine tolle Kindheit gehabt, sie sei eine unglaublich gute Mutter gewesen, die so viel geopfert habe, und sie könne nicht fassen, wie undankbar ich sei. Aber ich gab nicht auf. Ich versuchte noch eine Weile, ihr verständlich zu machen, wie schlimm diese Erfahrung für mich gewesen war, aber sie konnte es einfach nicht annehmen.«

Durch eine solche Abwehrhaltung vermeidet man es, Verantwortung für sein Handeln zu übernehmen. Normalerweise gehören dazu Ausreden, Themawechsel, Unschuldsbeteuerungen oder andere Verhaltensweisen, mit denen man sich aus der Verantwortung ziehen kann.

Durch die mitfühlende Brille betrachtet ist die Abwehrhaltung ein Versuch, sich vor Kritik zu schützen, und vielleicht sogar ein Versuch, die Meinung des Gegenübers zu verändern. Wenn jemand eine wenig schmeichelhafte Ansicht über uns äußert, kann man bewusst darauf reagieren: *Ich bin nicht schlecht. Ich bin nicht egoistisch. Ich bin kein Unmensch.* Aber wenn Kritik auf Abwehrhaltung trifft, entsteht ein Teufelskreis, der die Beziehung schnell zerstören kann.

Ich konnte sehen, wie sehr die Abwehrreaktion der Mutter beim Versuch, ein Gespräch über die Vergangenheit zu führen, Ally ärgerte. Trotz der guten Vorbereitung war sie verletzt und enttäuscht. Sie hatte gehofft, dass ihre Mutter ihren Schmerz anerkannte. Dass sie eine Entschuldigung von ihrer Mutter erhalten würde und diese etwas Verantwortung dafür übernehmen würde. Stattdessen stieß sie nur auf Abwehr.

»Wie hast du reagiert?«, fragte ich.

»Zuerst bin ich lauter geworden, um sie einfach zu übertönen. Das funktioniert natürlich nicht, aber ich konnte nicht anders. Ich schrie sie immer wieder an, sie solle mir einfach zuhören, aber irgendwann gab ich auf und schaltete ab. Ihre Abwehr fühlte sich wie ein Angriff an. Dann buchte ich meinen Flug auf den nächsten Morgen um. Ich konnte gar nicht schnell genug von dort wegkommen.« Ally war an die Grenzen ihrer Mutter gestoßen. Sie hatte verschiedene Strategien ausprobiert, damit umzugehen, war erst freundlich, bedächtig und überlegt gewesen, dann lauter geworden und hatte zuletzt versucht, ihre Mutter zu übertönen, aber nichts hatte funktioniert. Nichts hatte dazu geführt, dass sie sich gesehen, gehört und verstanden gefühlt hätte. Und letztlich war sie resigniert abgereist.

Manchmal werden die Wunden von denselben Menschen aktiviert, die sie ursprünglich verursacht haben. Ally versuchte, ihre Beziehung zu ihrer Mutter zu reparieren. Ein Teil ihrer Heilungsarbeit bestand darin, sich mehr zu öffnen, und sie hoffte wirklich, dass ihre Mutter verstand, welchen Einfluss sie auf die heranwachsende Ally gehabt hatte.

»Wenn ich es schaffe, dass sie das versteht, wird sich das gut anfühlen.«

Ally wollte ihrer Mutter ihre Wunde zeigen, in der Hoffnung, dass diese ihre Abwehrhaltung ablegen und sich in den Schmerz ihrer Tochter hineinversetzen könnte. Aber das schaffte die Mutter nicht. Für sie war der Selbstschutz wichtiger als ihre Beziehung zu Ally. Ihr Selbstbild als Mutter war wichtiger als das Verständnis für den Schmerz ihrer Tochter.

»Wie hätte ich den Konflikt vermeiden können? Soll ich einfach nie wieder zu meinen Eltern fahren?«, fragte Ally.

Es kann sinnvoll sein, sich von jemandem ganz abzugrenzen, aber meistens liegt die Lösung eher darin, zu akzeptieren, dass sich die andere Person nicht ändern wird. Die Aufgabe besteht dann darin, mit der fehlenden Veränderungsbereitschaft anders umzugehen. Heilung kann auch dadurch entstehen, dass man seine Hoffnung begräbt, vom Gegenüber gesehen, gehört und verstanden zu werden, und dass man dann entscheidet, wie man sich in Zukunft auf diese Beziehung einlassen will.

Bevor wir nach einer Lösung suchten, wollte ich, dass Ally verstand, wie ihre Sicherheitswunde aktiviert worden war. Die Abwehrhaltung ihrer Mutter empfand sie als so quälend, dass anderes dadurch aus dem Blick geriet: Allys Streben nach mehr Offenheit, ihr Bedürfnis nach Sicherheit und ihr Wunsch, ihre Mutter möge sich dem Schmerz der Vergangenheit stellen. Die Abwehrhaltung ihrer Mutter aktivierte Allys Wunde. Sie versuchte zwar erst, ihre Gefühle zu zeigen, aber irgendwann stieg sie in den Konflikt ein, indem sie erst laut wurde, dann verstummte und so schnell wie möglich abhaute.

»Warum bin ich nicht einfach darüber hinweggegangen und habe meinen Besuch fortgesetzt? Ich muss immer so ein Drama machen. Ich hätte nicht abhauen müssen.« Ally war das im Nachhinein peinlich.

»Ich glaube, du bist geflüchtet, weil du dich nicht sicher gefühlt hast.«

Meine Antwort leuchtete ihr ein. Um sich um ihre Sicherheitswunde zu kümmern, konnte sie zumindest im Moment nicht mehr mit ihrer Mutter darüber sprechen. Deshalb musste sie auch die Umgebung verlassen, die für sie schwierig war. Ally hatte sich für den Rückzug aus dem Konflikt entschieden, um sich um ihre Wunde zu kümmern und sich ihrer eigenen Trauer zu stellen, anstatt ihre Mutter darum zu bitten, ihre Trauer anzuerkennen, was die nicht konnte oder wollte. In diesem Fall lag die Heilung darin, um die imaginierte Mutter zu trauern, die sie als Kind gerne gehabt hätte und die sie sich auch heute noch wünschte. Für Ally war das ein großer Verlust, aber in diesem Verlust lag auch ihre Heilung. Das Loslassen verschaffte ihr Klarheit und Gewissheit. Das Loslassen gab ihr ein Gefühl von Frieden.

Wann warst du das letzte Mal in einer Abwehrhaltung? Welche Wunde ist aktiviert worden, als du in die Abwehr gegangen bist? Was wolltest du mit dieser Abwehrhaltung ausdrücken?

Wann hat jemand das letzte Mal dir gegenüber eine Abwehrhaltung eingenommen? Welche Wunde wurde dabei in dir aktiviert? Wie hast du auf die Abwehr deines Gegenübers reagiert? Was wolltest du eigentlich sagen, hast es aber nicht kommunizieren können?

HÖR AUF ZU KONTROLLIEREN

Isabel und Jo kamen zehn Minuten zu spät zu ihrer Sitzung. Sie stürmten herein und entschuldigten sich sofort.

»Es tut uns so leid, dass wir zu spät sind,« sagte Isabel, »wir haben einfach die Zeit vergessen.«

Isabel und Jo sind die beiden, die zum Studium von Spanien nach New York City gezogen sind und dort zusammenlebten. Schließlich erfuhr ich, dass sie zu spät waren, weil sie gestritten hatten.

»Wollt ihr mir von eurem Streit erzählen?«

Jo fing sofort an. »Ich habe was dagegen, kontrolliert zu werden. Ich weiß, wir reden immer wieder darüber, aber es wird mir zu viel. Ich kann mein Leben nicht einfach eingrenzen, nur um Isabel nicht zu verärgern. Ich kann mich nicht ständig um sie kümmern, nur damit in ihr nichts ausgelöst wird. Das macht mit mir etwas. Ich will nicht auf Abruf innerhalb von 15 Minuten zu Hause sein müssen. Ich möchte mein Smartphone nicht weglegen, nur weil sie gerade Aufmerksamkeit braucht.«

Isabel und Jo waren wieder bei ihrem Streit. Er hörte sich wie der alte Konflikt an, nur mit etwas anderen Einzelheiten. Und wenn man sich in den Einzelheiten verliert, kann man davon ausgehen, dass man beim nächsten Mal wieder an der gleichen Stelle landet. Woran das liegt, erklärt Dr. Susan Johnson, die Begründerin der *Emotionally Focused Therapy*: »Streit ist in Wirklichkeit meistens ein Protest gegen emotionale Distanz.«[34] Diese Strategie ist der unbewusste Versuch, die Angst zu bewältigen, die Verbindung zu verlieren.[35] So ausgedrückt klingt es viel schöner, aber wenn man in einem Konflikt steckt, erlebt man ihn normalerweise ganz anders.

Der Auslöser für den aktuellen Streit war gewesen, dass Isabel Jo aufgefordert hatte, ihr Smartphone wegzulegen. »Sie sagte: ›Du spielst schon den ganzen Tag damit rum. Findest du nicht, dass mal Zeit für eine Pause wäre?‹, und das in einem ziemlich unfreundlichen Ton. Nein, finde ich nicht. Ich bin eine erwachsene Frau und kann selbst bestimmen, wie lange ich am Handy hängen will.« Jo war sauer. »Ich habe genug von deiner Aufmerksamkeitswunde. Ich habe ja auch Wunden. Daran scheinst du nie zu denken.« Sie wandte sich damit direkt an Isabel.

Wie du sicher noch weißt, hast du bisher eine Menge über Isabels Aufmerksamkeitswunde erfahren, aber nicht viel über Jo. In unserer gemeinsamen Arbeit hatte Jo erzählt, dass ihr Vater sehr übergriffig gewesen war. Er war sehr streng gewesen und hatte viele Regeln für seine Tochter aufgestellt, und wenn sie diese nicht haarklein befolgt hatte, war sie bestraft worden. Er war gemein gewesen, hatte ihr Handy und Computer weggenommen und ihr monatelang Hausarrest erteilt. Dies war schon passiert, wenn sie nur eine Minute später als vereinbart nach Hause gekommen war. »Auch wenn es dafür einen legitimen Grund gab, das war egal. Und als er dann herausfand, dass ich lesbisch bin, gab es noch schärfere Regeln und Strafen. Er glaubte, ich hätte die Wahl, also versuchte er mich dahingehend zu bevormunden, dass ich mich anders entscheiden müsse. Aber das hat mir nur das Gefühl gegeben, nicht dazuzugehören.«

Isabels und Jos Streit hatte bei beiden Wunden aktiviert: Isabels Aufmerksamkeitswunde und Jos Zugehörigkeitswunde.

»Was meinst du, warum ist die Situation zwischen dir und Isabel eskaliert?«, fragte ich.

»Weil sie mich kontrolliert«, erwiderte Jo.

»Könnte sein. Ich bin mir aber nicht sicher. Du hast mir erzählt, dass sie dich darauf hingewiesen hat, dass du mit dem Smartphone beschäftigt bist, und dich gefragt hat, ob es Zeit für eine Pause sei. Ich habe ihren Tonfall nicht gehört, da fehlt mir ein Detail, ich weiß. Aber eigentlich hat sie nur eine Beobachtung ausgedrückt und eine Frage gestellt.«

»Es fühlte sich nach Kontrolle an.«

»Okay, und was kommt dir daran bekannt vor?«

Jo wusste, dass sie Isabel als ihren Vater erlebte. Isabels Aufmerksamkeitswunde und Jos Zugehörigkeitswunde stießen aufeinander. Isabels Bedürfnis nach Aufmerksamkeit wurde nicht erfüllt, wenn Jo am Handy hing. Und Jos Bedürfnis nach Freiheit innerhalb der Beziehung wurde nicht erfüllt, wenn Isabel Jos Social-Media-Konsum ansprach. *Kann ich etwas Freiraum haben und trotzdem in diese Beziehung gehören? Ich will mich nicht kontrollieren lassen, nur um das Gefühl zu haben, dazuzugehören.*

Puuh. Zwei Wunden auf einmal aktiviert. Zwei Menschen, die gleichzeitig gesehen, gehört und verstanden werden wollen. Zwei Menschen, die damit nicht gut umgehen. Zwei Menschen, die sich in einer Konfliktschleife wiederfinden und sich immer weiter voneinander entfernen.

In dieser Sitzung konnten wir die Gemüter ein wenig besänftigen, aber die beiden waren immer noch zu aufgewühlt, um wirklich klar zu sehen. Erst in der nächsten Sitzung konnten wir das Ganze aufarbeiten.

Ich ließ die beiden nacheinander auf die eigene Wunde eingehen und der anderen davon berichten. Beide erklärten, was ihnen an der Situation bekannt vorkam, und anstatt sich gegenseitig zu beschuldigen, lenkten sie den Blick auf ihre emotionalen Bedürfnisse.

Isabel war zuerst dran. »Ich will einfach Zeit mit dir verbringen, und möchte, dass auch du Zeit mit mir verbringen willst. Ich bin gern mit dir zusammen, und das hat mir in dem Moment gefehlt. Es tut mir leid, dass ich mich da nicht anders ausdrücken konnte.«

Dann kam Jo dran. »Ich möchte die Freiheit haben, manchmal einfach das zu tun, worauf ich Lust habe. Ich verbringe auch gern Zeit mit dir, aber manchmal bin ich auch gern allein und mache irgendwas

Stupides, was mich von dem ganzen Stress zwischen uns ablenkt. Ich möchte sicher sein, dass ich Dinge für mich allein machen kann und trotzdem ein Teil dieser Beziehung bleibe. Es gibt Momente, da habe ich das Gefühl, dass ich nur als Teil der Beziehung akzeptiert werde, wenn ich tue, was du willst und brauchst. Das fühlt sich nach Kontrolle an, und das erdrückt mich.«

Siehst du, wie die beiden von ihren emotionalen Bedürfnissen direkt zu ihren Herkunftswunden kamen? Isabels emotionale Bedürfnisse drehen sich um den Wunsch nach Aufmerksamkeit. Sie möchte Zeit mit Jo verbringen, und sie möchte, dass Jo das auch will. Und Jos emotionale Bedürfnisse drehen sich um Zugehörigkeit. *Ich möchte sicher sein, dass ich Dinge für mich allein machen kann und trotzdem ein Teil dieser Beziehung bin. Ich möchte ich selbst sein und dennoch dazugehören.*

Beide hatten einander ihre Bedürfnisse sehr gut mitgeteilt, aber genauso wichtig war es, dass sie ihre Wunden und Bedürfnisse vor sich selbst anerkannten. Das ist der Punkt, an dem die Neuausrichtung beginnen kann. Dann kann Veränderung stattfinden. Wenn wir uns um unsere Wunden kümmern, hält uns das von impulsiven Reaktionen und vom Rückfall in die alten Konfliktmuster ab. Das schaffen wir nicht immer, wenn es gerade heiß hergeht, aber wenn wir uns für emotionales Wachstum entschieden haben, haben wir die Chance, genauer hinzuschauen und zu erkennen, was wir übersehen haben.

Ein gut bewältigter Konflikt kann Intimität und Heilung fördern und die Beteiligten tiefer mit sich selbst und miteinander verbinden. Ich sehe Konflikte als Fahnen im Sand, die uns anzeigen, dass unter der Oberfläche etwas Wichtiges verborgen ist. Konflikte sind hervorragende Indikatoren dafür, dass man nur behutsam, neugierig und offen sein muss, um etwas Ungeheiltes zu entdecken, das nach Aufmerksamkeit schreit.

Wann hast du das letzte Mal jemanden kontrolliert? Weißt du, welche Wunde aktiviert wurde und dich dazu getrieben hat? Was wolltest du durch die Kontrolle ausdrücken und warum hast du sie als Mittel eingesetzt?

Wann hast du dich das letzte Mal kontrolliert gefühlt? Welche Wunde wurde dabei aktiviert? Wie hast du auf die Kontrolle reagiert? Was wolltest du eigentlich sagen, hast es aber nicht kommunizieren können?

SEI NICHT GERINGSCHÄTZIG

»Ich höre auf. Ganz im Ernst, ich kündige. Ich halte diesen Job nicht aus. Ich halte *ihn* nicht aus.« Carl war stinksauer. Er kam in der Mittagspause zur Therapie, direkt von der Arbeit, wo sein Chef offenbar etwas getan hatte, das ihn aufregte.

Carl ist das Soldatenkind, dessen strenger Vater die Geschwister frühmorgens exerzieren ließ.

»Willst du erst einmal richtig losschimpfen?«, fragte ich. Beim bewussten Schimpfen lässt man einfach alles raus. Man muss nicht höflich sein und aufpassen, was man sagt – man lässt erst mal Dampf ab. Eine solche Schimpftirade kann sehr befreiend sein und eine Menge unterdrückte Energie freisetzen. Carl war bereit!

»Ich hab mir schon ausgemalt, wie ich kündige. Wie ich ihn am besten runterputzen kann. Wie ich ihn blamieren oder demütigen kann. Er ist so ein Arschloch, und ich habe ihn und seine Hackfresse so satt. Er hält sich für den Allmächtigen, dabei ist er kaum älter als ich, ein totaler Idiot, der nicht weiß, wie man mit Menschen umgeht. Er ist so herablassend und immer abwertend und sarkastisch zu mir. Am liebsten würde ich echt kündigen.«

Carl holte tief Luft.

»Und, geht es jetzt besser?«, fragte ich.

»Ja, ein bisschen. Danke.«

»Also, was ist passiert? Was war los in der Arbeit? Anscheinend ist kurz vor unserem Termin etwas passiert.«

»Das geht schon eine Weile so. Er macht mich vor anderen runter, ist echt kontrollsüchtig und muss alles im Griff haben. Heute hat er mich aus einem Verteiler gestrichen, obwohl ich ihn mehrmals gebeten hatte, mich drinzulassen. Das hat mich wütend gemacht, und ich habe ihm gesagt, dass er ein Arschloch ist, und dann haben wir uns gestritten.«

Geringschätzung ist die schlimmste Form von Kritik. Sie ist die zerstörerischste Art, Konflikte auszutragen, und bei Paaren ist sie das deutlichste Vorzeichen für das Scheitern der Beziehung.[36] Wenn Menschen geringschätzig sind, sprechen sie respektlos, sarkastisch, herablassend und von oben herab. Sie nehmen eine Haltung ein, als wären sie selbst etwas Besseres und ihr Gegenüber minderwertig. Geringschätzung kann auch mit Gewalt einhergehen, wie in Kapitel 7 besprochen, und die verächtlich gemachte Person fühlt sich oft wertlos, missachtet und abgelehnt.

Der Streit zwischen Carl und seinem Chef war offenbar so ausgeartet, dass man die beiden hatte voneinander trennen müssen. Es hatte zwar keine Handgreiflichkeiten gegeben, aber sie hatten einander Beleidigungen an den Kopf geworfen. Carl war zu Recht wütend, aber er wusste auch, dass seine Reaktion unangemessen gewesen war. Das war ein klares Warnsignal. Natürlich will niemand herablassend behandelt werden, aber Carls Reaktion war alarmierend.

»Carl, was glaubst du, warum du so reagiert hast?«

»Dass er ein Arschloch ist, reicht doch schon, oder?«, sagte er grinsend.

Ich lächelte, ließ aber nicht locker. »Was kommt dir an dem, was passiert ist, vertraut vor? Erinnert dich das Verhalten deines Chefs an etwas oder jemanden?«

Da machte es bei ihm klick. Sein Chef erinnerte ihn an seinen Vater. Von dem hatte sich Carl drangsaliert, herabgesetzt und missachtet gefühlt, und das Verhalten seines Chefs gab ihm das Gefühl, nicht zum Team zu gehören. Er kämpfte darum, wirklich dazuzugehören.

Es dauerte eine Weile, aber schließlich erkannte Carl, dass seine Zugehörigkeitswunde dadurch aktiviert worden war, dass sein Chef ihn aus dem Verteiler genommen hatte. Und er war dann direkt in den Konflikt gegangen, um gesehen, gehört und verstanden zu werden.

»Was soll ich denn tun, wenn er so etwas macht?«, fragte Carl.

Zunächst einmal sollte Carl etwas zur Ruhe kommen und sich mit seiner Wunde auseinandersetzen. Die Art und Weise, wie sein Chef ihn behandelte und mit ihm sprach, war nicht in Ordnung. Aber das Verhalten seines Chefs war für Carl auch die Gelegenheit, seine Wunde deutlich zu erkennen. Das war zwar eine unangenehme Sache, aber es bot ihm eine Chance.

»Bezeuge deine Wunde, Carl. Anstatt sofort mit ihm in den Konflikt zu gehen, schau lieber nach innen. Kümmer dich nicht um die Beziehung mit dem Außen, sondern um die zu deinem Inneren. Du wirst von ihm in so einem Moment nicht das bekommen, was du brauchst, das kann ich dir versprechen. Wahrscheinlich wirst du von ihm niemals das bekommen, was du gern hättest, aber auf diese Weise klappt es bestimmt nichts. Kannst du es versuchen? Nimm dir einen Moment Zeit, um zu sehen, zu hören und zu verstehen, warum du dich aufgeregt hast.«

»Ich fühle mich missachtet und erniedrigt. Ich habe das Gefühl, dass er mich herabsetzt und mich anders behandelt als die anderen. Ich fühle mich absichtlich ausgegrenzt, und wenn ich ehrlich bin, macht mich das wütend.«

»Das ist gut«, sagte ich. »Wenn dich jemand mit Geringschätzung behandelt, ist es wichtig, ihm eine klare und direkte Grenze zu setzen. Was du getan hast, war eine emotionale Reaktion, die ich verstehen kann. In so einem Fall, wie du ihn beschreibst, wären wahrscheinlich die meisten Menschen ausfällig geworden. Aber du solltest daran arbeiten, erst mit dir selbst in Kontakt zu treten und dann anders mit deinem Chef umzugehen. Du willst ja gesehen, gehört und verstanden werden, oder? Also musst du erst mit dir selbst ins Reine kommen und danach mit ihm, sonst hast du keine Chance.«

»Was, wenn er nicht zuhört oder nicht darauf eingeht?« Carl hatte damit nicht ganz Unrecht.

»Vielleicht ist das so. Es gibt keine Garantie, aber was sich ändert, ist die Art, wie du dich selbst siehst und wie du in dieser Situation agierst. Du kannst dich und deine Gefühle dann besser verstehen, anstatt emotional zu reagieren. Damit hast du auf jeden Fall schon gewonnen. Ob dein Chef sein Verhalten ändern wird oder nicht, liegt nicht in deiner

Hand. Du musst die Verantwortung für *dich* übernehmen. *Vielleicht* kündigst du ja, wenn sich nichts ändert, aber so weit sind wir noch nicht. Im Moment möchte ich nur, dass du dir überlegst, welche Grenze du ihm setzen willst, und wie du dabei vorgehen kannst.«

Carl begann zu überlegen. »Ich schätze es nicht, wenn man mit mir so redet, wie Sie es tun, und ich möchte nicht ausgeschlossen werden. Das fühlt sich erniedrigend und geringschätzend an. Ich möchte mit Respekt behandelt werden und mich als Teil dieses Teams fühlen. Wenn ich an meiner Arbeitsweise irgendetwas ändern soll, dann sprechen Sie bitte mit mir unter vier Augen darüber.«

Carl musste anders mit dem Konflikt umgehen. Er steckte in einem Kreislauf mit seinem Chef fest. Ein Wort ergab das andere, aber nichts brachte sie weiter. Entscheidend ist in so einem Fall, von der emotionalen Reaktion wegzukommen und sich zur emotionalen Selbstfürsorge hinzubewegen. Das ist der einzige Ausweg aus dem Kreislauf. Manchmal kann man die emotionale Selbstfürsorge gemeinsam verrichten, etwa in einer Paarbeziehung, die beiden wichtig ist. Aber es funktioniert auch allein, wie bei Ally, die versuchte, sich selbst zu sehen, da ihre Mutter es nicht konnte. Emotionale Selbstfürsorge schafft Sicherheit und bewirkt, dass man gesehen, gehört und verstanden wird, auch wenn dies außer einem selbst niemand tut.

Wann warst du das letzte Mal geringschätzig? Welche Wunde wurde bei dir aktiviert, sodass es dazu kam? Was wolltest du mit deiner Geringschätzung ausdrücken?

Wann hast du dich das letzte Mal von jemandem missachtet gefühlt? Welche Wunde wurde aktiviert, als du diese Geringschätzung gespürt hast? Wie hast du auf diese Missachtung reagiert? Was wolltest du eigentlich sagen, hast es aber nicht kommunizieren können?

HÖR AUF ZU MAUERN

»Ich bin erschöpft und möchte eigentlich gar nicht hier sein, nichts für ungut.« Mark war offensichtlich alles andere als offen und bereit.

Wie schon erwähnt hatten Mark und Troy Probleme mit dem Vertrauen. Troy war wütend auf Mark gewesen, weil der auf einer Party nicht zu ihm gehalten hatte. Aber bei Mark war nun eine Würdigkeitswunde aktiviert worden, die daher rührte, dass er von seinen Eltern nur bedingte Liebe bekommen hatte.

»Das macht er immer so«, sagte Troy. »Wenn ihm das Gespräch zu viel wird, schaltet er einfach ab und lässt sich nicht mehr darauf ein. Es ist zum Verrücktwerden. Gestern Abend haben wir uns gestritten, und da ist er einfach aufgestanden und rausgegangen. Ohne was zu sagen. Er ist einfach gegangen. Hat sein Handy ausgeschaltet und ist stundenlang weggeblieben. Ich hab schon geschlafen, als er zurückkam. Das ist unmöglich.«

Mark mauerte, ein Verhalten, das Menschen an den Tag legen, wenn sie einen Konflikt vermeiden wollen. Sie errichten eine hohe Mauer um sich herum und sorgen für reichlich Distanz zwischen sich und ihrem Gegenüber. Das ist eine Form des Selbstschutzes, wirkt aber oft triggernd und destabilisierend auf das Gegenüber und kann zu Konflikten zwischen den Beteiligten führen. Troy konnte Mark nicht erreichen. Er wusste nicht, wo er war, wann er zurückkommen würde. Troy wurde im Unklaren gelassen, was nie gut ist, aber besonders problematisch ist, wenn man mitten in einer wichtigen Auseinandersetzung steckt.

»Worüber habt ihr denn gesprochen?«, fragte ich.

»Über Geld. Ich habe angemerkt, dass wir in letzter Zeit viel ausgegeben haben und uns meines Erachtens etwas einschränken sollten. Es war eigentlich gar kein Streit. Ich habe damit angefangen, aber Mark hat das Gespräch gleich abgebrochen. Er wollte nicht darüber reden. Ich habe versucht, ein bisschen nachzubohren, weil wir uns ja einig sein sollten, aber er hat nicht reagiert. Es hat mich geärgert, dass er immer wieder auf sein Handy geschaut hat, während ich mit ihm sprechen wollte. Dann ist er aufgestanden und gegangen.«

Mark reagierte sofort. »Ich habe es satt, dass Troy mich ständig auf Dinge hinweist, die ich nicht so mache, wie er es sich vorstellt. Ich stehe nicht wirklich zu ihm. Ich spare nicht genug. Das hat kein Ende. Ich wollte nicht darüber reden, also bin ich gegangen, weil das die einzige Möglichkeit war, das Gespräch zu beenden.«

Marks Würdigkeitswunde war in dem Moment aktiviert worden, als Troy etwas ansprach, das Mark seiner Meinung nach verändern sollte. Es passiert so leicht, dass eine Bitte oder eine Anmerkung falsch verstanden wird. Obwohl Troy ausdrücklich gesagt hatte, dass *sie beide* weniger ausgeben sollten, hörte Mark, dass *er allein* das tun müsse. Er nahm das nur als einen weiteren Punkt auf der langen Liste von Dingen wahr, die er nicht gut machte. Für ihn hieß das, dass er als Partner nicht gut genug war, was seine Würdigkeitswunde aus der Kindheit aufbrechen ließ.

Mark empfand das so, dass Troy ihm ständig seine mangelnde Perfektion vorwarf, was nur dazu führen konnte, dass er bald auch Liebe, Zuwendung und Bestätigung verlieren würde. Mark hatte gelernt, sich durch Abschottung und Rückzug zu schützen. Indem er mauerte. schuf er für sich eine Art sicheren Hafen, machte aber im Grunde alles noch viel schlimmer.

Sowohl Mark als auch Troy konnten sehen, dass Marks Wunde aktiviert worden war, obwohl Troy in bester Absicht das Thema Geld hatte besprechen wollen. Mark reagierte emotional und mauerte, anstatt sich und Troy seine Verwundung einzugestehen. Das soll nicht heißen, dass Mark das Gespräch nicht unterbrechen und etwas tun darf, das ihn beruhigt. Er sollte aber erkennen, was in dem Moment geschieht, und kommunizieren, was er tun muss, um sich wieder zu sammeln.

»Wenn dir bewusst gewesen wäre, dass deine Wunde aktiviert wurde, was hättest du dann gesagt?«, fragte ich Mark.

»Wahrscheinlich hätte ich Troy dann sagen können, dass ich mich kritisiert fühle. Dass das nur wieder eine Sache ist, die ich in seinen Augen nicht gut mache, und dass ich mich deshalb seiner Liebe nicht würdig fühle.«

Das war der Übergang zur emotionalen Selbstfürsorge. Wenn wir uns verletzlich zeigen, kommen wir mit unseren Gefühlen in Kontakt, können besser mit ihnen umgehen und zu noch mehr Offenheit gelangen. Artikulieren wir unsere emotionalen Bedürfnisse und erkennen unsere Wunden an, wie Mark es tat, als er sagte, dass er sich unwürdig fühlte, zeigt sich ein Weg nach vorne. Dies ähnelt dem, was Dr. Mona Fishbane den Verletzlichkeitszyklus nennt, und hilft uns, von der Reaktion zur Reflexion zu gelangen.[37]

Wann hast du das letzte Mal gemauert? Welche Wunde wurde aktiviert und hat dich zu dieser ungesunden Bewältigungsstrategie gebracht? Was wolltest du damit ausdrücken?

Wann standest du das letzte Mal jemandem gegenüber, der gemauert hat? Welche Wunde wurde in dir aktiviert, als das passiert ist? Wie hast du auf die Abschottung reagiert? In vielen Fällen wird ohne großen Anlass gemauert, aber manchmal geht dem Ganzen auch eine Provokation voraus. Hast du dein Gegenüber in irgendeiner Weise provoziert? Hast du etwas dazu beigetragen? Und was wolltest du eigentlich sagen, hast es aber nicht kommunizieren können?

Verstehen statt reagieren

Vor langer Zeit hat Dr. John Gottman einmal gesagt: »Hinter jeder Beschwerde steckt ein tiefes persönliches Bedürfnis.« Wir beklagen und beschweren uns über unsere Partner, unsere Familie und sogar unsere Freundinnen, wenn ein emotionales Bedürfnis von uns nicht erfüllt wird. Anstatt dieses anzuerkennen, es genauer zu betrachten und zu kommunizieren, distanzieren wir uns davon, werden impulsiv und machen anderen Vorwürfe.

Aber oft hängen unsere emotionalen Bedürfnisse mit unseren Wunden zusammen. Und ist dies der Fall, dann ist es besonders wichtig, behutsam damit umzugehen. Wir müssen die Wunden also erkennen und versorgen, wenn wir eine Chance haben wollen, aus der Konflikt- und Reaktionsschleife herauszukommen. Können wir unsere Herkunftswunde identifizieren und kommunizieren, sind wir auf dem besten Weg, gesehen, gehört und verstanden zu werden.

Überleg dir einen Vorwurf oder eine Kritik, die du in letzter Zeit geäußert hast oder immer wieder vorbringst. Es ist egal, an wen sie sich richtet, aber denk bewusst an diese Beschwerde. Das können Dinge sei wie diese: *Sie geht rücksichtslos mit meiner Zeit um. Er ist übergriffig. Sie hängt ständig am Handy. Er verrät mir nie, mit wem er chattet. Sie gibt ihr ganzes Geld aus und spart nichts für die Zukunft.*

Kannst du in den genannten Klagen Wunden oder versteckte emotionale Bedürfnisse erkennen? Ich lese: *Sie geht rücksichtslos mit meiner Zeit um* – und sehe den Wunsch, als würdig angesehen zu werden. Ich lese: *Er ist übergriffig* – und erkenne eine Zugehörigkeitswunde und den Wunsch, man selbst sein zu dürfen. Ich lese: *Sie hängt ständig am Handy* – und sehe den Wunsch nach Aufmerksamkeit. Ich lese: *Er verrät mir nie, mit wem er chattet* – und erkenne eine Vertrauenswunde. Und ich lese: *Sie gibt ihr ganzes Geld aus und spart nichts für die Zukunft* – und sehe eine Sicherheitswunde. Du weißt, worauf ich hinauswill. Kannst du deine Beschwerde analysieren und erkennen, ob sich dahinter eine Wunde verbirgt? Kannst du herausfinden, wie dein emotionales Bedürfnis aussieht?

Erinnerst du dich an Veronicas großen Krach mit ihrem Partner? Ich habe Veronica gefragt, ob sie versuchen könnte, ihre an ihn gerichteten Beschwerden und Kritikpunkte in emotionale Bedürfnisse umzuwandeln, damit sie nicht mehr von ihren Wunden und ihrer Impulsivität gesteuert wird, sondern es schafft, eine Auseinandersetzung bewusster zu gestalten. »Klingt komisch«, antwortete sie, lächelte aber und ließ sich darauf ein. »Na gut, aber wie soll das gehen?«

Ich gab ihr ein paar Beispiele, die ihr helfen sollten, die Umwandlung anzugehen. Statt *Du bist egoistisch* sagst du: *Ich möchte spüren, dass ich dir wichtig bin.* Statt *Du kümmerst dich nicht um mich* nimmst du: *Ich möchte beachtet werden.* Statt *Du bist ein schlechter Partner* sagst du: *Ich möchte spüren, dass ich dir etwas bedeute.* »Hast du verstanden?«, fragte ich. Sie nickte und fuhr damit fort.

Tatsächlich kann es unzählige Beschwerden geben, aber die emotionalen Bedürfnisse dahinter sind meist die gleichen. Sie hängen direkt mit unseren Wunden zusammen. Wenn du überlegst, worüber du dich beschwerst, und das in emotionale Bedürfnisse übersetzt, geht es dabei wahrscheinlich um Würdigkeit, Zugehörigkeit, Aufmerksamkeit, Sicherheit oder Vertrauen. Und es geht auch darum, dass du dich gesehen, gehört und verstanden fühlen willst.

Probier diese Umwandlung jetzt für dich aus. Denk an deinen letzten Konflikt oder an einen, der immer wiederkehrt, und mach dir den Augenblick bewusst, bevor der Streit ausbrach. Kannst du erkennen, welche Wunde aktiviert wurde? Auf welche Art und Weise hast du den Konflikt genutzt oder vorangetrieben, um gesehen, gehört und verstanden zu werden? Warst du kritisch, abwehrend, geringschätzig, übergriffig oder hast du gemauert? Was hast du damit bezweckt? Und was hat es dir am Ende gebracht?

- Die Wunde, die aktiviert wurde, war meine __________.
- Ich sehe das jetzt, weil __________.
- Ich stürze mich in den Konflikt, weil __________.
- Letztlich führt das aber dazu, dass __________.

Okay, gut gemacht. Nun noch ein bisschen mehr.

- Was mich wirklich verunsichert oder mir Sorge bereitet, ist __________.
- Mein Gegenüber sollte in Bezug auf mich wissen, dass __________.
- Wenn ich statt Kritik, Abwehr, Geringschätzung, Kontrolle oder Mauern mein emotionales Bedürfnis erkenne, kann ich __________.

Denk daran, dass du verletzt bist. Was auch immer passiert ist, hat dich an etwas erinnert, was du kennst. Das tut weh, ich weiß. Kannst du gleichzeitig auf deine Herkunftsgeschichte und auf den Grund für deinen Schmerz in der gegenwärtigen Situation blicken? Sei nachsichtig mit dir selbst, wenn du daran arbeitest.

Die konfliktfreie Zeit nutzen

An einer besseren Konfliktbewältigung zu arbeiten funktioniert in der Regel nicht, wenn man gerade mitten in der Auseinandersetzung steckt. Daher sollte man eher versuchen, ein anderes Verhalten einzuüben, solange man *nicht* im Konflikt ist, wenn also ein gewisser Abstand zwischen dem Konflikt und dem individuellen oder gemeinsamen Versuch, mehr darüber zu erfahren, besteht. Befinden wir uns in einer Konfliktsituation, sind wir meist zu aufgebracht, um das Ganze richtig anzugehen. Unser System reagiert dann auf andere Dinge, die sich gerade viel wichtiger anfühlen.

Stell dir vor, du bist wütend und verletzt und sollst jetzt erkennen, welche Wunde gerade im Spiel ist. *Ablehnendes Augenrollen.* Stell dir vor, du sollst auf dem Höhepunkt der Eskalation eine Kritik in ein emotionales Bedürfnis übersetzen. *Hier wäre Platz für einen Kraftausdruck.* Gratuliere, wenn du das schaffst, aber wenn du wie die meisten Menschen bist, dann spotte über diese Vorstellungen und nimm dir lieber dann Zeit und Raum, um mit deinen Wunden zu arbeiten und Regeln und Grenzen einzuüben, wenn du nicht in einer Konfliktsituation steckst.

Und wenn du schon dabei bist, einiges über dich zu lernen, dann vergiss auch nicht, dass andere Menschen ebenfalls Wunden haben. Es ist genauso wichtig, die Herkunftswunden der anderen zu identifizieren und anzuerkennen, wie die eigenen. Natürlich ist jeder für sich selbst verantwortlich, aber in intimen Beziehungen - innerhalb von Partnerschaft, Familie und engen Freundschaften – ist das Beste, was man füreinander tun kann, daran zu denken, dass auch das Gegenüber eine komplexe Geschichte mit einer Herkunftswunde haben kann, die vielleicht gleichzeitig mit der eigenen zum Vorschein kommt. Selbst wenn der Partner oder die Partnerin noch nicht bereit ist, sich ihr zu stellen.

Wenn du tagtäglich übst, besser mit Konflikten umzugehen, wirst du viele Möglichkeiten für Zuwendung und Intimität finden. Welch wunderbare Vorstellung, dass bewusst geführte Konflikte für dich und deine Lieben eine tiefere Beziehung bewirken können.

9 KOMMUNIKATION

Deine Beziehungen können sich tatsächlich vertiefen und durch Konflikte intimer werden, wenn du impulsives Reagieren durch Verständnis ersetzt. Wie du bereits erfahren hast, hält impulsives Reagieren deine Wunde offen und angreifbar, während Verständnis zur Heilung beiträgt. Wenn du statt Konflikten eine tiefere Verbindung erreichen willst, musst du wahrscheinlich nicht nur dein Verhalten im Streitfall verändern, sondern auch deinen Kommunikationsstil verbessern.

Tatsache ist, dass du nie ganz frei von impulsiven Reaktionen sein wirst. Manchmal wirst du Konflikte beginnen, in anderen Fällen wirst du auf Konflikte eingehen, die jemand anderes ausgelöst hat. Du kannst daran arbeiten und lernen, besser damit umzugehen, aber du wirst wahrscheinlich nie an den Punkt kommen, an dem dich nichts mehr aus der Ruhe bringt. Das solltest du akzeptieren. Und denk daran, dass deine Reaktionen und die deines Gegenübers euch beiden wichtige Informationen liefern – solange man sie wahrnimmt und darüber redet.

Für Dr. Alexandra Solomon ist einer der wichtigsten Punkte in Bezug auf eine gesunde intime Kommunikation die Selbstwahrnehmung in der Beziehung. Sie beschreibt diese als »die Fähigkeit und Bereitschaft, sich ehrlich damit auseinanderzusetzen, was einen in der Paarbeziehung verärgert, und wie man damit umgeht, wenn man sich ärgert«.[38] Wie die meisten von uns denkst du wahrscheinlich linear, was sich in etwa so ausdrücken könnte: *Du bist so unsensibel. Ich bin unzuverlässig. Du tust nie, worum ich dich bitte. Das wäre nicht passiert, wenn du aufmerksamer wärst. Das ist nur geschehen, weil ich so blöd bin.* Dieses lineare Denken weist vor allem Schuld zu und drückt Beschämung aus. Unbeachtet bleiben die komplexen Geschichten, die wir alle in uns tragen. Trotzdem denken wir meist so. Stecken wir in linearem Denken fest, entsteht absolut keine Verbindung.

Systemisches Denken berücksichtigt hingegen unsere familiäre Herkunft und die Beziehungen, die wir in der Vergangenheit hatten, und erinnert uns daran, dass es in jedem Moment eine komplexe Geschichte gibt. Es bietet uns diese Perspektive auch in Bezug auf andere. Was für ein Glück, wenn wir uns selbst und andere aus diesem Blickwinkel sehen können. Wenn wir verstehen können, dass es bei dem, was gerade passiert, nicht nur um diesen Moment geht, sondern auch um alle ihm vorangegangenen Momente. Kannst du dir vorstellen, wie viel sich in der Kommunikation ändern würde, wenn du diese Erkenntnis über dich selbst und dein Gegenüber im Blick behalten könntest? Begreifst du, wie tief das Mitgefühl, die Empathie oder die Gnade dann sein könnten?

Wenn dich dein Partner kritisiert, hörst du nicht nur den Vorwurf bezüglich etwas, was gerade bei euch zu Hause geschieht, sondern auch all die Kritik, die du jemals erhalten hast – von deinen Eltern, früheren Partnern und darüber hinaus. Deine mögliche Reaktion ergibt aus einer systemischen Sicht viel mehr Sinn als aus einer linearen. Und wenn sich dein Gegenüber dessen bewusst ist, kann es vielleicht anders mit dir umgehen und einen Moment der Verbundenheit finden, wo auch ein verheerender Bruch hätte eintreten können.

Wie ich zu Beginn des Buchs gesagt habe, soll das Nachdenken über unsere Herkunftsgeschichte und die Komplexität der Familiensysteme keine Entschuldigung sein. Es rechtfertigt nichts, was nicht zu entschuldigen ist. Doch wenn man den Kontext berücksichtigt, bietet das Chancen. Kommunizieren wir aus dieser Perspektive heraus, verbeißen wir uns nicht in Einzelheiten oder verlieren uns in dem Bedürfnis, den Streit zu gewinnen. Stattdessen begreifen wir, dass wir beide verwundet sind und gerne gesehen, gehört und verstanden werden möchten. Dadurch verbessert sich unsere Kommunikation.

Kommunizieren oder nicht kommunizieren

Wenn eine Wunde aktiviert wird, hast du zwei Möglichkeiten: kommunizieren oder nicht kommunizieren. Redest du nicht darüber, haben deine Wunde und ihre Geschichte keine Chance, anerkannt zu werden. Es gibt aber auch gute Gründe für die Entscheidung, nicht zu kommunizieren.

Denn manchmal kann es angebracht sein, nichts zu äußern. Natürlich ist es grundsätzlich das Ziel, *gut zu kommunizieren*, aber man muss auch erkennen, *mit wem* man kommunizieren sollte. In manchen Fällen ist aus meiner Sicht die gesündeste Entscheidung tatsächlich, gar nicht zu kommunizieren. Diese Entscheidung ist nicht passiv. Es ist ein aktiver Entschluss, weil man einsieht, dass ein Gespräch mit einer bestimmten Person nicht gut oder heilsam sein kann, obwohl man sich freundlich, rücksichtsvoll und klar ausdrückt. Man kann sich auch gegen Kommunikation entscheiden, wenn man weiß, dass es einem schaden würde, beispielsweise wenn Beziehungsgewalt vorliegt. Ebenso kann es besser sein, nichts zu sagen, wenn das Gegenüber sehr manipulativ ist oder Schuldumkehr betreibt. Und man sollte nicht kommunizieren, wenn man aus Erfahrung weiß, dass das Gegenüber fest entschlossen ist, nicht zuzuhören und nur seinen eigenen Standpunkt zu verteidigen. Meidet man das Gespräch, hat das zur Folge, dass das eigene Anliegen nicht erkannt wird, aber auch, dass man nicht noch mehr verletzt oder geschädigt wird. Manchmal liegt darin dann die Heilung. Heilung erfordert Einsicht. Und es gibt Fälle, in denen es das Beste ist, auf sich selbst zu achten, weiterzuziehen und sich Menschen zu suchen, die zuhören können.

Es gibt noch einen weiteren Grund, warum die Entscheidung zu kommunizieren sorgfältig abzuwägen ist. Du weißt bereits, dass dir durch deine Familie und deine früheren Beziehungen eine bestimmte Art der Kommunikation beigebracht worden ist. In einer gesunden Familie verlaufen Gespräche meist klar, freundlich, rücksichtsvoll, ruhig, neugierig, ehrlich und direkt. Vielleicht hast du jedoch etwas anderes erlebt, eine eher destruktive als gesunde Gesprächskultur. Und wenn du dich für die Kommunikation entscheidest, ehe du deine Herkunftswunde erkannt hast, ist es sehr wahrscheinlich, dass du eine der vielen destruktiven Kommunikationsweisen, die ich im Folgenden beschreibe, und deinen linearen, schuld- und schambehafteten Blick anwendest.

Wie wir im 8. Kapitel besprochen haben, reißt ein destruktiver Kommunikationsstil die Wunde nur wieder auf und erzeugt eine Konfliktschleife. Und dabei wirst du dich nie gehört und verstanden fühlen. Da ist es besser, sich zurückzuziehen und erst deine Wunde zu identifizieren, bevor du das Gespräch führst.

Wenn du eine gesündere Kommunikationsweise anstrebst, musst du dir selbstverständlich als Allererstes dessen bewusst werden, was du *eigentlich* mitteilen willst. Hast du dich schon einmal mitten in einem Streit gefragt, worum es eigentlich geht, oder hast du mit deinem Partner oder deiner Partnerin im Rückblick auf einen Streit überlegt, was eigentlich der Auslöser war, dann weißt du, wie groß die Gefahr ist, irgendwelche Dinge heranzuziehen, die meilenweit von dem entfernt sind, worüber ihr eigentlich reden müsstet. Bevor du also etwas sagst, bevor du überhaupt den Mund aufmachst, muss dir klar sein, was deine Botschaft ist.

Kommunikation verbessern

Eine gesündere Kommunikationsweise ist das Ziel, aber bevor du das erreichen kannst, musst du verstehen, was dich daran hindert. Was führt dazu, dass du nicht klar, freundlich, ruhig, neugierig und direkt kommunizieren kannst? Wie kannst du dich diesem Ziel nähern? Lass uns nun passive, aggressive, passiv-aggressive und wechselhafte Kommunikationsweisen näher in den Blick nehmen, die dich daran hindern, gesehen, gehört und verstanden zu werden. Und herausfinden, wie du zu dem Kommunikator wirst, der du sein möchtest und mit dem andere gerne reden.

DIE STIMME ERHEBEN

Nach dem schrecklichen Feiertagsbesuch bei ihrer Familie begann Allys neues Jahr damit, dass sie endlich mit jemandem ausging, an dem sie interessiert war. Sie war schon seit Jahren auf Partnersuche, hatte aber nie den Richtigen gefunden. Dieser Mann war anders. Ally kannte ihn schon seit ein paar Monaten, aber langsam wurde es ernst.

»Ich glaube, ich könnte mich in ihn verlieben, verrückt, oder?«, fragte sie in einer unserer Sitzungen. Die Geschwindigkeit, mit der sich ihre Gefühle entwickelt hatten, machte ihr Sorgen. Sie kannten sich schließlich erst ein paar Monate und hatten noch nicht darüber gesprochen, wie es mit ihnen weitergehen sollte.

»Ich habe das Gefühl, dass ich es langsamer angehen muss. Ich möchte nicht verletzt werden. Was, wenn er kein Interesse an einer festen Beziehung hat oder nicht das fühlt, was ich fühle?«, fragte sie.

»Hast du ihm denn gesagt, was du fühlst? Habt ihr darüber gesprochen, was jeder von euch von der Beziehung erwartet?«

»Nein, natürlich nicht. Findest du nicht, dass es noch zu früh dafür ist?«

»Nein, finde ich nicht«, sagte ich. »Ich halte es für wichtig, dass man weiß, woran man ist, und sich darauf einstellen kann. Du stellst lauter Vermutungen darüber an, was er will oder nicht will, aber du hast ihn nicht gefragt. Vielleicht empfindet er dasselbe für dich oder auch nicht. Auf jeden Fall fehlen dir ohne ein Gespräch darüber wichtige Informationen, die für dich einiges klären könnten.«

Allys Blick ließ vermuten, dass sie meine Worte zwar hörte, aber nichts damit anfangen konnte. »*So eine* Frau will ich nicht sein. Ich habe das Gefühl, ich muss es einfach entstehen lassen.«

»Gut, dann lass es entstehen und schau, wie sich das anfühlt«, antwortete ich. Ally war überrascht. Ich konnte die Verwunderung in ihrem Gesicht darüber erkennen, dass ich nicht weiter insistierte. Natürlich gab ich nicht auf, aber Ally war einfach noch nicht so weit. Sie musste erst noch mehr erleben.

Eine Woche später kam Ally zu ihrem nächsten Termin. »Es frisst mich auf. Ich habe ihn seit letzter Woche zweimal getroffen und bin so verknallt. Was soll ich machen? Ich möchte fest mit ihm zusammen sein. Das ist die reinste Folter!«

Ally war eine passive Kommunikatorin. Schwierige Gespräche vermied sie um jeden Preis. Sie behielt lieber alles für sich, als es rauszulassen. Die meisten passiven Kommunikatoren äußern sich ungern und geben ihre wahren Gefühle nicht preis. Sie widersprechen anderen möglichst nicht, weil sie Angst haben, dass ein Konflikt entstehen oder das Gespräch eine unerwünschte Wendung nehmen könnte. Ally überforderte die Vorstellung, sich zu offenbaren und dann möglicherweise enttäuscht zu werden, weil er ihre Gefühle nicht erwiderte.

»Ich kann einfach nicht. Das ist es nicht wert. Ich muss einfach damit klarkommen, dass es ungeklärt ist.«

Wie viele passive Kommunikatoren hatte sich Ally eingeredet, dass es sich nicht lohne, ihre Gefühle offenzulegen. Sie stellte ihn in den Vordergrund, richtete sich nach dem, was er *vermeintlich* wollte, und stellte sich selbst als unglaublich anpassungsfähig dar, obwohl sie sich gar nicht so fühlte. Das alles geschah auf ihre Kosten.

»Ally, was fürchtest du passiert, wenn du etwas sagst?«, fragte ich.

»Ich weiß nicht. Vielleicht wird er wütend oder macht Schluss. Oder er findet, dass ich etwas Schönes kaputtmache, weil ich mehr möchte.«

Allys Sicherheitswunde kam zum Vorschein. Viele Menschen mit Sicherheitswunden werden zu passiven Kommunikatoren. Aus früheren Erlebnissen haben sie gelernt, dass es riskant ist, etwas preiszugeben, etwas anzumerken oder etwas zu verlangen. Sie haben die Erfahrung gemacht, dass ihre Äußerungen Feindseligkeit, Abwehr, Dominanz, Gewalt, Kritik oder Geringschätzung hervorrufen. Vermeiden ist das einzig Sichere. Mitteilen ist unsicher.

»Wann war es für dich schon einmal riskant, deine Meinung zu sagen?«, fragte ich.

»Bei meiner Mutter?«, erwiderte sie.

»Ich denke schon, Ally. Was hast du von deiner Mutter über das Kommunizieren gelernt?«

»Dass es gefährlich ist«, antwortete sie. »Dass ich nicht gehört werde, dass etwas Schlimmeres dabei herauskommt, dass ich es lieber gelassen und nichts gesagt hätte.«

»Das stimmt«, sagte ich. »Du hast gelernt, dass es riskant ist, mit deiner Mutter zu reden. Und das ist es auch. Das haben wir erst kürzlich während der Feiertage wieder gesehen. Mit deiner Mutter kannst du nicht offen reden und darauf vertrauen, dass es gut ankommt. Aber es ist auch keine Lösung, deshalb jedes Gespräch mit anderen zu vermeiden. Du musst lernen zu unterscheiden, wem du etwas mitteilen kannst und wem nicht, und dann den Mut aufbringen, das auszudrücken, was du wirklich möchtest.«

Ally war jetzt bereit. Sie war immer noch nicht begeistert von der Idee, aber hatte doch erkannt, dass eine klare und bewusste Kommunikation ein wichtiger Schritt in die richtige Richtung war. Ally musste sich ihre Sicherheitswunde eingestehen und verstehen, wie diese ihre Kommunikationsfähigkeit einschränkte. Sie musste begreifen, dass ihre Passivität verhinderte, dass andere sie hörten, sahen und verstanden, und ebenso, dass sie sich selbst wahrnahm und anerkannte. Ihre Aufgabe war es nun, sich die eigene Stimme zurückzuerobern, die ihr vor langer Zeit in einem unsicheren familiären Umfeld genommen worden war.

»Pass auf, spiel einfach mit, okay? Angenommen, du hast ideale Bedingungen, es gibt also nichts, wovor du Angst haben musst, und das Gespräch verläuft exakt so, wie du es dir wünschst. Was würdest du sagen wollen? Sag es so, als ob du es ihm mitteilen würdest.«

»Ich mag dich wirklich sehr und möchte mit niemand anderem zusammen sein. Und ich würde gern wissen, ob du genauso empfindest.« Ally schaute mich an, um zu sehen, wie das für mich geklungen hatte.

»Großartig!«, sagte ich. »Du hast gesagt, was du fühlst, und hast ihn gefragt, was er fühlt. Wie es weitergeht, hängt davon ab, wie er antwortet. Aber das ist doch ein guter Start.«

»Aber was ist, wenn die Bedingungen nicht ideal sind?«, fragte sie.

»Die Bedingungen sind immer ideal genug, um die eigene Stimme zu erheben, Ally.«

Ally hielt an einem Spiel namens *Ich tue es, wenn* fest. Dieses Spiel wird jeden Tag von Milliarden Menschen auf der ganzen Welt gespielt. *Ich tue es, wenn [das Gewünschte dabei herauskommt].* Wenn wir dieses Spiel sein lassen und stattdessen umdenken – *Ich erhebe meine Stimme, egal was passiert* –, gewinnen wir gewaltig an Kraft.

Dass man die eigene Stimme erhebt, hängt nicht davon ab, ob jemand zuhört oder nicht. Wichtig ist vor allem, dass man sich selbst zuhört – und zwar immer. Für Ally bedeutete das, auf sich selbst zu hören und zu erkennen, dass sie eine feste Beziehung wollte. Um dem Ausdruck zu verleihen, musste sie sich dem Mann gegenüber, mit dem sie sich traf, öffnen. Dabei spielte es keine Rolle, ob er damit einverstanden war oder das Gleiche wollte (obwohl das natürlich wünschenswert war). Wichtig war, dass sie selbst wusste und vorbrachte, was sie sagen wollte.

Um die eigene Stimme zu stärken, muss man ständig üben. Wenn du gelernt hast, Kommunikation zu vermeiden und einen passiveren Weg zu gehen, hast du auch gelernt, dein Erleben und deine Wahrnehmung zu entwerten. Um zu einer gesünderen Kommunikationsweise zu finden, musst du die gleichen Schritte durchlaufen wie Ally: Was willst du wirklich sagen? Red nicht um den heißen Brei herum. Entschuldige dich nicht unnötig und übernimm keine Verantwortung für etwas, was du nicht zu verantworten hast. Mach dir deine Botschaft bewusst. Die meisten Therapeut:innen raten zur Verwendung von Ich-Aussagen. Solche Aussagen beziehen sich auf das eigene Ich, nicht auf das Gegenüber. Ally sollte also nicht sagen: »Ich weiß nicht, ob du eine feste Beziehung willst«, sondern lieber: »Ich fühle mich gut mit dir und würde unsere Beziehung gern vertiefen.«

Möchtest du es ausprobieren? Gibt es etwas, was du bisher nicht ausgesprochen hast, dem du aber gern Geltung verschaffen würdest? Keine Sorge, im Moment geht es nicht darum, dass du das irgendjemand anderem sagst. Es geht ausschließlich darum, dass du dir selbst gegenüber deine Stimme erhebst.

- Ich habe bisher nicht gesagt, dass _________.
- Ich möchte _________.
- Das vor mir selbst anzuerkennen, fühlt sich folgendermaßen an: _________.

Als Nächstes musst du das Hemmnis verstehen. Das Hemmnis ist das, was dich davon abhält, etwas vorzubringen und deutliche Kommunikation zu betreiben. Bei Ally ist das Hemmnis ihre Sicherheitswunde. Sie hat nicht erfahren, dass es gut ist, sich auszudrücken und mitzuteilen. Im Rückblick auf ihr Leben sieht sie allerlei Beweise dafür, dass es bitter endet, wenn sie offen spricht.

Wie ist es mit dir? Was fürchtest du könnte passieren? Erkennst du, welche Rolle deine Vergangenheit dabei spielt?

- Wenn ich etwas Wichtiges angesprochen habe, geschah früher Folgendes: _________.
- Ich habe daraus gelernt, dass _________.
- Heute fürchte ich, dass dann _________.

Der nächste Schritt ist sehr wichtig. Es ist der Schritt der aktiven Entscheidung, den wir schon angesprochen haben. Du entscheidest, ob die Umstände und der Gesprächspartner wirklich geeignet sind oder nicht. Das kann schwierig sein, und wenn du dir unsicher bist, solltest du immer die Sicherheit wählen. Du solltest also das Thema erst dann ansprechen, wenn du das Gefühl hast, dass es ungefährlich ist. Da ich dir nicht gegenübersitze und deine Geschichte nicht kenne, kann ich den aktiven Entscheidungsprozess nicht so ausführlich mit dir durchgehen, wie ich es gern würde. Aber grundsätzlich kannst du den Unterschied zwischen einem sicheren und einem unsicheren Gefühl im Körper wahrnehmen. Stell dir die gemütlichste, angenehmste, zwangloseste Umgebung oder Situation vor, in der du dich je befunden hast. Du liegst unter einer kuscheligen Decke in deinem Bett. Du bist im Urlaub in der Natur unterwegs. Du schmust mit deinem Hund oder plauderst mit deiner besten Freundin auf dem Sofa.

- Wenn ich mir vorstelle, dass __________ spüre ich in meinem Körper __________. Nimm die Empfindungen in deinem Körper wahr und notiere sie.

Stell dir nun etwas vor, was dir Angst macht. Ist es Höhe? Oder vielleicht eine Vogelspinne? Hast du Probleme, vor Publikum zu sprechen oder in kleinen Räumen zu sein? Denk nicht zu lange daran, ich möchte nur, dass du den Unterschied im Körpergefühl bemerkst.

- Wenn ich mir vorstelle, dass __________, spüre ich in meinem Körper __________.

Damit meine ich nicht, dass du allem aus dem Weg gehen sollst, was dir Sorge bereitet oder deine Handflächen zum Schwitzen bringt. Wenn wir unsere Nervosität vor schwierigen Gesprächen aushalten oder etwas tun, das wir uns eigentlich nicht zugetraut hätten, führt das oft zu unseren größten Erfolgen. Aber darauf zu achten, was der Körper uns sagt, ist trotzdem ein guter Ausgangspunkt. Weisheit und Heilung stellen sich ein, wenn wir merken, welche Widerstände wir überwinden müssen und welche nicht, aber zunächst einmal ist es wichtig, den Unterschied zu sehen.

Bei Ally überlegten wir zunächst, was sie über den Mann sagen konnte, mit dem sie sich traf. Obwohl ihr Herz raste, wenn sie an eine Aussprache dachte, sprach doch alles, was sie über ihn wusste, dafür, dass er in der Lage sein würde, ihr zuzuhören und auf sie einzugehen, ohne dass es zum Streit käme. Das bedeutete zwar nicht, dass die Antwort gut ausfallen würde, aber wir waren zuversichtlich, dass er freundlich, ruhig und zugewandt bleiben würde.

Eines Tages wagte es Ally dann, das Thema anzusprechen. Zum nächsten Termin erschien sie ganz aufgekratzt. »Er will was Festes!«, rief sie.

Wir lächelten beide. Mit der Zeit würden Ally und ihr neuer Partner noch viel mehr übereinander erfahren. Das ist das Schöne an der Kommunikation und was sie bewirken kann. Es war noch nicht der richtige Zeitpunkt, ihm mitzuteilen, warum sie zur Passivität neigte, aber mit der Zeit würde sie mehr von sich preisgeben. Allys Bemühen um eine bessere Kommunikation bedeutete ständiges Üben. Schließlich hatte sie lange Zeit zur Passivität geneigt. Vielleicht gilt das auch für dich, aber durch Wiederholung kannst auch du lernen, dass es *doch* Menschen gibt, die deine Stimme hören können und wollen, und dass es bei ihnen ungefährlich ist, sie zu erheben.

DIE ANDEREN ACHTEN

Trish kam ins Zimmer und legte los. »Ich bekomme immer wieder das gleiche Feedback von Bekannten und habe das Gefühl, dass ich mit dir darüber reden muss.« Trish hat Zerebralparese, und als sie ein Kind war, wurde in ihrem Elternhaus geleugnet, dass etwas an ihrem Körper anders war.

»Was ist los?«, fragte ich.

»Das höre ich nicht zum ersten Mal, also möchte ich da genauer hinschauen. Manche meinen, dass ich in der Kommunikation zu barsch bin, zu direkt. Keine Ahnung, sie finden, dass mir jegliches Mitgefühl oder Einfühlungsvermögen fehlt, wenn sie mich nach meiner Meinung fragen.« Trish hielt kurz inne. »Aber warum fragen sie nach meiner Meinung, wenn sie sie nicht hören wollen? Wie auch immer, ich möchte da mal genauer hinsehen, denn vielleicht ist ja was dran.«

Trish bekam Reaktionen auf die Art und Weise, wie sie kommunizierte. Menschen, die sie liebten, sagten ihr, dass sie in Gesprächen keine Rücksicht, kein Mitgefühl, keine Besorgnis und kein Einfühlungsvermögen zeige. Egal ob sie über Privates, Berufliches, das Outfit für ein bevorstehendes Date oder sonst etwas sprechen wollten, Trish sei unsensibel und rücksichtslos.

»Sie nennen mich eine Wahrheitsfanatikerin. Glaubst du, da ist was dran?«, fragte sie.

»Ich bin mir nicht sicher, Trish. Sollen wir ein bisschen nachbohren?«, antwortete ich.

Trish gab mir grünes Licht. »Du kannst dir ja denken, wo ich anfangen will, oder?«, fuhr ich fort.

»Bestimmt hat es was mit meiner Familie zu tun.« Trish grinste.

Ich musste lächeln. »Können wir uns dann mal die Kommunikation in deinem Familiensystem ansehen? Was hast du als Kind und Jugendliche darüber gelernt?«

»Es gab keine«, antwortete sie. »Sie hat nicht stattgefunden. Alle sind ständig ausgewichen und haben nie wirklich das gesagt, was ich von ihnen hätte hören müssen.«

»Und wie hast du dich dabei gefühlt?«, fragte ich.

»Ich habe es gehasst. Ich nahm es ihnen übel. Ich wollte, dass sie einfach offen mit mir reden. Sie sollten meine Krankheit als das bezeichnen, was sie war. Sie sollten sich nicht mehr hinter Ausreden verstecken und mich vermeintlich schonen. Ihr Vermeiden hat großen Schaden angerichtet und sie konnten mich eh nicht vor dem schonen, was ich sowieso wusste und fühlte.«

Trish hatte in Sachen Kommunikation den Weg der Auflehnung eingeschlagen. Sie hatte erlebt, wie ihre Eltern mit ihr kommunizierten, und beschlossen, das Gegenteil zu machen. *Ich werde immer direkt sein. Ich werde schwierige Themen nicht vermeiden. Ich werde Menschen die Wahrheit sagen. Denn ich weiß, wie schmerzhaft es ist, wenn etwas verschwiegen wird.* Das waren ihre stillen Vorsätze. Aber Trish merkte nicht, dass sie es schließlich übertrieben hatte und zu einer aggressiven Kommunikatorin geworden war.

Natürlich gibt es nicht nur eine Art, in der Menschen mit Zugehörigkeitswunde kommunizieren, aber wir wissen, dass ihre Kommunikationsweise entweder ein Versuch ist, dazuzugehören, oder ein Versuch zu beweisen, dass sie nicht dazugehören. Entweder passen sie sich an, um anerkannt zu werden, oder sie benehmen sich so, dass die Geschichte ihrer Wunde bestätigt wird.

Trish kommunizierte in einer Art und Weise, die die Geschichte ihrer Wunde letztendlich bestätigte. Ihre Art stieß andere vor den Kopf. Was sie für direkt hielt, empfanden andere als aggressiv. Manche Freunde teilten bestimmte Angelegenheiten nicht mehr mit ihr und gingen auf Distanz. Trishs Weg der Auflehnung führte dazu, dass sie sich wie eine Außenseiterin vorkam. Ihre Wunde lag offen, aber dieses Mal bestimmte Trish selbst, wie damit umgegangen wurde.

»Ich weiß, du willst gegenüber den Menschen in deinem Leben ganz offen sein, aber ich frage mich, ob es nicht auch einen Mittelweg geben kann. Meinst du, du kannst offen und ehrlich sein und gleichzeitig die Gefühle deines Gegenübers berücksichtigen?«, fragte ich. »Was dich unter anderem in deiner Kindheit so verletzt hat, war die Tatsache, dass das, was *du* gefühlt und erlebt hast, nicht berücksichtigt wurde. Du wolltest, dass deine Eltern erkennen, was *du* brauchst, und nicht nur das, was sie selbst brauchen. Kann es sein, dass du genau das in gewisser Weise wiederholst? Dein Umkreis verlangt von dir mehr Sensibilität. Vielleicht gehört zu deinem Wachstum, dass du auch die Bedürfnisse der anderen respektierst. Also das, was du dir damals für dich gewünscht hättest.«

Trish ließ das auf sich wirken. Es berührte sie. »Ein ganz schöner Brocken«, sagte sie dann. »Aber ich verstehe, was du meinst, und denke, dass du recht hast.«

Trish erzählte mir, dass sie eine Freundin, die gerade eine Trennung durchmachte, eine Idiotin genannt hatte, weil sie so lange durchgehalten hatte. Es sei ein Glück, dass der Typ Schluss gemacht habe, denn sie hätte ihn wohl nie verlassen. *Schluck.* »Was hättest du denn gesagt?«, fragte sie mich. Es gibt natürlich vielerlei Arten zu reagieren, aber ich schlug Trish folgende Variante vor: »Es tut mir so leid, dass du Liebeskummer hast. Trennungen tun weh, und ich bin für dich da, wenn du darüber reden willst«. Das hätte gepasst.

Trish musste einsehen, dass man nicht aggressiv sein musste, um offen und direkt zu sein.

»Hier gibt es was zu reparieren, oder?«, fragte ich. »Das sind gute Freundinnen und Freunde. Menschen, die schon seit Langem zu deinem Leben gehören. Menschen, denen du vertraust, und von denen du weißt, dass sie dich lieben. Dass sie dir überhaupt dieses Feedback geben, sagt schon eine Menge aus. Was musst du dir wohl eingestehen und anerkennen?«

»Ich begreife, wie barsch ich gewesen bin. Ich muss zugestehen, dass ich grob und unsensibel gewesen bin. Das war ihnen gegenüber unfair, und ich verstehe, warum sie etwas Abstand wollten.«

»Meinst du, es wäre angemessen, wenn du ihnen offenbarst, warum du bisher so direkt und ruppig kommuniziert hast? Wenn du erklärst, wie das deine eigene Wunde aktiviert hat?«

Trish begann zu weinen. Ihr Freundeskreis war für sie wie eine Familie. Sie erkannte, dass hier die Möglichkeit bestand, sich zu öffnen, sich um ihre Wunde zu kümmern *und* die anderen zu achten.

Trish musste ihre barsche, direkte Kommunikationsweise durch Mitgefühl, Fürsorge und Einfühlungsvermögen ersetzen, aber das ging nicht einfach so. Erst musste sie verstehen, was sie vom sanfteren Kommunizieren abhielt. Sie wiederholte laut: »Wenn ich nicht aggressiv bin, bedeutet das nicht, dass ich ausweiche.« Daran musste sie sich immer wieder erinnern, für die Wahrheit dieser Aussage musste sie Raum schaffen. Würde sie weiterhin Aggression als das Gegenteil von Vermeiden ansehen, würde sie auch in Zukunft andere und sich selbst verletzen. Sie musste überlegen, wie ihr Gegenüber sie erlebte, anstatt einfach so loszulegen.

Es ist immer wieder unglaublich, an wie vielen verschiedenen Punkten unseres Lebens unsere Wunden aktiviert werden. Und jede Aktivierung birgt die Chance, der Heilung näher zu kommen. Trish hat sich getraut, sich zu öffnen, und wie zu erwarten war, hat sich ihr Umfeld ihr wieder angenähert.

Auch wenn der Weg, den Trish gegangen ist, nicht dein Weg ist, kannst du vielleicht erkennen, wie deine Wunde, wie auch immer sie aussieht, die Art und Weise beeinflusst, wie du mit den Menschen in deinem Leben kommunizierst. Überleg, ob sich dein Wunsch nach Zugehörigkeit ähnlich wie bei Trish auf deine Kommunikationsweise auswirkt. Stimmst du allem zu, was von anderen kommt, damit du nicht aus der Reihe tanzt und du dich leichter anpassen kannst? Oder setzt du dich durch und achtest darauf, dass du mitreden kannst? Was fällt dir alles auf? Du kannst aber auch untersuchen, welche Kommunikationsweise dir vorgelebt wurde, wie die Erwachsenen in deinem Leben miteinander und mit dir kommuniziert haben, und wie sich dieser Gesprächsstil auf dein Zugehörigkeitsgefühl ausgewirkt hat.

SICH MIT SICH SELBST UND ANDEREN VERBINDEN

Veronica kam pünktlich zur Therapiestunde. »Wie ist es gelaufen?«, fragte ich. Ich war neugierig darauf, ob sie und ihr Partner ihren Konflikt aus der Vorwoche überwunden hatten und ob sie statt Kritik ihre emotionalen Bedürfnisse geäußert hatte.

»Ich habe seit einer Woche nicht mehr mit ihm gesprochen«, antwortete sie.

»Oh, warum das denn?«, fragte ich.

»Er weiß, dass ich wütend bin. Er hat versucht, mich zu erreichen, aber ich bin nicht ans Telefon gegangen und habe auf keine Nachricht geantwortet. Ich rühre mich wahrscheinlich erst in den nächsten Tagen.«

Veronica war in ihrer Kommunikation passiv-aggressiv. Sie strafte ihren Partner mit Schweigen und teilte sich auf diese Weise mit statt mit Worten. Indem sie ihrem Partner eine Entschuldigung für etwas abverlangte, wofür er sich nicht zu entschuldigen brauchte, schuf sie eine Hierarchie innerhalb der Beziehung, in der sie ganz oben stand und er unter ihr. Mit diesem Spiel versuchte Veronica, die Oberhand zu behalten.

Passiv-aggressiv Kommunizierende zeigen ihre Gefühle indirekt, anstatt sie offen auszudrücken. Manchmal sagen sie verbal das eine, kommunizieren dann aber mit ihrem Verhalten etwas anderes. Ein Beispiel dafür wäre eine Person, die behauptet, mit etwas einverstanden zu sein, im weiteren Gespräch dann aber den Blickkontakt verweigert. Oder jemand wie Veronica, die sich selbst komplett unerreichbar macht und ihre Wut oder Frustration nicht mit Worten ausdrückt. Passiv-aggressive Kommunikation straft durch den Entzug von Liebe und Erreichbarkeit.

»Warum bestrafst du ihn?«, fragte ich.

Darauf hatte Veronica keine Antwort. Wir saßen eine gefühlte Ewigkeit ruhig da. Ich ließ die Stille zwischen uns bewusst ungefüllt. Denn ich wollte, dass sie über diese Frage nachdachte und erst antwortete, wenn sie bereit war.

»Ich glaube, ich möchte, dass er leidet, wenn ich leide«, sagte sie.

»Du hast gesagt, dass du dich wahrscheinlich in den nächsten Tagen bei ihm rühren wirst. Woher weißt du, wann der richtige Zeitpunkt dafür gekommen ist, wenn du jemanden auf diese Weise bestrafst?«, fragte ich.

»Ich reagiere erst, wenn er mich flehentlich bittet. In dem Moment weiß ich, dass er alles tun wird, um die Situation zu retten. Er wird alles tun, damit ich ihm verzeihe, damit ich ihm wieder gewogen bin.«

Hier kam Veronicas Würdigkeitswunde zum Vorschein, aber sie selbst sah sie noch nicht. Sie kommunizierte auf passiv-aggressive Weise, um ihr Gegenüber so weit zu bringen, dass es sich aus lauter Sehnsucht nach Kontakt ihr zuliebe kleinmachte und sie auf ein Podest stellte. Dies gab ihr dann vermeintlich das Gefühl der Würdigkeit.

So beweist man aber definitiv NICHT, dass man würdig ist. So demonstriert man nur Macht über andere. Es entsteht eine Illusion von Würdigkeit, aber gleichzeitig werden die Beziehung und alle Beteiligten entwertet.

Doch Veronica hatte gelernt, dass sie mit passiv-aggressiver Kommunikation bekam, was sie wollte, zumindest dachte sie das. Wenn sie sich so benahm, hatte sie die Oberhand. Bemühten sich andere darum, dass sie ihnen verzieh, hatte sie das Gefühl, gut genug für sie zu sein. Dann fühlte sie sich besonders und wichtig und hatte den Eindruck, wertgeschätzt zu werden. Ihre passiv-aggressive Kommunikation diente dazu, ihre Würdigkeit zu schützen, führte aber stattdessen zum Scheitern von Beziehungen.

Dadurch, dass Veronicas Partner den Einkauf nicht erledigen wollte, wurde ihre Würdigkeitswunde aktiviert. Sie reagierte daraufhin passiv-aggressiv: *Ich werde dir eine Lektion erteilen und dir die Situation so unangenehm machen, dass du mir beweisen wirst, wie würdig ich doch bin.* Aber was in dem Moment wirklich passierte, war, dass Veronica ihre Gefühle nicht spüren und nicht darüber sprechen musste. Sie kam nicht in Kontakt mit sich selbst oder erkannte ihre Wunde an. Somit konnte sie sich auch ihrem Partner nicht wirklich zuwenden und ihm ihren Schmerz und ihr Gefühl der Unwürdigkeit offenbaren. Ohne diese Verbindung mit sich selbst und mit ihrem Partner besteht jedoch keine Möglichkeit der Heilung.

Da dies ihr letzter Therapieversuch war, hieß es jetzt oder nie.

»Deine passiv-aggressive Kommunikationsweise ist eines der Dinge, die dich davon abhalten, dich würdig zu fühlen«, sagte ich.

Veronica schaute mich schockiert an. »Wie fühlst du dich, wenn du dich so verhältst? Wie geht es dir damit, dass du jemanden, den du angeblich magst, so behandelst?«, fuhr ich fort.

»Ich fühle mich scheußlich. Ich hasse mich selbst dafür.«

Wir saßen einen Moment lang da, und ich ließ sie die Wirkung ihrer Worte spüren.

»Was passiert wohl mit deiner Würdigkeitswunde, wenn du dich selbst hasst?«

»Es verschlimmert sie«, antwortete sie. »Wenn ich mich so verhalte, fühle ich mich nicht würdig, Liebe und Partnerschaft zu erleben. Ich finde sogar, er sollte mich lieber verlassen.«

Macht und Kontrolle sind ein Versuch, sich selbst zu schützen. Aber die eigenen Wunden werden nicht wirklich geschützt, wenn man durch Manipulation Macht erlangt. Veronica wurde nicht mehr wertgeschätzt, weil sie andere zu einem Verhalten zwang, das ihr das Gefühl gab, sie würde es. Sie konnte sich nur dann würdig fühlen, wenn sie sich selbst mochte und nicht mehr so benahm, dass sie sich deswegen schämte.

»Ich will das nicht mehr machen«, sagte sie. »Ich merke, wie sehr ich andere herausfordere und wie sehr ich sie wegstoße. Obwohl ich wirklich glauben möchte, dass ich würdig bin, sehe ich, dass ich mir mit allen Mitteln das Gegenteil beweise. Was ich da angeblich an Beweisen für meine Würdigkeit bekomme, ist alles nur Schwachsinn.«

Das war ein großer Durchbruch für Veronica, schmerzhaft und emotional. Ihre Beziehung endete zwar, aber in vielerlei Hinsicht war das eine wichtige Konsequenz, die sie erleben musste. Sie hatte verstanden, dass sie die Art und Weise, wie sie mit anderen sprach, ändern musste. Wenn sie verletzt war, musste sie innehalten und sich auf das besinnen, was sie wirklich ausdrücken wollte. Das erforderte eine gewisse Verarbeitungszeit vor jeder Äußerung, aber so konnte sie in ihrem Schmerz ihre Würdigkeitswunde erkennen und ihren Impuls zur passiv-aggressiven Kommunikation bemerken. Statt aus der Haltung *Wie schütze ich mich selbst?* heraus zu agieren, war ihr Motto nun: *Wie wende ich mich dieser Beziehung zu und schütze sie?* Eine großartige Leistung.

Diese wunderbare Frage sollte man sich bei jeder Beziehung stellen. *Wie kann ich so mit dir sprechen, dass ich UNS damit schütze?* Puh. Lies nicht einfach so schnell darüber hinweg. *Es gibt mich und es gibt dich, und es ist wichtig, wie wir beide diesen Moment fühlen und erleben.* Ich weiß, dass das nicht in jeder Sekunde eines Gesprächs oder eines Konflikts geschehen kann. Im Eifer des Gefechts ist es schwer, aber wenn du ab und zu über diese Frage nachdenkst, kannst du womöglich viel an deiner Beziehungskommunikation verändern. Denkst du über diese Frage nach, bevor du deine Gefühle ausdrückst – was eröffnet sich wohl dadurch? Das *Wir* im Blick zu haben, nimmt dir nichts von deinem eigenen Erleben. Es geht nicht darum, dass du andere über dich stellst. Es geht darum, dass du deine Beziehung auf gleiche Höhe wie dich selbst stellst.

Kannst du erkennen, wie deine passiv-aggressive Kommunikationsweise die Geschichte deiner Wunde, wie auch immer sie aussehen mag, bestätigt oder verleugnet? Wirst du passiv-aggressiv, um andere durch uneindeutige Botschaften zu verwirren, sodass du dich nicht mit etwas Unangenehmem konfrontiert wirst? Und kannst du erkennen, wie die Kommunikationsweise, die dir in deiner Herkunftsfamilie vorgelebt wurde, deinen heutigen Umgang mit anderen beeinflusst?

Vergiss nicht, dass ihr im selben Team sein könnt. Wenn ihr nicht gegeneinander kämpft, wenn es nicht *Du gegen mich* oder *Ich gegen dich* heißt, kann aus Distanz Zuwendung werden. Lösen wir uns von destruktiver Kommunikation, geben wir uns und anderen die Möglichkeit, gesehen, gehört und verstanden zu werden. Wir eröffnen uns selbst und anderen die Chance, das Geschehene wieder aus systemischer Sicht zu sehen. Das ist eine wunderbare Entwicklung hin zu mehr Verbindung.

KLAR UND BESONNEN VORGEHEN

Im Vorherigen habe ich bereits von Miyako und Jin erzählt. Jin hatte eine Sicherheitswunde. Über Miyako weißt du bisher noch nicht viel, auf jeden Fall hatte sie eine Aufmerksamkeitswunde. Das überrascht dich wahrscheinlich nicht, wenn du an ihre Beziehungsdynamik und Miyakos Versuche denkst, Jin zu einer Verlobung und Heirat zu drängen.

»An manchen Tagen ist Miyako ganz gelassen, aber an anderen Tagen setzt sie mir wegen unserer Zukunft so zu. Ich dachte, wir hätten uns darauf geeinigt, dass wir gemeinsam einen Schritt nach dem anderen machen.« Jin war verärgert über die Gespräche, die sie außerhalb der Therapie geführt hatten, und über einige der Konflikte, in die sie geraten waren.

»Miyako, weißt du, wovon Jin spricht?«, fragte ich. »Ja, er ist sauer, weil ich darauf bestehe, dass wir die vereinbarten Gespräche auch wirklich führen.«

Sofort schaltete sich Jin ein. »Das stimmt absolut nicht. Ich bin nicht sauer, weil wir über unseren gemeinsamen Weg sprechen, sondern wegen der Art, wie du mit mir redest. Ich bin sauer, weil du an manchen Tagen so vernünftig bist, mich aber an anderen Tagen anschreist und mir sagst, ich müsse endlich meine Sicherheitswunde überwinden, dich über sie lustig machst und mich dann an anderen Tagen ignorierst. Das ist nicht in Ordnung.«

Miyako pflegte einen wechselhaften Kommunikationsstil. Früher hatte sie heute das eine und morgen das andere gesagt. Aber jetzt wechselte sie zwischen den Kommunikationsweisen hin und her: Mal kommunizierte sie respektvoll und empathisch, mal wurde sie aggressiv und dann wieder passiv-aggressiv. Natürlich war Jin deswegen verunsichert, aber ich wollte erst mehr darüber erfahren, was bei Miyako los war.

Miyako war als Einzelkind mit Eltern aufgewachsen, die beide sehr beschäftigt gewesen waren. Ihre Eltern waren sehr fleißig gewesen, hatten einen Großteil ihrer Zeit und Energie in ihre Arbeit gesteckt und nicht viel Zeit für ihr Kind gehabt. Ihr Vater war außerdem spielsüchtig gewesen und hatte jede freie Zeit mit Glückspiel verbracht.

Hatte er Geld gewonnen, war er freundlich, liebevoll und zugewandt gewesen. Dann hatte er Miyako etwas Schönes gekauft und war gut gelaunt gewesen. Er hatte dann von seinem Tag erzählt und sich für das interessiert, was in Miyakos Leben vor sich ging. Aber wenn er Geld verloren hatte, war er wütend und unnahbar gewesen. Dann hatte sie ihn in Ruhe lassen müssen, hatte ihn nicht stören dürfen, und ihr Wunsch nach Zuwendung hatte ihn zornig gemacht. Sie war dann zu ihrer Mutter gelaufen, um Trost zu finden, aber ihre Mutter war zu beschäftigt gewesen, um sich um Miyakos emotionale Bedürfnisse zu kümmern.

Als ich das über ihre Kindheit erfuhr, begriff ich, dass Miyakos wechselhafte Art zu kommunizieren eine Wiederholung dessen war, womit sie aufgewachsen war. Miyako hatte eine Aufmerksamkeitswunde und nutzte jede nur denkbare Kommunikationsweise, um sich irgendwie bemerkbar zu machen. Auch wenn es nicht nur eine Art gibt, in der Menschen mit Aufmerksamkeitswunde kommunizieren, leuchtet es ein, dass jemand, der beachtet werden möchte, alles ausprobiert, was das gewünschte Ergebnis bringen könnte. *Ob ich Aufmerksamkeit bekomme, wenn ich ausweichend kommuniziere? Oder klappt es eher, wenn ich aggressiv bin? Was ist, wenn ich mich ruhig, gelassen und gefasst gebe? Was kann ich sonst tun?* Und so geht es immer weiter.

Miyako hatte all das bei Jin bereits versucht. Und auch wenn die beiden Fortschritte machten, ging es nach ihrem Geschmack nicht schnell genug. Obwohl wir eifrig an ihren Zielen arbeiteten, wurde Miyakos Aufmerksamkeitswunde aktiviert, und in ihrer Kommunikation probierte sie blind alles Mögliche aus, das ihr vielleicht helfen konnte. Damit war sie aber nicht nur erfolglos, sie aktivierte zudem Jins Sicherheitswunde. Miyakos wechselhafte Kommunikation hatte nur zur Folge, dass er sich verkroch, um sich irgendwie vor dem zu schützen, was er als chaotisch und bedrohlich empfand – eine Erfahrung, die er nur zu gut kannte.

Wenn man in der Therapie auf die Wurzel eines Problems stößt, verlangsamt das manchmal den Prozess. Wir graben etwas lange Verborgenes aus, und die Person oder das Paar, das mit einem Problem gekommen ist, von dem es dachte, es ließe sich in ein paar Wochen lösen, merkt, dass es doch länger dauert. Das kann zweifelsohne frustrierend sein, aber es ist viel besser, wenn man erst dann einen Schluss zieht, wenn man das ganze Bild sieht und nicht nur einen Teil davon.

»Dass wir so langsam vorgehen, bremst deine Pläne, kann das sein?« Ich richtete meine Frage an Miyako.

Sie nickte.

Ich verstand Miyakos Frustration und erinnerte sie noch einmal daran, warum wir beschlossen hatten, alles etwas langsamer anzugehen. »Miyako, was willst du Jin eigentlich mitteilen?«, fragte ich.

Sie schwieg ein paar Sekunden und blickte dann zu mir auf. »Das weiß ich eigentlich gar nicht«, meinte sie überrascht.

»Okay«, sagte ich. »Was möchtest du denn von Jin hören?«

»Dass ich ihm wichtig bin. Dass ihm diese Beziehung wichtig ist.« Die Antwort kam sofort. »Aber das zeigt er mir nicht.«

»Zeigt er dir das nicht, oder zeigt er es dir nicht schnell genug?«, hakte ich nach.

Ich konnte sehen, dass ihr die Frage nicht gefiel, aber sie räumte ihr dennoch Platz ein. »Ich schätze, er zeigt es nicht schnell genug.«

Ich stellte diese Frage, weil ich aus meiner Arbeit mit Jin und Miyako wusste, dass Jin Miyako und die Beziehung wichtig waren. Er arbeitete unermüdlich daran, aus voller Überzeugung einer Verlobung zustimmen zu können. Er wollte ihr nicht einfach einen Antrag machen und es hinter sich bringen. Er wollte ihr einen Antrag machen, der aus tiefer Liebe, Sehnsucht, Hochachtung und der beidseitigen Überzeugung, sich binden zu wollen, entstand. Er war auch schon nah dran, aber Miyakos Aufmerksamkeitswunde wurde immer aktiviert, wenn sie mitbekam, dass sich Freundinnen verlobten oder heirateten. Sie versuchte dann, Jin zu einem Heiratsantrag zu bewegen, indem sie zunächst ruhig und behutsam mit ihm sprach. Aber Jin spürte, dass das nicht authentisch war. Als Nächstes wurde sie aggressiv, und wenn das nichts brachte, wurde sie passiv-aggressiv.

Ich konfrontierte sie damit, dass ihr wechselhafter Kommunikationsstil dem ihres Vaters ähnelte. »Ist dir das schon einmal aufgefallen?«, fragte ich.

Miyako senkte den Blick und begann zu weinen. »Ach, du meine Güte.« Sie hielt inne und versuchte, sich zu sammeln, aber die Tränen flossen weiter. Schließlich wandte sie sich direkt an Jin. »Es tut mir so leid. Ich weiß, wie das ist, und ich möchte nicht, dass du das auch durchmachen musst. Aber wenn ich mich ängstlich und unsicher fühle, versuche ich alles, um deine Aufmerksamkeit zu bekommen, damit ich mich beachtet und wichtig fühle.«

»Aber du bist mir doch wichtig, Miyako. Ich liebe dich und freue mich auf unsere gemeinsame Zukunft. Ich wünsche mir nur, dass wir auf eine Art und Weise dorthin kommen, die für uns beide gut und richtig ist.«

Das kam aus Jins tiefstem Herzen. Aber Miyako hatte Angst. Sie wollte nicht dumm dastehen. Sie wollte nicht am Ende blamiert und enttäuscht sein. Aber anstatt ihre Ängste vorzubringen, um sie gemeinsam offen zu besprechen, drückte sie sie so aus, dass noch mehr Chaos, Distanz und Zweifel entstanden. Das war etwas, was sie nur zu gut aus ihrer Kindheit kannte.

In dieser Sitzung befassten wir uns mit den Wunden der beiden, ein Auge richtete sich auf Jins Sicherheitswunde und das andere auf Miyakos Aufmerksamkeitswunde. Beide mussten sich dessen bewusst werden, was sie im Gespräch miteinander brauchten, und beide mussten lernen, auf eine ruhige und klare Art miteinander zu kommunizieren. Weil sie beide nun ihre eigene Herkunftswunde und die des anderen kannten, achteten sie in der Folge mehr und mehr auf impulsive Reaktionen bei sich selbst und beim anderen und ersetzten diese nach und nach durch Neugier. Ihre Entwicklung war beeindruckend.

Ihre Neugier eröffnete ihnen so viele neue Gesprächsmöglichkeiten. Sie kommunizierten nun bewusst auf ehrliche, verletzliche und offene Weise miteinander. Natürlich gab es auch Momente des Konflikts und der Distanz, aber was sie aufgebaut hatten, war stabil. Sie waren zuversichtlich, was ihren gemeinsamen Weg betraf. Das Ja, das sie einander gegeben hatten, war ein Ja, dem sie wirklich vertrauen konnten. *Das* war der Sieg. Ein Ja ist leicht gesagt, aber was zählt, ist das tiefe Gefühl des Vertrauens, das mit dem Ja einhergeht. Jins und Miyakos Ja gab ihm das Gefühl von Sicherheit und ihr das Gefühl, wichtig zu sein und beachtet zu werden.

Kannst auch du dir überlegen, wie du in deiner Kommunikation ruhiger und klarer sein kannst? Und erkennen, was dich bisher daran gehindert hat? Kannst du dich auf das konzentrieren, was du eigentlich sagen willst, anstatt dich von Verwirrung oder Chaos leiten zu lassen? Denk dran: Zuallererst solltest du dir darüber klar werden, was du wirklich sagen willst. Was willst du deinem Gegenüber mitteilen? Mit dieser Frage hatte Miyako anfangs Schwierigkeiten. Fällt es auch dir schwer, sie zu beantworten, hilft vielleicht meine Anschlussfrage an

Miyako weiter: Was möchtest du von deinem Gegenüber hören? Das kann dich deinem emotionalen Bedürfnis ein Stück näher bringen.

Wenn du einen wechselhaften Kommunikationsstil durch ruhige Offenheit und Klarheit ersetzen und dabei freundlich, ehrlich und direkt bleiben könntest, wie würde dann der Satz lauten, den du deinem Gegenüber sagen möchtest, und was würdest du im Gegenzug gerne hören?

Das Ziel ist eine Beziehung, in der wir uns selbst und alle Beteiligten durch klare und ruhige Kommunikation wertschätzen. Wenn wir unsere Stimme erheben können, auch wenn sie zittert, ist das ein großer Sieg. Und wenn wir dabei noch die Wirkung unserer Worte auf andere berücksichtigen, drücken wir damit auf sehr schöne Weise Respekt und Liebe aus.

Sich bewusst machen, was man eigentlich sagen will

Wie du vielleicht schon vermutet hast, kann jede Wunde mit jedem Kommunikationsstil einhergehen. Jemand mit einer Sicherheitswunde wie Ally kommuniziert vielleicht passiv, um Konflikte zu vermeiden, aber ein Mensch mit einer Sicherheitswunde wird womöglich aggressiv, weil er glaubt, sich nur so Sicherheit verschaffen zu können: *Wenn ich mich größer, lauter und aggressiver mache als mein Feind, bin ich geschützt.* Eine Person mit einer Zugehörigkeitswunde wie Trish kann passiv statt aggressiv kommunizieren, weil sie sich ihrer Umgebung anpassen möchte. Wenn das Dazugehören Umgänglichkeit erfordert, kann ein passiver Kommunikationsstil sinnvoll erscheinen. Hast du eventuell festgestellt, dass du bei unterschiedlichen Personen verschiedene Stile verwendest? Was mir aber besonders wichtig ist, dass du darauf achtest, wie du kommunizierst, wenn deine Wunde aktiviert wird, du sie zu schützen versuchst und gesehen, gehört und verstanden werden willst.

Lass uns da gemeinsam genauer hinschauen. Denk an irgendeine Beziehung, in der die Kommunikation gestört ist. Du kannst dies später noch mit weiteren Beziehungen machen, aber konzentrier dich zunächst nur auf eine. Welche Kommunikationsweise wendest du an, wenn du mit dieser Person in einen Konflikt gerätst. Bist du passiv, aggressiv oder passiv-aggressiv oder ist dein Stil wechselhaft und eine Kombination aus allen dreien? Wie soll dich diese Art der Kommunikation schützen?

Als Nächstes möchte ich, dass du dir einen Moment Zeit nimmst und überlegst, wie während deiner Kindheit in deiner Familie kommuniziert wurde. Ist deine jetzige Kommunikationsweise eine Wiederholung dessen, was du beobachtet oder erlebt hast oder ist es eine Auflehnung dagegen? Erinnere dich daran, wie nützlich es für Trish war, zu erkennen, dass sie auf dem Weg der Auflehnung war? Geh in dich und schau, ob du etwas Ähnliches versuchst.

Wenn du dir die gewählte Beziehung genauer ansiehst, kannst du dann erkennen, welche Wunde aktiviert wird, wenn die Kommunikation abbricht? Und wie dich diese Wunde von einer klaren, direkten Kommunikation abhält? Die Frage nach dem Hemmnis ist sehr wichtig. Ally würde auf diese Frage hin vielleicht ihre Beziehung zu ihrer Mutter betrachten und erkennen, dass ihre aktivierte Sicherheitswunde sie an einer klaren, direkten Kommunikation hindert. Sie hat in so einem Fall das Gefühl, sich nicht direkt äußern zu dürfen, weil sie sonst auf Abwehr und Manipulation stößt. Veronica würde ihren Blick auf den Partner richten und antworten, dass das Hemmnis ihre Würdigkeitswunde ist. Statt durch klare, direkte Kommunikation versucht sie durch Prüfungen einen Beweis für ihren Wert als Partnerin zu finden.

Das sind wertvolle Erkenntnisse, aber damit ist es nicht getan. Erkenntnisse musst du nutzen, um deine Bedürfnisse zu formulieren und klar zu kommunizieren. Das Ziel ist es, von der emotionalen Reaktion zur klaren, liebevollen und direkten Kommunikation überzugehen. *Was willst du eigentlich sagen?* Wie bereits erwähnt, muss dein Ziel sein, dir bewusst zu werden, was du sagen willst, bevor du etwas sagst. Ich weiß, das bedeutet, dass du dir etwas Zeit nimmst und nachdenkst, bevor du ein Wort äußerst. Aber wir befinden uns auf der Zielgeraden, und wenn du in deinem Leben etwas verändern willst, dann musst du dich anstrengen.

Und genau deshalb machst du ja auch diese Arbeit mit dem Buch. Mitten im Gespräch oder im Konflikt ist es natürlich *zu viel* verlangt. In einem Streit plötzlich aufzuhören, dieses Buch hervorzuholen und die einzelnen Schritte durchzugehen, ist selbstverständlich unrealistisch. Deshalb solltest du jetzt daran arbeiten. Kremple die Ärmel hoch und lerne dich, deine Wunden, deine Konfliktbewältigung und deinen Kommunikationsstil besser kennen. Mach dir deine Bedürfnisse bewusst. Je besser du dich selbst kennst, desto einfacher wird es, im Ernstfall gut zu agieren.

DEINE FREIHEIT

Ein Zitat von Shonda Rhimes, einer beeindruckenden Produzentin, Drehbuchautorin und Schriftstellerin, brachte für mich vor Jahren auf den Punkt, warum Kommunikation so wichtig ist. »Denn egal, wie schwierig ein Gespräch ist, ich weiß, dass mich auf der anderen Seite des schwierigen Gesprächs Frieden erwartet. Neues Wissen. Eine Antwort. Man lernt sich kennen. Waffenruhe wird vereinbart. Missverständnisse werden ausgeräumt. Die Freiheit liegt hinter der Weite schwieriger Gespräche. Und je schwieriger das Gespräch ist, desto größer ist die Freiheit.«[39] Auf der anderen Seite schwieriger Gespräche findet man Antworten, Auswege und, wie Rhimes sagt, Freiheit. Eines muss ich dabei allerdings hervorheben. Die Freiheit, von der sie spricht, erfordert von uns Bewusstheit. Sie erfordert bewusste Kommunikation. Wir finden keine Freiheit, wenn wir passiv, aggressiv, passiv-aggressiv oder wechselhaft bleiben. Wir finden keine Freiheit, wenn wir von aktivierten Wunden angeführt in den Kampf ziehen. Dann bleiben wir Gefangene. Unsere Freiheit liegt nur dann hinter dem Feld der schwierigen Gespräche, wenn wir uns anders auf den Konflikt einlassen.

Allys Freiheit erforderte ein Gespräch mit dem Mann, mit dem sie zusammen war, ein offenes Gespräch, gegen das sie sich sträubte. Was Trish zur Freiheit fehlte, war, die Verantwortung für einen Kommunikationsstil zu übernehmen, der ihr Sicherheit geben sollte, aber stattdessen andere von ihr wegstieß. Veronicas Freiheit verlangte von ihr, dass sie aufhörte, passiv-aggressiv zu sein, und ihre Stimme erhob, um ihren Schmerz zu äußern. Und Miyako und Jin fanden jedes Mal mehr und mehr Freiheit, wenn sie ein schwieriges Gespräch führten und einander mehr von ihrer Vorgeschichte erzählten.

Schwierige Gespräche führen nicht immer zu den erwünschten Ergebnissen, aber sie sind stets wertvoll. Das, was du dabei gewinnst, ist vielleicht nicht, dass du endlich gehört wurdest, aber womöglich, dass du dich selbst wertgeschätzt hast. Dein Gewinn besteht vielleicht nicht darin, dass ihr eine feste, exklusive Paarbeziehung vereinbart habt, sondern darin, dass du dich geöffnet und dein Inneres gezeigt hast, was du selten tust. Der Erfolg ist womöglich nicht, dass du im Freundeskreis wieder willkommen bist, sondern dass du für etwas, was du vorher ignoriert hättest, die Verantwortung übernommen und dich entschuldigt hast. Du änderst deine Kommunikationsweise, weil du dich und deine Mitmenschen dadurch wertschätzt. Du wirst freier, weil du beschließt, dich nicht mehr von vergangenen Ereignissen beherrschen zu lassen, die bisher dein Leben bestimmt haben. *Du* hast das Sagen, vergiss das nie.

10
GRENZEN

Die meiste Zeit meines Lebens war ich sehr schlecht darin, Grenzen zu setzen. Das ist für dich bestimmt keine überraschende Erkenntnis, aber wenn man immer so tut, als hätte man keine Bedürfnisse, ist das keine gute Voraussetzung dafür, gesunde Grenzen zu errichten. Ich habe mich cool gegeben, indem ich so tat, als ob ich mit allem einverstanden wäre. Denn ich war überzeugt, dass mich bei der kleinsten Grenzziehung mein Partner verlassen würde oder dass Freundinnen enttäuscht und sauer auf mich sein würden. Das wäre für mich unerträglich gewesen. Ich wollte meine Beziehungen um jeden Preis aufrechterhalten, selbst auf Kosten meines eigenen Wohlbefindens. Ich wollte mit allen verbunden bleiben, auch wenn das bedeutete, dass ich mich selbst enttäuschte oder überforderte. Zuwendung war mein Rettungsanker. Nur solange in meinen Beziehungen alle mit mir zufrieden waren, wähnte ich mich in Sicherheit.

In dem Gedicht *The Invitation* von Oriah gibt es eine Zeile, die lautet: »Ich möchte wissen, ob man jemanden enttäuschen kann, um sich selbst treu zu bleiben.«[40] Ich weiß noch, wie ich dieses Gedicht zum ersten Mal las und auf diesen Satz stieß. Er hat mich zu Tränen gerührt. *Ich möchte wissen, ob man jemanden enttäuschen kann, um sich selbst treu zu bleiben.*

Puh. Das war nicht die Art, wie ich lebte. Ich enttäuschte lieber mich selbst als jemand anderen. Ich hatte zu viel Angst, die Verbindung zu verlieren, selbst wenn diese Verbindung letztlich eine falsche war. Ich hatte Angst, andere zu enttäuschen, weil ich als Kind zwischen zwei Elternteilen hin- und hergerissen war – einen von ihnen zu enttäuschen, war dabei unausweichlich. Und ich hatte den Schmerz, das Leid und das Chaos gesehen, das dadurch entstand.

Wie bereits erwähnt haben meine Eltern eine neun Jahre dauernde Scheidung durchlebt. Mit sieben Jahren wurde ich ins Büro des Scheidungsrichters gebeten. Er sagte zu mir: »Hallo, Vienna, ich stelle dir jetzt ein paar Fragen über deine Eltern. Unser Gespräch wird aufgezeichnet, und beide Elternteile bekommen eine Kopie davon.« Er fragte mich, mit welchem Elternteil ich lieber zusammenlebte, welche Wohnung mir besser gefiel und wo ich mich am wohlsten fühlte. Aber alles, was ich dachte, war: *Meine Eltern werden meine Antworten hören, also muss ich darauf achten, dass ich keinen von ihnen verletze oder enttäusche.*

Die eigentliche Frage, die mir gestellt wurde, lautete: *Entscheidest du dich für deine Mutter oder für deinen Vater?* Mir ist nie in den Sinn gekommen, dass es noch eine dritte Möglichkeit gegeben hätte: *Wie wäre es, wenn du dich für dich selbst entscheidest?* Dass man dieses Prozedere damals überhaupt für sinnvoll hielt, macht mich immer noch sprachlos, aber leider wurden die furchtbar schlechten Grenzen, die ich wegen meiner Sicherheitswunde hatte, nur noch verschlechtert. Um es klar zu sagen: Es liegt nie in der Verantwortung des Kindes, gesunde Grenzen zu setzen. Die Erwachsenen müssen ein Umfeld schaffen, in dem gesunde Grenzen bestehen können. Aber in Ermangelung gesunder Grenzen habe ich gelernt, *ihre* Gefühle zu schonen, statt mich für meine eigenen zu interessieren.

Wenn die Erwachsenen keine gesunden Grenzen definieren, wächst man in einer Umgebung auf, in der man nicht lernt, was gesunde Grenzen sind. Sich für sich selbst zu entscheiden, fühlt sich dann schwierig, fremd und egoistisch an. Aber gesunde Grenzen sind nicht egoistisch, auch wenn manche das behaupten. Sie zeugen von Selbstliebe und Selbstachtung und sie respektieren dabei auch die Mitmenschen. Menschen mit gesunden Grenzen sind offen gegenüber Menschen, denen sie vertrauen. Sie geben nicht zu viel von sich preis, sie wissen um den Wert ihrer eigenen Meinung und lassen auch andere gelten, sie kommunizieren klar und direkt, sie sagen ohne schlechtes Gewissen Nein, nehmen Ablehnung nicht persönlich und sie stehen zu ihren Werten.

Wie meine Freundin und Kollegin Nedra Glover Tawwab sagt: »Grenzen sind dazu da, Beziehungen zu erhalten.«[41] Sie sind die unsichtbaren Linien zwischen mir und allem, was nicht zu mir gehört. Sie sind wie ein unsichtbares Filtersystem, mit dem ich trennen kann, was in einer Beziehung okay ist und was nicht. Sie helfen mir, die Regeln, Erwartungen und Bedingungen einer Beziehung zu klären, damit ich mich meinem Gegenüber nahe und verbunden, mich aber auch sicher, geschützt und respektiert fühlen kann. Anhand meiner Grenzen kann ich anderen zeigen, wie ich behandelt werden will, was akzeptabel oder inakzeptabel ist. Sie sorgen dafür, dass mein Ja ein Ja und mein Nein ein Nein bleibt, damit Ärger, Ermüdung, Frustration und Wut nicht überhandnehmen.

In den meisten Fällen ist es richtig, gesunde Grenzen zu setzen, in bestimmten Lebenslagen ist es allerdings am wichtigsten, sich selbst zu schützen. Solltest du dich in einem Gewaltverhältnis oder einer unsicheren Umgebung befinden, kann das Aufgeben deiner Grenzen in manchen Momenten dein Leben retten oder dich vor Schaden bewahren. Was in diesem Kapitel dargelegt wird, gilt nur, wenn du dich in deinem Umfeld sicher fühlst.

Zwei Arten von ungesunden Grenzen

Wenn meine Klient:innen Hilfe beim Setzen von Grenzen brauchen, gehören sie entweder zu den Menschen, deren Grenzen zu durchlässig sind, oder zu denen, deren Grenzen zu starr sind. Beides ist auf unterschiedliche Weise ungesund, deshalb betrachten wir eins nach dem anderen.

DURCHLÄSSIGE GRENZEN

Die Bezeichnung der unterschiedlichen Grenzen, die Dr. Alexandra Solomon in ihrem Buch *Loving Bravely* verwendet, schätze ich sehr.[42] *Durchlässige Grenzen* treffen auf meinen Fall in der Kindheit zu. Ich war ein Musterbeispiel für durchlässige Grenzen. Ich wollte es allen recht machen und bloß niemanden enttäuschen, konnte nicht Nein sagen und wollte, dass alle zufrieden mit mir sind. Menschen mit durchlässigen Grenzen finden sich oft in Co-Abhängigkeiten wieder, geben zu viel von sich preis, brauchen ständig Bestätigung und lassen sich häufig schlecht behandeln, nur um mit anderen in Verbindung zu bleiben oder gemocht zu werden. Durchlässige Grenzen sind wie ein kaputter Zaun. Die Pfosten stehen vielleicht noch um das Haus herum, aber die Latten sind verrottet, manche fehlen und das Türchen ist aus den Angeln gehoben und hat kein Schloss mehr. Alles kann nach Belieben rein und raus.

Menschen mit durchlässigen Grenzen schrecken meist davor zurück, ihren Zaun zu reparieren, weil damit Risiken verbunden sind. Sie haben Angst, nicht gemocht zu werden. Sie wollen andere nicht enttäuschen, verärgern oder im Stich lassen. Und sie plagen sich mit den Schuldgefühlen ab, die andere ihnen aufbürden – aus Angst, sie könnten Ärger machen oder als schwierig angesehen werden, wenn sie für sich selbst einstehen. Hast du eine Freundin, die keinen Widerspruch duldet, weshalb du ihrem Willen einfach nachgibst, damit es nicht zum Konflikt kommt? Oder nimmst du jeden Anruf deiner Mutter entgegen, egal wo du bist oder was du tust, damit du keine Schuldgefühle entwickelst? Du wirst später noch erfahren, wie du daran arbeiten kannst. Aber für den Moment ist nur wichtig, dir bewusst zu machen, in welchen Beziehungen in deinem Leben durchlässige Grenzen existieren.

STARRE GRENZEN

Menschen mit starren Grenzen möchten es dagegen *nicht* allen recht machen. Sie meiden eher Intimität und Nähe. Es fällt ihnen schwer, sich zu öffnen, um Hilfe zu bitten oder anderen zu vertrauen. Menschen mit starren Grenzen hüten persönliche Informationen und geben sich ungern verletzlich, und sie haben manchmal strenge Regeln, die unflexibel und unvernünftig erscheinen.

Erinnerst du dich an den durchlässigen Zaun? Stell dir starre Grenzen wie eine Betonmauer vor. Diese Betonmauer ist so hoch, dass niemand das Haus sehen kann. Es gibt weder Tür noch Tor. Der Hauptzweck dieser Mauer ist es, Menschen draußen zu halten. Die Möglichkeit, Kontakt herzustellen, besteht nicht.

Weißt du noch, die Geschichte von Mark und Troy? Marks Mauern sind ein Beispiel für starre Grenzen. Er errichtete eine solche Betonmauer, und Troy konnte ihn nicht erreichen, ihn nicht kontaktieren und nicht erfahren, wann er nach Hause kam. Mark hielt Troy auf Distanz, um sich vor Kritik zu schützen.

Menschen mit starren Grenzen vermeiden es in der Regel, ihre Mauer abzusenken, weil sie damit etwas riskieren. Dahinter steckt die Angst, verletzt zu werden. Menschen mit starren Grenzen wollen in erster Linie sich selbst schützen, denn die Erfahrung hat sie gelehrt, dass Schlimmes passiert, wenn sie jemanden an sich heranlassen oder wenn sie sich offen zeigen.

Wie Wunden gesunde Grenzen verhindern

Angst davor zu haben, dass man andere verärgert oder enttäuscht, dass man verletzt wird oder etwas Schlimmes passiert – das alles sind sehr überzeugende Gründe, um eine gesunde Grenzziehung zu vermeiden. Aber der wahre Grund, der dahintersteckt, ist, dass eine Wunde aktiviert ist.

Kannst du dir vorstellen, wie schwer es ist, die eigenen Grenzen (oder die Grenzen anderer) zu respektieren, wenn das Hauptziel darin besteht, um jeden Preis Würdigkeit, Zugehörigkeit, Aufmerksamkeit, Vertrauen oder Sicherheit für sich selbst herzustellen? Denk mal einen Moment darüber nach.

- Stell dir vor, ein Freund hat dir ein paar Mal hintereinander in letzter Minute abgesagt. Aber weil deine Zugehörigkeitswunde aktiviert ist und du gelernt hast, dass du am ehesten dazugehörst, wenn du so liebenswert wie möglich bleibst, sagst du ihm nie, wie respektlos du das findest.

- Eine Freundin sagt dir, dass sie müde ist und schlafen muss, aber weil deine Aufmerksamkeitswunde das Ruder übernommen hat, akzeptierst du keine Absage, sonst würdest du dich unwichtig fühlen. Stattdessen sagst du ihr, dass sie bestimmt einen tollen Abend verpassen wird, und dass du sauer bist, wenn sie nicht mitkommt.

- Der Mann, mit dem du ausgehst, bittet dich immer wieder, offen über deine Gefühle zu sprechen. Doch das letzte Mal, als du dich einem Partner gegenüber geöffnet hast, hat er mit dir Schluss gemacht. Deine Sicherheitswunde behält die Oberhand, du bleibst bei deinen starren Grenzen und schützt dich.

Das sind alles Grenzverletzungen. Und deine momentanen Grenzverletzungen wurden dir irgendwann beigebracht, und zwar durch das, was du beobachtest oder erlebt hast oder was von dir erwartet wurde.

Wenn deine Wunden aktiviert sind, steigt die Wahrscheinlichkeit, dass du durchlässige oder starre Grenzen errichtest. Wie verhindert deine aktivierte Wunde, dass du gesunde Grenzen ziehst? Lass uns da mal näher daraufschauen.

- Meine Wunde ist eine ________.
- Ich setze zum Schutz meiner Wunde ________ (durchlässige/starre) Grenzen.
- Kurzfristig gewinne ich dadurch ________.
- Diese Grenzen wirken sich auf mein Gegenüber folgendermaßen aus: ________.

WIE EINE UNAUFRICHTIGE VERBINDUNG KOMMUNIKATION UND GRENZZIEHUNG BEHINDERT

Ich merkte schon an Allys Gesichtsausdruck, dass etwas nicht stimmte. »Alles in Ordnung?«, fragte ich. »Wie läuft die Beziehung?«

Ihre Beziehung war zwar noch im Frühstadium, aber ich hatte schon seit ein paar Wochen nichts Neues mehr gehört.

»Ganz okay. Kann sein, dass er allmählich das Interesse verliert. Ich bin mir nicht sicher, was los ist, aber bei unseren letzten Verabredungen kam er jedes Mal eine halbe Stunde zu spät. Mir ist es peinlich, allein an der Bar zu sitzen und auf ihn zu warten.«

»Oh, Ally, das tut mir leid. Ich kann mir vorstellen, wie unangenehm das ist, und dass du dich wunderst, was los ist. Hast du mit ihm darüber gesprochen?«, fragte ich.

»Nein, ich sag lieber nichts, ich will ihn nicht verärgern. Wenn ich etwas sage, müssen wir darüber reden und ich fürchte dann, dass er Schluss macht.«

Ally war es wichtiger, mit Mike verbunden zu bleiben, als ihm zu sagen, was sich ändern musste. Weil sie die Beziehung nicht riskieren wollte, war sie bereit, die schlechte Behandlung zu akzeptieren. *Lieber nehme ich in Kauf, dass mit meiner Zeit rücksichtslos umgegangen wird, als die Beziehung zu gefährden.* Sie entschied sich dafür, die Beziehung zu erhalten, anstatt eine gesunde Grenze zu setzen.

Alles in ihrem Inneren zu belassen und so zu tun, als wäre alles in Ordnung, war für Ally sicherer, als eine Grenze zu ziehen und damit

Konflikte und das Ende der Beziehung zu riskieren. Zu Hause hatte sie gelernt, mit ihrer Mutter so umzugehen, und bei ihrem Vater konnte sie das Gleiche beobachten. Er hörte lieber über bestimmte Dinge hinweg, als sich auf einen Konflikt einzulassen.

»Ally, er überschreitet bei dir eine Grenze, merkst du das?«, fragte ich.

»Ja, aber er hatte gute Gründe dafür. Einmal musste er lange im Büro bleiben, ein anderes Mal musste er noch den Hund ausführen, bevor er losfuhr, und beim dritten Mal hat seine Mutter angerufen und Hilfe bei irgendwas gebraucht. Soll ich ihm etwa sagen, dass er solche Sachen lassen soll?«

Ally war jede erdenkliche Ausrede recht, um eine Grenzziehung zu vermeiden. All diese Gründe konnten durchaus wahr sein, aber es änderte nichts an der Tatsache, dass sie trotzdem eine Grenze setzen musste. Es war schließlich Mikes Sache, seine Zeit besser einzuteilen. Er musste früher Bescheid geben oder seinen Tag so planen, dass er die Verabredung pünktlich einhalten konnte. Er hätte das Treffen um eine halbe Stunde verschieben können, um Ally nicht warten zu lassen. All das war Mikes Aufgabe. Natürlich wird man manchmal bei der Arbeit aufgehalten, selbstverständlich müssen Hunde Gassi gehen, und sicher hilft man im Familienkreis aus. Um all das ging es aber nicht. Ally musste ihre durchlässigen Grenzen – *ich möchte um jeden Preis mit dir verbunden bleiben* – durch gesunde Grenzen ersetzen, wenn sie echte Verbundenheit erreichen wollte.

Ally wusste, dass sie eine Grenzziehung vermied. Davon ausgehend war mir wichtig, dass sie begriff, wofür sie sich entschied, wenn sie ihre durchlässige Grenze beibehielt. »Was könnte es wohl sein?«, fragte ich.

Ally sorgte dafür, dass Mike sich nicht über sie ärgerte und sie dann verließ. *Das* war ihr wichtig. Wie sie behandelt wurde, war nicht wichtig.

Bevor wir daran arbeiten konnten, eine gesunde Grenzziehung einzuüben, musste ich Ally warnen, dass dies ihre Sicherheitswunde alarmieren konnte. Denn was uns nicht vertraut ist, wirkt zunächst ziemlich destabilisierend. Auch wenn eine gesunde Grenzziehung objektiv gesehen etwas Gutes ist, war das für Ally etwas Neues. Und alles Neue ist unbekannt, unsicher und kann sich gefährlich anfühlen. Da Ally keinen Beweis dafür vorliegen hatte, dass eine gesunde Grenzziehung funktionieren würde, wollte sie verständlicherweise lieber darauf verzichten.

Um von einer durchlässigen Grenze zu einer gesunden Grenze zu gelangen, musste Ally um ihrer Selbstachtung willen eine letztlich unaufrichtige Verbindung aufs Spiel setzen. Eine gesunde Grenze zu ziehen, würde bedeuten, dass Ally Mike mitteilte, welche Auswirkungen seine Verspätungen trotz aller guten Gründe auf sie hatten. Dies wäre für sie ein wichtiger Schritt in Richtung Selbstachtung, mit dem sie auch Mike achten und respektieren würde.

Zwar bewog Allys Sicherheitswunde sie dazu, zu schweigen und so zu tun, als sei nichts passiert, um die Beziehung nicht zu gefährden, aber ihre Heilung forderte etwas anderes von ihr. Für eine dauerhafte Heilung müssen Wunden und gesunde Grenzen zusammenwirken.

»Was könntest du sagen?«, fragte ich Ally.

»Na, vermutlich muss ich sagen, dass ich schon verstehe, dass sich Pläne ändern können, wenn was dazwischenkommt, aber dass ich möchte, dass er meine Zeit mehr respektiert, indem er pünktlich ist. Ich könnte ihm sogar sagen, dass ich mich blöd und missachtet fühle, wenn er zu spät kommt.« Ally probte mit mir eine gesunde Grenzziehung.

»Sehr schön«, sagte ich. »Deine Sicherheitswunde will dich beschützen, aber wenn sie das Sagen hat, beschützt sie nicht wirklich *dich*, sondern etwas, wovor du Angst hast, dass es dir schaden könnte. Verstehst du das?

Wenn du dir selbst keine gesunden Grenzen setzt, bist du nicht authentisch verbunden. Du hältst etwas zurück. Du bist unaufrichtig verbunden. Setzt du gesunde Grenzen, mögen manche Beziehungen verloren gehen. Das ist ein unangenehmer Gedanke, ich weiß. Aber dein Ziel ist es, offene, ehrliche Beziehungen mit echter Verbundenheit zu führen. Du möchtest nicht nur die Illusion davon erleben. Das ist nicht heilsam.«

Von durchlässigen zu gesunden Grenzen

Wenn deine Grenzen durchlässig sind, solltest du darüber nachdenken, welche Beziehungen oder Dynamiken in deinem Leben dich so konfliktscheu haben werden lassen. Überleg, woher die Angst kommt, andere zu enttäuschen, und warum es dir so schwerfällt, Nein zu sagen. Woran liegt es, dass du immer sichergehen willst, dass alle glücklich sind, oder dass du es in Ordnung findest, dass andere dich schlecht behandeln und du dazu schweigst? Dahinter steckt eine Geschichte, das kann ich dir versichern. Davon ausgehend möchte ich dich bitten, folgende Fragen durchzuarbeiten *(in Klammern findest du Allys Antworten)*:

1. Welche Wunde soll deine durchlässige Grenze schützen?
   (Meine Sicherheitswunde.)

2. Was befürchtest du als Folge, wenn du sie durch eine gesunde Grenze ersetzt?
   (Dass mein Partner sich abschottet, in die Abwehrhaltung geht oder mich verlässt.)

3. Woran erinnert dich diese Angst?
   (An das, was mit meiner Mutter passiert ist, als ich jung war.)

4. Wenn du eine durchlässige Grenze beibehältst, was ist dir dann am wichtigsten?
   (Dass ich mit Mike in Verbindung bleibe und dass er mich nicht verlässt.)

5. Was brauchst du für deine Selbstachtung und deine Sicherheit?
   (Ich möchte, dass auf meine Zeit Rücksicht genommen wird, aber auch, dass diese Beziehung weitergeht.)

6. Was braucht dein Gegenüber wohl, um sich geachtet und respektiert zu fühlen?
   (Mike hätte wahrscheinlich gern, dass ich weiß, dass er es gut meint und dass er deswegen kein schlechter Mensch ist.)

7. Wie kommunizierst du deine Grenze?
   (Mike, ich finde es toll, dass wir uns kennengelernt haben, und ich genieße unsere Treffen sehr. Aber ich fände es schön, wenn du pünktlich kämst oder das Treffen verschieben würdest, damit ich nicht eine halbe Stunde auf dich warten muss. Das ist mir gegenüber sonst rücksichtslos.)

Rate mal, was passiert, wenn Ally an ihren durchlässigen Grenzen festhält? Sie bleibt ewig bei den ersten drei Fragen hängen. Ihre Sicherheitswunde hält sie davon ab, eine gesunde Grenze zu setzen, denn die Angst davor, was in der Folge geschehen könnte, erinnert sie an etwas aus der Vergangenheit. Verstehst du das? Die Angst sorgt für den Bestand der durchlässigen Grenze, und Ally dreht sich immer weiter im Kreis. Genauso drehst *du* dich im Kreis.

Um gesunde Grenzen zu setzen, musst du aus dem, was du kennst, heraustreten. Ich weiß, wie schwer das ist, weil ich es selbst durchgemacht habe. Aber mit einem mutigen Schritt kannst du deinen Kurs ändern.

MEIN MUTIGER SCHRITT

Ich spreche sowohl aus persönlicher als auch aus beruflicher Erfahrung über Grenzziehung. Um den Wechsel von durchlässigen Grenzen zu gesunden Grenzen zu vollziehen, war ein einzelner Moment in meinem Leben nötig. In meinen späten Zwanzigern war ich mit jemandem zusammen, von dem ich glaubte, er sei »der Richtige«. Kurze Zeit nach dem Beginn der Beziehung wollte seine Ex wieder mit ihm zusammen sein. Er war verwirrt, gestresst und wusste nicht, was er tun sollte. Da ich immer noch in der Phase war, in der ich gern die »Coole« gab, sagte ich ihm, er solle sich alle Zeit nehmen, die er brauche; ich verstünde, wie schwierig das für ihn sein müsse; und ich würde auf jeden Fall seine Entscheidung unterstützen. *Wenn ich es total locker nehme, will er doch bestimmt mit mir zusammen sein!* So in etwa.

Aber eines Tages wurde mir im Gespräch mit einer Freundin klar, dass ich eine Rolle aus meiner Kindheit wiederholte. Ich tat so, als wäre ich mit etwas einverstanden, mit dem ich gar nicht einverstanden war. Er und seine Ex trafen sich und redeten viel miteinander, um zu entscheiden, ob sie wieder zusammenkommen sollten, und ich – seine derzeitige Partnerin! – tat so, als würde mich das nicht berühren. *Sei bloß nicht zu schwierig, hab keine Bedürfnisse, sonst verlässt er dich vielleicht.* Das wurde mir schlagartig bewusst. Und auf einmal war ich fertig mit dieser Rolle, mit dieser Verstellerei.

Ich erinnere mich noch genau an die Worte, die ich zu ihm sagte, an die gesunde Grenze, die ich an diesem Abend nach wochenlangem Hin und Her setzte. Ich rief ihn an und sagte nervös: »Ich bin nicht einverstanden mit dem, was du tust. Wie du mit der Situation umgehst, ist respektlos und für mich entwürdigend. Du glaubst, du müsstest dich zwischen ihr und mir entscheiden, dabei musst du erst lernen, dich für dich selbst zu entscheiden, und ich sehe nicht, dass du das tust. Ich werde dir die Wahl erleichtern und mich von der Liste deiner Möglichkeiten streichen.«

An diesem Abend machte ich Schluss und sprach danach nie wieder mit ihm. Kein einziges Mal. Ich habe monatelang geweint. Es war furchtbar. Ich hatte geglaubt, mit ihm eine Zukunft zu haben, aber als ich merkte, dass mich meine Würdigkeitswunde von einer gesunden Grenzziehung abhielt und dass ich meine Rolle aus der Herkunftsfamilie in diese Beziehung übertragen hatte, war das der heftigste Weckruf meines Lebens. Wenn ich die obigen Fragen beantworten müsste, würden die Antworten folgendermaßen lauten:

1. Welche Wunde soll deine durchlässige Grenze schützen?
Meine Würdigkeitswunde.

2. Was befürchtest du als Folge, wenn du sie durch eine gesunde Grenze ersetzt?
Dass er mich verlässt und zu seiner Ex zurückkehrt.

3. Woran erinnert dich diese Angst?
Dass etwas oder jemand wichtiger ist als meine Gefühle.

4. Wenn du eine durchlässige Grenze beibehältst, was ist dir dann am wichtigsten?
Schlecht behandelt zu werden.

5. Was brauchst du für deine Selbstachtung und deine Sicherheit?
Ich muss ihm mitteilen, wie respektlos er sich verhält, und ich muss mich mit der Folge abfinden.

6. Was braucht dein Gegenüber wohl, um sich geachtet und respektiert zu fühlen?
Milde und Verständnis. Die Einsicht, dass er sich schwertut. Aber ich muss dennoch klar sein.

7. Wie kommunizierst du deine Grenze?
Ich bin nicht einverstanden mit dem, was du tust. Wie du mit der Situation umgehst, ist respektlos und für mich entwürdigend. Du glaubst, du müsstest dich zwischen ihr und mir entscheiden, dabei musst du erst lernen, dich für dich selbst zu entscheiden, und ich sehe nicht, dass du das tust. Ich werde dir die Wahl erleichtern und mich von der Liste deiner Möglichkeiten streichen.

Was ist dein mutiger Schritt, wenn es ums Grenzensetzen geht? Deine Beziehung zu deiner Wunde ist entscheidend. Wenn du beschließt, eine gesunde Grenze zu setzen, musst du deine Wunde bezeugen und anerkennen, damit sie weiß, dass du ein Risiko eingehst. Es gibt einen Unterschied zwischen einem bewussten, wohlüberlegten Risiko und einem leichtsinnigen Risiko. Deine Aufgabe ist es, Ersteres einzugehen.

Du weißt bereits eine Menge über deine Wunde. Du hast einiges darüber erfahren, warum du durchlässige Grenzen setzt und wie dich diese Grenzen vor Dingen schützen, denen du dich ungern stellst. Aber ich möchte, dass du nun darüber nachdenkst, wie eine gesunde Grenze aussehen könnte, die diese durchlässige Grenze ersetzt. Ich möchte, dass du dies ganz bewusst durchdenkst. Dass du das Risiko erkennst, das du eingehst, aber zugleich aussprichst, warum es für dich wichtig ist, dieses Risiko einzugehen.

- Meine durchlässige Grenze besteht darin, dass __________.
- Wie könnte eine gesunde Grenze aussehen? __________.
- Damit gehe ich das Risiko ein, dass __________.
- Dieses Risiko muss ich eingehen, weil __________.
- Unabhängig von den Folgen hilft das meiner Herkunftswunde, weil __________.

Gute gemacht. Achte auf eine Gelegenheit, in der du deine durchlässige Grenze durch eine gesunde ersetzen kannst. Wenn du es rechtzeitig bemerkst, wunderbar! Wird es dir erst im Nachhinein bewusst, dann überleg, wie ein mutiger Schritt hätte aussehen können. Vielleicht weißt du ja sogar, bei welchem Menschen deine durchlässige Grenze existiert. Überleg dir dann im Voraus, wie eine gesunde Grenzziehung erfolgen könnte, und versuche dann, sie umzusetzen.

Von starren zu gesunden Grenzen

Tonys Vater misshandelte Tonys Mutter, bis Tony eines Tages stark genug war, dem ein Ende zu setzen. Er mied sein ganzes Leben lang Beziehungen aus Angst davor, Liebe und Zuwendung zu verlieren. Denn das hatte er bei seiner Mutter erlebt, als sie nach ihrer Gewalterfahrung dissoziierte.

Vor ein paar Monaten hatte Tony eine Frau kennengelernt und er erzählte mir, wie sehr er sie mochte. Sie war klug und interessant, er fühlte sich sehr zu ihr hingezogen, und sie war auch an ihm interessiert. »Wir sind schon ein paar Mal miteinander ausgegangen, das war schön«, bemerkte er schüchtern.

»Wie läuft das Gespräch zwischen euch beiden?«, fragte ich.

»Na, sie redet am meisten und stellt mir viele Fragen über mich.«

»Das klingt, als wollte sie dich kennenlernen. Wie fühlt sich das an?«

Tony war sich bewusst, dass es ihm Probleme bereitete, andere an sich heranzulassen. Er hatte eine Mauer um sein Innerstes errichtet und machte es anderen schwer, zu ihm vorzudringen und ihn wirklich kennenzulernen. Er war auch zurückhaltend, wenn es darum ging, andere kennenzulernen, und stellte nur selten Fragen. Er war immer auf der Hut. Dieser Selbstschutz hatte einen guten Grund, aber er hielt Tony auch von Partnerschaft, Zuwendung und Heilung ab.

»Ehrlich gesagt, es ist schwierig für mich. Manchmal spüre ich sogar Abwehr, wenn sie mir Fragen über meine Familie stellt. Aber aus unserer Zusammenarbeit weiß ich ja, dass da nur irgendwas auf meine Wunde drückt.«

Für Tony war das eine unglaubliche Erkenntnis. Ich war beeindruckt, dass er sowohl seine Gefühle wahrnehmen als auch zum Beobachter seiner selbst werden konnte.

»Wie würde es sich wohl anfühlen, sich ein bisschen zu öffnen?«, fragte ich.

»Wahrscheinlich wie sterben«, antwortete er. »Aber ich muss es wohl versuchen. Ich will nicht ewig so eingemauert bleiben. Ich weiß, dass ich dann nie jemandem nahekommen werde. Dass ich nie lieben werde. Ich werde keine echte Zuwendung oder Partnerschaft erleben. Und wenn doch, dann werde ich die Partnerin immer enttäuschen. Wenn ich so bleibe, wie ich bin, ist es, als hätte mein Vater gewonnen. Es ist irgendwie seltsam, aber ich habe das Gefühl, dass ich mich in gewisser Weise selbst behaupte, wenn ich diese Mauern durchbreche. Nach dem Motto: Meiner Mutter hast du etwas geraubt, aber mir raubst du das nicht. Ergibt das einen Sinn?«, fragte er.

Es ergab Sinn. Was Tony sagte, kam tief aus seinem Inneren. Das bewusste Hervortreten hinter dieser Mauer war Teil seines Heilungsprozesses. Hinter dieser Mauer hervorzukommen war seine Art, eine Grenze zu seinem Vater zu ziehen. *Ich lasse nicht zu, dass du mir Liebe und Zuwendung nimmst. Ich lasse mich von dir nicht daran hindern, Beziehungen wichtig zu nehmen oder mich für andere zu öffnen.* Wir haben die bereits erwähnten Fragen durchgearbeitet:

1. Welche Wunde soll deine starre Grenze schützen?

2. Was befürchtest du als Folge, wenn du sie durch eine gesunde Grenze ersetzt?

3. Woran erinnert dich diese Angst?

4. Wenn du eine starre Grenze beibehältst, was ist dir dann am wichtigsten?

5. Was brauchst du für deine Selbstachtung und deine Sicherheit?

6. Was braucht dein Gegenüber wohl, um sich geachtet und respektiert zu fühlen?

7. Heb die Grenze behutsam auf.

Seine Antworten kamen schnell. »Sie soll meine Sicherheitswunde schützen. Ich fürchte, wenn ich mich öffne und sie an mich heranlasse, dann werden meine Gefühle stärker und es würde mir das Herz brechen, wenn sie mich verlässt. Das erinnert mich an das, was mit meiner Mutter passiert ist. Ich möchte mich unbedingt vor einem möglichen Schmerz schützen. Ich muss ein Risiko eingehen, um Liebe leben zu können. Für sie ist es wichtig, dass ich mich öffne. Die Grenze behutsam aufzuheben bedeutet, dass ich ihr erst mal nur wenig preisgebe, um zu sehen, wie sich das anfühlt, und mich dann ein bisschen mehr öffne.«

Der Übergang von starren Grenzen zu gesunden Grenzen geschieht schrittweise. Man öffnet sich zunächst nur ein Stück weit und offenbart sich jemandem, dem man vertraut.

Wenn von Grenzen die Rede ist, geht es selten um starre Grenzen – längst nicht so oft wie um durchlässige Grenzen. Die meisten Beiträge im Internet zu diesem Thema fordern eher zum Setzen von Grenzen auf und sagen wenig über das Aufheben von Grenzen. Dabei ist das Aufheben von Grenzen genauso wichtig. Auch das ist ein mutiger Schritt. Der Wechsel von einer starren Grenze zu einer gesunden Grenze erfordert nicht, dass man Tür und Tor weit aufstößt. Tony hatte nicht vor, seine ganze Lebensgeschichte auf einmal zu erzählen, sein Herz auszuschütten und seinen emotionalen Panzer in einem abzulegen. Diese Entwicklung konnte nur schrittweise erfolgen.

Wenn du dich daran machst, eine Grenze aufzuheben, dann tu es langsam, Stück für Stück. Denk daran, dass auch gesunde Grenzen deinem Schutz dienen, aber nicht den Selbstschutz *über* die Zuwendung stellen. Tonys Aufgabe war es nun, die richtige Mischung aus Selbstschutz und Zuwendung zu finden. Wenn du anfängst, eine Mauer einzureißen, darfst du ruhig erst mal mit ein paar Steinen beginnen und schauen, wie sich das anfühlt. Baust du andererseits einen starken Zaun, darfst du erst ein paar Elemente aufstellen und ausprobieren, wie viel Schutz das bietet. Du musst nicht gleich deine ganze Mauer zerstören oder eine stabile Festung um dich herum errichten.

Es gibt dafür kein allgemeingültiges Rezept, aber ich empfehle, einer wirklich vertrauenswürdigen Person zunächst nur eine Einzelheit mitzuteilen und zu schauen, was sich daraus ergibt, bevor du dich weiter öffnest oder es mit anderen Menschen versuchst. Geh den Weg des geringsten Widerstands: Offenbare irgendetwas, was dir nicht allzu sehr am Herzen liegt. Such dir etwas aus, bei dem es für dich nicht verheerend ist, wenn jemand negativ darauf reagiert.

Mit ungesunden Grenzen drehst du dich im Kreis und es findet keine Heilung statt. Vielleicht hast du eher durchlässige oder eher starre Grenzen, oder du merkst, dass beides vorkommt oder dass bestimmte Grenzen bei bestimmten Menschen zum Tragen kommen. Die Art, ob und wie wir uns abgrenzen, kann von unserem Gegenüber abhängen. Egal wie es bei dir und deinen Beziehungen aussieht – es ist an der Zeit, aus dem Kreislauf auszusteigen, die Hoffnung auf eine Patentlösung aufzugeben und allmählich die Grenzen zu setzen, die deiner Wunde zeigen, dass Würdigkeit, Zugehörigkeit, Aufmerksamkeit, Vertrauen und Sicherheit nicht erfordern, dass du ein Leben ohne Selbstschutz oder ohne authentische Zuwendung führst. Du darfst dich sicher und in ehrlicher Zuwendung verbunden fühlen. In einer gesunden Beziehungsdynamik werden deine Mitmenschen das nicht nur unterstützen, sondern mit dir feiern.

TEIL IV

DEINE SELBST-BEHAUPTUNG

11
DAMIT ES ANHÄLT

Wer eine Partnerschaft eingeht, Freundschaften pflegt oder Kinder bekommt, wird mit Sicherheit feststellen, dass sich die in der eigenen Kindheit erfahrenen Wunden wiederholen. Die Wunden unserer Eltern werden zu unseren Wunden, die wiederum zu den Wunden unserer Kinder werden. Das ist normal, aber nicht unabwendbar. Dieses Muster zu durchbrechen (oder es zumindest zu erkennen) ist Ziel und Zweck dieses Buches und die Aufgabe unseres Lebens. Man *kann* sich einen neuen Weg bahnen. Die Voraussetzung dafür ist, dass man die eigene Herkunftsgeschichte versteht und bewusst entscheidet, wie man dieses Wissen in sein Leben integriert und in eine neue Zukunft voranschreitet. Andernfalls haben die Zwillingsgeister – Wiederholung und Auflehnung – weiterhin das Sagen.

Wenn ich meinen Klient:innen Wiederholung und Auflehnung beschreibe, benutze ich das Bild eines schwingenden Pendels. Viele von uns schwanken von einem Extrem ins andere, wiederholen ihre Muster oder kämpfen besinnungslos gegen sie an. Aber diese Pendelbewegung steuert man nicht, sie läuft automatisch. So lebt es sich nicht gut. Es gibt einen anderen Weg: Integration.

Im Falle von Integration befindet sich das Pendel in der Mitte, die automatischen Bewegungen sind beendet. Integration befindet sich zwischen den beiden impulsiven Extremen. Hier sind Stille, Ruhe und

Erdung erfahrbar. Integration erreicht man, indem man die eigenen Herkunftswunden erkennt, sich dem Schmerz stellt und die Botschaften verarbeitet, die man erhalten und mit Bedeutung versehen hat.

Integration ist ein Vorgang, bei dem du die Teile deines Selbst zusammenbringst. Du bringst das Äußere mit dem Inneren in Einklang. Deine Entscheidungen richten sich nach deiner Wahrheit und dem, was für dich authentisch ist. Dein Verhalten und dein Umgang mit anderen stehen im Einklang mit deinem authentischen Selbst, nicht mit deinem verwundeten Selbst. Statt dich von Angst, Unsicherheit oder ungeheilten Wunden leiten zu lassen, setzt du Verhaltensweisen um, die deinen Zielen entsprechen.

Noch eine gute Nachricht: Veränderung ist möglich. Das muss mir niemand mit Forschungsergebnissen beweisen. Ich *weiß* es, weil ich die große Ehre habe, tagtäglich mit Menschen zu arbeiten, die es mir zeigen. Aber auch die neuronale Plastizität, die Änderbarkeit des Gehirns, ist ein Beweis dafür. Zwar ist diese Neuverdrahtung und Umorganisation einfacher, wenn wir jünger sind, aber sie steht uns auch noch im Erwachsenenalter zur Verfügung.[43] Studien haben ergeben, dass die Neuroplastizität verstärkt wird, wenn wir täglich Sport treiben und damit die Durchblutung des Gehirns erhöhen,[44] und wenn wir Neues lernen und aufmerksam bleiben.[45] Deshalb ist diese Arbeit, bei der wir offen und neugierig sind, so lebensverändernd.

Wenn du jetzt noch dabei bist, dann hast du genau das getan. Du musstest beim Lesen dieses Buches offen bleiben. Du hast dich selbst, deine Geschichten, deine Überzeugungen und deine Erfahrungen aus einem neuen Blickwinkel betrachtet. Du hast dir manches eingestanden, was dir vielleicht nicht leichtgefallen ist, und du hast deine Verantwortung für deine ungesunden Muster erkannt. Du, mein Freund, meine Freundin, leistest wahrhaftig lebensverändernde Arbeit.

Wahrscheinlich hast du inzwischen verstanden, dass niemand anderes als du selbst für deine Veränderung verantwortlich ist. Nur du entscheidest, wie du reagierst, wie du in Konflikte gehst, wie du kommunizierst und welche Grenzen du setzt oder aufhebst. Wie andere darauf reagieren, liegt nicht in deiner Hand, und wenn du darauf wartest, dass sie den ersten Schritt tun, wirst du vielleicht sehr lange warten müssen.

Unterschätze die Mühe nicht, die damit verbunden ist. Gewohnheiten, die du seit Jahrzehnten in deinen Beziehungen wiederholst, sind automatisiert. Sie lauern auf den Moment, in dem du unachtsam bist und nicht so genau hinschaust, nur um dann die gleichen alten Muster zu wiederholen. Ehe du dich versiehst, landest du wieder bei der gleichen Reaktion, dem gleichen Konflikt und dem gleichen passiv-aggressiven Kommunikationsstil. Deshalb kannst du ein Buch wie dieses zwar lesen, die Übungen machen, zu allen Kapiteln zustimmend nicken und sogar Aha-Momente erleben, die tief nachhallen – und trotzdem übernimmt nach wenigen Wochen wieder der Autopilot das Steuer.

Frustrierend, ich weiß.

Aber es ist auch nicht so schlimm. Denk daran, dass du dich nicht über Nacht verändern wirst. Integration ist eine Einstellung, aber sie ist auch ein Prozess. Sie geschieht nicht auf einmal, sondern Stück für Stück, Schritt für Schritt. Erst übst du eine kleine Veränderung immer wieder. Und dann noch eine und noch eine. Und diese kleinen Veränderungen führen zu größeren Veränderungen. Das erinnert mich an ein Zitat des argentinischen Fußballers Lionel Messi, der als einer der größten Spieler aller Zeiten gilt. Er sagte einmal: »Ich fange früh an und höre spät auf, Jahr für Jahr. Ich habe 17 Jahre und 114 Tage gebraucht, um über Nacht erfolgreich zu werden.« Wenn du dir hohe Ziele setzt, aber die Kleinigkeiten nicht geübt hast, wirst du das Gefühl haben zu versagen und das Vertrauen in dich selbst verlieren. Der Erfolg liegt im Prozess.

Diese Arbeit ist nicht nur für die Qualität deiner Beziehungen wichtig, sondern auch für deine allgemeine Gesundheit. Wir wissen, dass Erwachsene in befriedigenden Partnerschaften körperlich und seelisch gesünder sind als solche in unglücklichen Beziehungen.[46] Und das betrifft nicht nur Partnerschaften. Eine Harvard-Studie, die als eines der längsten Forschungsprojekte gilt, hat ergeben, dass die Menschen mit der höchsten Beziehungszufriedenheit im Alter von 50 Jahren mit 80 am gesündesten sind.[47] George Vaillant, der Harvard-Psychiater, der die Studie von 1972 bis 2004 leitete, machte dafür zwei Grundelemente verantwortlich: »Das eine ist die Liebe. Das andere ist, das Leben irgendwie zu bewältigen, ohne die Liebe zu verdrängen.«[48] Na, wenn das kein Grund ist, Raum für die Liebe zu schaffen und herauszufinden, was dich von ihr abhält oder sie blockiert!

Wie schaffst du Raum für authentische Liebe? Wie schaffst du Raum für Zuwendung? Wie kannst du behutsam Raum für Intimität schaffen? Und wie widerstehst du den Gewohnheiten, die all das blockieren oder verdrängen? All diese Fragen hast du schon sehr gut ergründet. Du weißt, dass deine Weiterentwicklung stark von deinen Herkunftswunden und deinem Umgang damit abhängt.

Vielleicht merkst du es noch nicht, aber bereits dadurch, dass du dieses Buch in die Hand genommen und diese Seiten durchgelesen hast, hast du begonnen, Raum für authentische Liebe, Zuwendung und Intimität in deinen Partnerschaften, Freundschaften und familiären Beziehungen zu schaffen. Doch wenn du möchtest, dass dieser Prozess anhält, musst du lebenslang weiter daran arbeiten.

Damit möchte ich dir keine Angst machen, ganz im Gegenteil. Ich glaube, wenn du unter dem Druck stündest, alles auf einmal herauszufinden und sofort umzusetzen, wäre es viel schwieriger. Was ich damit sagen möchte, ist, dass du für diese Erkundung ein Leben lang Zeit hast. Du hast ein Leben lang Zeit dafür, in bestimmten Momenten aufmerksamer zu werden und anders zu reagieren, dein Verhalten zu regulieren und mit anderen Zielen im Sinn durch Konflikte zu steuern. Die Augenblicke zu erleben, in denen du merkst, dass du passiv-aggressiv bist und bewusst damit aufhörst und anders kommunizierst. Die Augenblicke, in denen du die Verantwortung für etwas übernimmst, das du normalerweise wegschieben würdest. Und die Augenblicke, in denen du dich daran erinnerst, dass dein authentisches Sein wichtiger ist, als unauthentisches Sein bestätigt zu bekommen.

Ich versichere dir, dass es sich lohnt, den Prozess der Bewusstwerdung zu durchlaufen. Bewusstheit ohne Verantwortung ist nur Wissen.

Du kannst dich nicht allein auf dein Wissen verlassen, um ein Leben voller Authentizität, Leichtigkeit und Frieden zu führen. Bewusstheit mit Verantwortung ist Weisheit. Das ist echtes Wachstum. Ohne Weisheit gibt es keine Integration.

Die Entscheidung für Authentizität

Wenn du immer wieder oder auch nur ab und zu Authentizität gegen Bindung eintauschst, dann gehört zu deiner Arbeit, deine Authentizität zurückzugewinnen. Das ist keine leichte Aufgabe in einer Welt, die dich ständig dazu drängt, alles andere über dein wahres Ich zu stellen, aber es ist eine Herausforderung, die du unbedingt annehmen solltest. Zur Herausforderung gehört, dass du in dir selbst Würdigkeit, Zugehörigkeit, Aufmerksamkeit, Sicherheit und Vertrauen findest, anstatt zu glauben, du müsstest dich verändern, um all dies von anderen zu bekommen.

Häufig werden in der Herkunftsfamilie erste Formen der Selbstaufgabe eingeübt. Wie du inzwischen weißt, kann es viel offenen und verdeckten Druck geben, das wahre Ich zurückzulassen, das authentische Selbst aufzugeben oder zu verraten, und zwar aus Sorge um jemand anderen. Manchmal besteht diese Sorge buchstäblich aus dem Kümmern, manchmal gehört dazu, dass man sich selbst verändert, damit die Erwachsenen weniger Ärger, Wut, Stress oder Enttäuschung spüren. Doch es ist nie deine Aufgabe gewesen, die emotionale Befindlichkeit der anderen zu steuern. Diese Selbstregulierung lag immer in ihrer eigenen Verantwortung. Es tut mir leid, dass du das für sie tun musstest oder dass du dich in ihrer Nähe verstellen musstest. Allerdings hast du heute in deinem Leben mehr zu sagen. Nur um es klarzustellen: Ich meine damit nicht, dass du dich nicht um andere kümmern sollst. Aber du darfst dich nicht damit belasten, ihre Gefühle zu bewältigen, und dabei dich und deine Authentizität verlieren. Denk erst mal kurz darüber nach.

Um dich von Wahrhaftigkeit leiten zu lassen, musst du aufhören, dich zu verbiegen. Du darfst nicht länger das wiederholen, was du vor langer Zeit gelernt hast. Stattdessen musst du deine Energie auf die Authentizität richten. Überleg in Ruhe, auf welche Weise du dich gegenwärtig verbiegst, damit du erwählt, akzeptiert, bestätigt oder geliebt wirst. Hast du dir jemals eine der folgenden Fragen gestellt? *Wer muss ich sein, damit diese Person mit mir zusammen sein will? Damit sie bei mir bleibt? Damit sie mich liebt? Damit sie sich für mich entscheidet? Damit sie mir Priorität einräumt?* Hast du das Gefühl, dass du dich irgendwie verstellen musst? Beschäftigst du dich mehr damit, wie dein Gegenüber dich mutmaßlich haben möchte, statt zu spüren, wer du eigentlich bist? Diese Fragen und die Antworten darauf können irritierend sein. Aber in den Antworten (manchmal auch schon beim Stellen der Fragen) offenbaren sich die erlernten Verhaltensweisen, die du dir vor Jahren angeeignet hast, um zu überleben und deine Bedürfnisse zu befriedigen. Diese Verhaltensweisen sind nicht mehr notwendig. Was du früher tun musstest, um dich würdig oder zugehörig zu fühlen, um Aufmerksamkeit zu bekommen oder dir Vertrauen oder Sicherheit zu verschaffen, ist womöglich genau das, was die Beziehungen verhindert, die du dir wünschst. Das ist ein wichtiger Teil der Arbeit: herausfinden, was du gerne behalten möchtest, und dich von allem trennen, was dir nicht mehr nützt.

Natürlich wünschen wir uns jemanden, der uns mag, der bei uns bleibt, der uns liebt und der sich für uns entscheidet. Aber die erlernten Mechanismen, um das zu bekommen, was wir wollen, erschweren uns das Erreichen unseres Ziels. Wer sich der Liebe wegen verbiegt oder verstellt, wird nie herausfinden, ob die Gefühle des Gegenübers dem wahren Ich gelten oder dem eingeübten und vorgespielten. Dem, was uns entgegengebracht wird, ist nur dann zu trauen, wenn wir ganz wir selbst sind. Das mag kein revolutionärer Gedanke sein, aber er hat es in sich.

Ich möchte noch einmal ganz klar sagen, dass es nicht egoistisch ist, wenn du dich für dich selbst entscheidest. Sondern es bedeutet, deine Authentizität zu achten. Es heißt, dass du mit erhobenem Kopf dastehen und deine Wahrheit sagen kannst, ohne dir anderen zuliebe untreu zu werden. Das ist schwer. Sehr, sehr schwer – vor allem, wenn die Folge ist, dass du verurteilt, beschämt, abgelehnt oder sogar verleugnet wirst. Aber wenn du an diesen Punkt gelangt bist, wird dich ein Gefühl der Ruhe überkommen, du entdeckst eine harte, aber befreiende Wahrheit: *Mir soll es recht sein, wenn du mir nicht zustimmst, wenn du mich kritisierst oder mich sogar verspottest. Ich weiß, dass das Gesagte für mich wahr ist. Und weil ich mit mir selbst im Reinen bin, spüre ich Freiheit.* Die Souveränität des Selbst wird geboren, sie kommt nicht automatisch. Wenn du Authentizität gegen Bindung eintauschst, legt das eine Wunde frei. Du offenbarst den Wunsch, deine Wunde möge vorübergehend von anderen gelindert werden. Deine Angst, nicht dazuzugehören, wird reduziert, wenn du etwas sagst, ohne es zu glauben, nur um dazuzugehören. Deine Angst, der Liebe nicht würdig zu sein, wird vermindert, wenn du vorgibst, mit etwas einverstanden zu sein, mit dem du nicht einverstanden bist, nur um deine Partnerin nicht zu verärgern. Du verschaffst dir von anderen vorübergehend Linderung, statt dich selbst um dauerhafte Heilung zu kümmern.

Wichtig ist, dass du dich mit so vielen Menschen wie möglich umgibst, die dich nicht dazu drängen, unaufrichtig zu sein. Das mag momentan noch nicht deine Realität sein, aber du solltest eine Verschiebung zu diesem Zustand anstreben. Und beachte dabei, dass die Person in deinem Umfeld, die dir am meisten Unauthentizität abverlangt, zuweilen du selbst bist. (Ich habe mir ein paar Hammer-Aussagen für den Schluss aufgehoben!) Versuch behutsam herauszufinden, wer in deinem Leben von dir verlangt, anders zu sein, als du bist. Und was hast du davon, dass du deine Authentizität aufgibst?

Alles, was du bisher mithilfe dieses Buchs erarbeitet hast, hat dich zu diesem Moment geführt. Wenn es dir immer noch schwerfällt, authentisch zu sein, dann bedeutet das, dass die Wunde dafür noch zu schwerwiegend ist. Sei nicht frustriert, bleib lieber neugierig. Tief im

Inneren weißt du genau, was du wissen musst. Womöglich musst du erst lernen, die Signale deines Körpers zu entschlüsseln, auf jeden Fall werden sie dir ständig zugesandt.

Wenn du bereit bist, es mit der Authentizität zu versuchen, solltest du zuallererst herausfinden, wo in deinem Leben du am meisten davon opferst. Ist es da, wo du dich einfügen möchtest? Wo du zu einer Gruppe gehören willst? Ist es gegenüber einem Elternteil? Gegenüber einem Freund oder einem neuen Partner? Wir haben viel dafür getan, deine Herkunftswunden zu identifizieren, aber jetzt solltest du prüfen, wo in deinen Beziehungen und deinem Umfeld erwartet wird, dass du unauthentisch bist. Such zunächst eine Beziehung aus und überleg, was du tust, um im Tausch gegen Authentizität Würdigkeit, Zugehörigkeit, Aufmerksamkeit, Sicherheit oder Vertrauen zu bekommen. Gibst du bei einem Date vor, etwas zu mögen, was du gar nicht magst, nur um dein Gegenüber zu beeindrucken? Machst du Dinge mit, die dir schon immer unangenehm waren, nur um es deiner Familie leicht zu machen? Achte darauf, was du tust.

Die Mutprobe, der ich dich aussetzen möchte, besteht darin, einen unauthentischen Moment durch einen authentischen zu ersetzen. Geh das Risiko ein. Probier es erst einmal aus, wenn wenig auf dem Spiel steht, und schau, wie sich das anfühlt. Mach dir bewusst, wann du in Versuchung gerätst und dich für das Unauthentische entscheidest. Denk dann später mit ein wenig Abstand daran zurück, und überleg dir, wie du unter Beibehaltung deiner Authentizität hättest handeln oder reagieren können.

Das Ausleben deiner Authentizität ist nichts, was dir von jetzt auf gleich gelingen wird. Aber du kannst es jedes Mal vorantreiben, wenn du erkennst, dass du die Wahl hast, entweder authentisch oder unauthentisch zu sein, entweder auf deine Kosten anderen den Vorrang zu geben oder dich selbst wichtig zu nehmen und zu achten. Du musst nur so weit zur Ruhe kommen, dass du siehst, dass du die Wahl hast und umsetzen kannst, was du über dich und andere gelernt hast.

Die Pause nutzen

Mich hat es immer genervt, wenn mir gesagt wurde, ich solle bis zehn zählen, bevor ich antworte. Ich fing dann bei eins an und wurde mit jeder Sekunde wütender. Das Problem war, dass ich mit dieser Zeit nichts anzufangen wusste. Ich hatte keine Ahnung, worauf ich meine Energie fokussieren sollte und wie ich sie produktiv und hilfreich einsetzen konnte.

Ein Zitat, das oftmals dem Holocaust-Überlebenden, Autor und Psychiater Viktor Frankl zugeschrieben wird, lautet wie folgt: »Zwischen Reiz und Reaktion gibt es eine Lücke. In dieser Lücke haben wir die Macht, unsere Reaktion zu wählen. In unserer Reaktion liegt unser Wachstum und unsere Freiheit.« Natürlich sind unsere Probleme oft viel komplizierter, als dass wir einfach anders entscheiden könnten, besonders wenn ein Trauma oder ein komplexes Trauma vorliegt. Doch diese Lücke, die in dem Zitat angesprochen ist, ist der Moment, den wir als Pause nutzen sollten.

In dieser Pause kann man erkennen, dass eine Wunde aktiviert ist. Und in der Pause kann man sich selbst regulieren, indem man spazieren geht, beruhigende Musik hört, den Körper bewegt, bewusst atmet oder einen vertrauten Menschen umarmt. Die Pause ist der Moment, in dem man sich ins Gedächtnis ruft, was man über das vorliegende Verhaltensmuster weiß. In der Pause kann man sich Fragen stellen wie: *Was ist mir daran vertraut? Was ist die Geschichte dahinter? Wie reagiere ich normalerweise? Welche Chance bietet sich mir? Was habe ich mir selbst an Heilsamem zu bieten? Was könnte ich verändern, um aus dem Kreislauf auszusteigen?*

Die Pause ist der Moment, in dem das Bewusstsein eingreifen kann. Jetzt, da du dieses Buch gelesen hast, weißt du, wo du hinschauen musst. Du weißt, dass deine Impulsivität dich auf bisher Unverarbeitetes hinweist. Anstatt in den Konflikt zu gehen und wieder in den gleichen Kreislauf zu geraten, hast du die Möglichkeit, neugierig auf dich selbst zu werden. Die Pause gibt dir den Spielraum, um dich um deine

Wunden zu kümmern, etwas zu erkennen, zu bezeugen, zu betrauern und dich eventuell neu auszurichten.

All das wirst du nicht in der Aufregung des Augenblicks schaffen. Aber du kannst sagen, dass du einen Moment Bedenkzeit brauchst, du kannst zuhören, statt mitzumischen, und schließlich kannst du das, was bei dir hochkommt, mit deinem Gegenüber besprechen und so eure Beziehung vertiefen.

Erinnerst du dich an deinen letzten Streit? Es spielt keine Rolle, mit wem du dich gestritten hast, hol ihn dir einfach ins Gedächtnis zurück. Was hat dich aufgebracht und wie hast du reagiert? Versetz dich nun in den Moment, bevor du reagiert hast. Stell dir vor, du nimmst eine Fernbedienung, drückst auf Pause und hast jetzt ein Standbild vor dir. Schau dir dieses Standbild genau an, nimm es wahr und analysiere es. Was siehst du? Was passiert gerade? Wer ist verärgert, und woran erkennst du das? Was verrät deine Körpersprache? Was sagt die Körpersprache deines Gegenübers aus? Und jetzt überleg, was du in diesem Moment tun könntest. Bei all dem, was du über deine Wunden weißt, was könntest du dir in dieser Pause anbieten? Wie gehst du getragen von Selbstfürsorge und Selbstachtung vor? Ich kann dir nur empfehlen, gut darüber nachzudenken. Du kannst dir dazu Notizen machen, die Situation mit geschlossenen Augen durchgehen oder sogar jemand anderen in deine Überlegungen miteinbeziehen.

Je ernster du die Pause nimmst, desto besser wird es dir gelingen. Und denk immer daran, dass das Training normalerweise nicht im Spiel stattfindet. Vielleicht erkennst du den richtigen Moment für die Pause nicht, weil du aufgebracht bist. Oder du bemerkst ihn, willst ihn aber gerade nicht nutzen oder hast nicht genug Überblick. Du kannst dieses Verhalten im Nachhinein trainieren. Denn oft geht es nicht anders.

Schau zurück auf deine Konflikte, Auseinandersetzungen und Impulsreaktionen und überleg dir: *Wenn ich die Pause genutzt hätte, was hätte ich dann über mich gelernt? Welche aktivierte Wunde hätte ich bemerkt? Passt meine Reaktion zu der Situation, in der ich mich gerade befinde? Und wie könnte ich anders, auf heilsame Weise interagieren?*

Je mehr du das Innehalten achtest, je mehr du den Raum zwischen Reiz und Reaktion zu würdigen weißt, desto näher kommst du den Veränderungen, die du dir für dich und deine Beziehungen wünschst. In dieser Lücke hast du die Wahl zwischen selbst gewähltem Frieden oder altvertrautem Schmerz. Wenn du lernst, diesen Raum gut zu nutzen, kommst du deiner Heilung und Freiheit näher.

Frieden statt Leid

Eine Lehre aus meiner Arbeit ist, dass die meisten Menschen nicht gerne leiden. Das trifft wahrscheinlich auch auf dich zu. Ich mag mich zu weit aus dem Fenster lehnen, aber wenn du dieses Buch liest, dann möchtest du vermutlich dein Leiden und deinen Schmerz so weit wie möglich minimieren.

Als ich lernte, die Pause zu nutzen, half mir besonders eine Frage: *Führt mich das, was ich gleich sagen oder tun werde, zu Frieden oder Leid?* Bevor wir tiefer auf deine Antwort darauf eingehen, musst du dir erst klar werden, wie du Frieden und Leid definierst. Was bedeuten diese Begriffe für dich? Wie fühlen sie sich im Körper an?

Tatsache ist, dass eine Entscheidung für den Frieden nicht immer leicht ist oder ohne Unannehmlichkeiten abläuft und dass sich das Leiden womöglich als der einfachere Weg darstellt, weil zunächst weniger Spannungen und Reibungen auftreten. Wenn die Priorisierung von Frieden auch eine Entscheidung für die Authentizität ist, was zur Folge hat, dass du abgelehnt wirst, dann kann dir diese Entscheidung ziemlich ungünstig und unangenehm erscheinen. Das macht diese Arbeit so schwierig. Aber wir reden hier nicht über den kurzen Moment, sondern darüber, wo du langfristig sein möchtest. Lass uns die Frage genauer formulieren: *Führt das, was ich gerade tun oder sagen will, zu Leid oder zu Frieden im Hinblick auf den Heilungsprozess meiner Herkunftswunde und auf meine Weiterentwicklung?*

Du wirst nicht immer in der Lage sein, Frieden statt Leiden zu wählen. Lass uns deshalb die Messlatte ganz niedrig anlegen. Wenn du es zunächst schaffst, deine Entscheidungen mit ein bisschen mehr Bewusstheit zu treffen, ist das schon ein großer Erfolg. Entscheidungen, die deinen Heilungsprozess voranbringen, geschehen gegen Widerstand. Das ist normal.

Irgendwann wird es dir gelingen, Leiden durch Frieden zu ersetzen, auch wenn es sich schwierig, unangenehm und unerwünscht anfühlt. Voraussetzung ist, dass du im Einklang mit dir selbst bewusst bestimmst, wofür du dich entscheidest und warum du etwas tust. Dann wirst du dich stark genug fühlen, um auch Unangenehmes zu wagen, denn dein veränderter Umgang mit anderen und dein in Eigenverantwortung beschrittener Heilungsweg werden Akte der Selbstachtung und der Selbstliebe sein.

Selbstliebe

Woran denkst du, wenn du das Wort *Selbstliebe* hörst? Früher habe ich es mit Selbstfürsorge verwechselt. Ich dachte, Selbstliebe hieße, dass ich mir Massagen oder Schaumbäder gönne, raus in die Natur gehe und für meine Entspannung sorge. Das kann durchaus zur Selbstliebe gehören, aber als ich in Ruhe über den eigentlichen Wortsinn nachgedacht habe, bin ich zu folgender Definition gekommen: Selbstliebe ist die Schnittmenge aus einerseits Mitgefühl, Nachsicht und Freundlichkeit sich selbst gegenüber und Selbstverantwortung andererseits. Das eine funktioniert nicht ohne das andere. Man kann sich nicht selbst lieben, wenn man sich nicht als fehlbares menschliches Wesen sieht, das Dinge auch falsch machen und scheitern darf. Da muss man Gnade walten lassen. Aber man kann sich auch nicht lieben, wenn man sich vor der Verantwortung drückt, die man übernehmen musst. Man kann sich selbst nicht lieben, wenn man Verantwortung scheut.

Du bist unvollkommen, genau wie ich. Du bist fehlerhaft und trotzdem würdig. Du machst Fehler, lässt deine Mitmenschen hängen und enttäuschst sie, bleibst aber dennoch ein wertvoller Mensch. Aber deine Unvollkommenheit braucht deine Bereitschaft, Verantwortung zu übernehmen. Wenn du Fehler machst, wenn du Mitmenschen schädigst, enttäuschst oder verletzt, ist die Übernahme von Verantwortung mit das Liebevollste, was du ihnen, aber auch dir selbst gegenüber leisten kannst. Wenn du dich davor drückst, heißt das, dass Würdigkeit, Zugehörigkeit, Aufmerksamkeit, Sicherheit und Vertrauen immer noch davon abhängen, dass du perfekt bist. Es heißt, dass es unmöglich ist, sowohl menschlich zu sein als auch geliebt zu werden.

Für deine gelebte Integration ist Selbstliebe wichtig. Denn du wirst mit deinem fehlerhaften menschlichen Selbst konfrontiert werden. Vielleicht ärgerst du dich über dich selbst, wenn du alte Muster an dir bemerkst. Oder du schämst dich, weil du ein altes Verhalten an den Tag legst, an dessen Abschaffung du hart gearbeitet hast. Gerade in diesen Momenten musst du dich daran erinnern, dass Selbstliebe sowohl Milde, Nachsicht und Mitgefühl erfordert als auch die Übernahme von Verantwortung.

Dein Heilungsprozess ist immer eine Baustelle, und du musst den allzu menschlichen Erfahrungen Raum geben, die damit einhergehen. In ein paar Jahrzehnten wirst du über Nacht erfolgreich sein. Kopf hoch! Du verrichtest die schönste Arbeit, die es gibt: die Arbeit an deiner eigenen Heilung.

SCHLUSS

Wenn du dich dem Schmerz stellst, den du selbst erlebt hast, wirst du auch damit konfrontiert, welchen Beitrag du zum Schmerz anderer leistest. Hast du deiner Partnerin nicht die nötige Aufmerksamkeit geschenkt? Warst du kritisch gegenüber deinem Sohn oder hast dich einem Freund gegenüber passiv-aggressiv verhalten? Vergiss nicht: Milde, Nachsicht, Mitgefühl – und Verantwortung. Es kommt nichts Gutes dabei heraus, wenn du ungnädig zu dir selbst bist. Lass dich von deiner Selbstliebe leiten.

Wenn wir uns die eigenen Unzulänglichkeiten bewusst machen, kann das einen Gefühlssturm auslösen. Bleib ruhig. Denk daran, dass du ein Glied in einem System bist, das viele Generationen umfasst. Du wurdest verletzt, verwundet, im Stich gelassen und enttäuscht. Aber du selbst warst auch verletzend, hast verwundet, im Stich gelassen und enttäuscht. Das passiert einfach. Ein altes Sprichwort sagt: »Wer verletzt ist, verletzt.« Aber wer heilt, hilft auch anderen beim Heilen. Du kannst die anderen nicht verändern, aber die heilenden Schritte, die du unternimmst, wirken sich auf das gesamte System aus, in dem du dich befindest.[49] Wenn du etwas veränderst, ist dieser Wandel spürbar. Er gefällt vielleicht nicht allen, aber er wird zweifelsohne wahrgenommen.

Du, meine Freundin, mein Freund, rüttelst das System auf. Du trittst aus den alten Rollen heraus, die du nicht mehr ausfüllen musst. Du stellst die Überzeugungen, Werte und Identitäten infrage, die dir von denen mitgegeben wurden, die vor dir da waren. Du bestimmst allmählich selbst, was du glaubst. Du kümmerst dich um deine Wunden und hältst inne, um sie zu bezeugen und zu betrauern. Du schenkst ihnen die Aufmerksamkeit und Fürsorge, die sie brauchen. Sie werden von Zeit zu Zeit wieder auftauchen, und wenn, dann weißt du, was zu tun ist.

Du änderst die Art und Weise, wie du mit Konflikten umgehst, und findest Auswege in Richtung Zuwendung, Heilung und tiefer Intimität zwischen dir und deinem Gegenüber. Du wendest einen anderen Kommunikationsstil an und ersetzt alte, die Wunden bewahrende Muster durch klare, direkte und freundliche Kommunikation, die dir und deinem Gegenüber Achtung erweist. Du erlaubst dir, Grenzen zu setzen, auch wenn es sich unangenehm anfühlt. Und du beginnst, Grenzen aufzuheben, um wieder Verbundenheit und Nähe zuzulassen. Du glaubst immer mehr daran, dass Menschen dir nahekommen können, ohne dich zu betrügen, zu verletzen oder auszunutzen. All das schaffst du, weil du offen dafür warst, deine Familie, deine Herkunftsgeschichten und deine Herkunftswunden zu ergründen.

Was du leistest, ist bemerkenswert. Du bist tapfer, mutig und unheimlich stark. Du hast beschlossen, dich zu bewegen und dir einen neuen Weg zu suchen. Wir beide haben uns zwar beim Durcharbeiten dieses Buchs nicht persönlich kennengelernt, dennoch kann ich dir sagen, dass ich sehr stolz auf dich bin. Ich weiß, wie schwierig das ist, was du gerade geleistet hast. Alles, was ich dir hier zugemutet habe, habe ich auch mir selbst abverlangt. Das ist Schwerstarbeit, aber du schaffst das.

Ich hoffe, dass du aus unserer gemeinsamen Arbeit etwas Neues über dich gelernt hast. Dass du durch das Erforschen deiner Herkunftsgeschichten eine veränderte Sicht auf manches gewonnen hast. Und dass du dich selbst und andere aus einem neuen Blickwinkel siehst. Und obwohl du dieses Buch wahrscheinlich für dich selbst als erwachsenes Kind gelesen hast, hast du es vielleicht auch unwillkürlich als Partner, als Freundin oder sogar als Elternteil gelesen. Eventuell hast du dich in einigen Fallbeispielen wiedererkannt oder auch deine Eltern, deine Partnerin, deine Geschwister oder einen Freund darin gesehen. Das ist ein schönes Zeichen dafür, dass wir alle eine Geschichte haben, von der die meisten Menschen nur sehr wenig wissen.

Es ist großartig, alle Menschen vor diesem Hintergrund sehen zu können, aber vor allem diejenigen, die dir wichtig sind und die du liebst. Daran zu denken, dass auch sie einmal Kinder waren, dass sie in unvollkommenen Familien aufgewachsen sind, von denen sie geprägt und ebenfalls verwundet wurden.[50] Der Autor und Forscher Dr. Michael Kerr empfiehlt eine Übung, die uns dabei hilft, zu »kindlicher Reife« zu gelangen, was bedeutet, dass wir unsere Eltern als echte Menschen sehen, als eigenständige Persönlichkeiten und nicht nur als Mama und Papa. Er rät dazu, »sich die Mutter als die Tochter der Großmutter zu denken und sie auch als solche kennenzulernen«.[51]

Und du kannst dich selbst auch so sehen. Erinnere dich daran, dass hinter jedem schmerzhaften und frustrierenden Moment eine komplexe Geschichte steckt, die deine Aufmerksamkeit verlangt und die es zu erkunden lohnt. Ich hoffe, du machst weiter damit, immer tiefer in deine Herkunftsgeschichten einzutauchen. Denn es erwarten dich noch viele Offenbarungen.

DANK

Das Verfassen dieses Buchs war eine meiner größten beruflichen Herausforderungen. Ich bin der festen Überzeugung, dass man eine innige Beziehung zur eigenen Geschichte und zu den Geschichten anderer haben muss, wenn man über die Geschichten anderer Menschen, über Beziehungen und über Heilung schreiben will.

Ich bin so dankbar für alle, die mich jemals gebeten haben, sie im therapeutischen Rahmen zu begleiten. Ich habe so viel von meinen früheren und derzeitigen Klient:innen gelernt. Es ist eine große Ehre für mich, eure Geschichten erfahren und euch durch die Wechselfälle des Heilungsprozesses begleiten zu dürfen. Danke, dass ihr immer wieder kommt, euch immer wieder öffnet und mich immer wieder inspiriert. Mein Glaube daran, dass Menschen sich ändern können, kommt daher, dass ich mitangesehen habe, wie ihr lauter große und kleine Veränderungen in eurem Leben gewagt habt.

Allen Professorinnen und Professoren, Supervisorinnen und Supervisoren, Beraterinnen und Beratern, Kolleginnen und Kollegen und Medizinerinnen und Medizinern, von denen ich aus der Nähe und Ferne gelernt habe: Danke, dass ihr mich inspiriert, gelehrt und mit Nachsicht angeleitet habt. Ich werde immer eine Schülerin bleiben.

Meinen Agenten Steve Troha und Jan Bauer: Danke für das sanfte Anschieben. Danke, dass ihr alles Nötige getan habt, damit ich dieses Buch schreiben konnte. Ich habe mich darauf eingelassen, damit angefangen und entdeckt, dass darin ein ganz besonderer Zauber liegt.

Meiner Lektorin Michelle Howry: Es klingt komisch, aber ich wusste von unserer ersten Begegnung an, dass du die Richtige warst. Deine Begeisterung, dein Engagement, deine Visionen und dein Arbeitseifer sind augenfällig. Du bist freundlich, nachdenklich und gewissenhaft – genau die Art von Mensch und Energie, mit der ich mich gerne umgebe. Vielen Dank für deine Brillanz.

An Dedi: WIR haben es geschafft. Ohne dich wäre es mir gewiss nicht gelungen. Danke für deine Geduld, deine Führung, deine Vision und deine harte Arbeit. Ich bin so froh, dass wir in diesem Arbeitsprozess auch den Humor nicht vergessen haben. Wir haben uns gegenseitig angestachelt, und ich bin dir für immer dankbar, dass du mich bei meinem ersten Buch begleitet und unterstützt hast. Dieses Buch ist wegen dir besser geworden.

Meinem Team bei Penguin Random House: Ich danke euch für eure schöpferische Vision, eure Unterstützung und euer Engagement. Es gibt so viel, was hinter den Kulissen passieren muss, damit ein Buch auf die Welt kommt, und ich bin euch allen dankbar für die Beachtung der unzähligen Dinge, die oft übersehen werden.

An Alexandra und Angelika: Danke, dass ihr einen Blick auf das Manuskript geworfen habt, als das gerade wichtig war. Ich bin so dankbar für euer Feedback.

Allen meinen Seelenhelferinnen und -helfern: Danke, dass ihr mir einen Spiegel vorhaltet, um Veränderungen zu bewirken. Einige von euch wissen, wer gemeint ist, aber viele von euch haben keine Ahnung, welchen Einfluss sie auf mich hatten oder wie viel Heilung noch geschah, nachdem unser Kapitel abgeschlossen war. Ich achte und schätze euch.

An meine lieben Freundinnen und Freunde: Danke für die Liebe und Ermutigung, die ihr mir immer und ganz besonders in dieser Zeit entgegengebracht habt. Ihr seid meine Familie, meine Schwestern und Brüder, und das Schreiben dieses Buches hätte viel weniger Spaß gemacht, wenn ihr nicht immer wieder nach mir geschaut, mit mir gelacht und mit mir geweint hättet.

DANK

An meine Eltern: Ihr beide habt mir so viel geschenkt, auch wenn es schwierig war. Ich bin euch ewig dankbar für eure Liebe, Aufmerksamkeit, Bestätigung, Fürsorge, Anteilnahme und Treue. Ich danke euch dafür, dass ihr mich stets ermutigt habt und dass ihr Möglichkeiten für eure eigene Heilung und Veränderung gefunden habt. Ihr habt mich gelehrt, dass die Dinge nicht so bleiben müssen, wie sie sind, dass Kapitel zu Ende gehen und dass, egal wie alt man ist, neue Wege des Seins und Lebens entstehen können.

Meinem Mann Connor, meinem absolut größten Seelenhelfer: Du hast mich endlich dazu gebracht, ein Buch zu schreiben! Danke, dass du oft noch vor mir erkennst, wohin ich gehen könnte. Du bist mir immer zwei Jahre voraus. Du hast mir Teile von mir gezeigt, die ich nicht sehen konnte, und hast mich im Einklang mit meinen Zielen begleitet. Danke, dass du mir Zeuge bist, mit mir trauerst und mich zu Neuausrichtungen ermutigst. Du hast mich dazu inspiriert, mein Leben positiv zu verändern. Ich liebe dich.

REGISTER

REGISTER

REGISTER

REGISTER

REGISTER

REGISTER

ANMERKUNGEN

1 Über systemisch-integrative Therapie: William M. Pinsof, Douglas C. Breulin, William P. Russell et al.: *Integrative Systemic Therapy: Metaframeworks for Problem Solving with Individuals, Couples, and Families*, Washington, DC: American Psychological Association, 2018.

2 Brené Brown: »The Power of Vulnerability«, Vortrag vom 3. Januar 2011 bei TEDxHouston, 13:04 min, https://www.youtube.com/watch?v=iCvmsMzlF7o.

3 Mona D. Fishbane: »Differentiation and Dialogue in Intergenerational Relationships«, in: *Handbook of Clinical Family Therapy*, Hrsg. Jay J L. Lebow, Hoboken, NJ: John Wiley & Sons, 2005, 543– 568.

4 Gabor Maté: »Authenticity vs. Attachment«, Vortrag vom 14. Mai 2019, 4:18 min, https://www.youtube.com/watch?v=l3bynimi8HQ.

5 Patricia A. Thomas, Hui Liu, Debra Umberson: »Family Relationships and Well-Being«, in: *Innovation in Aging* 1, Nr. 3 (2017): igx025, doi: 10.1093/geroni/igx025.

6 David Denning Luxton: *The Effects of Inconsistent Parenting on the Development of Uncertain Self-Esteem and Depression Vulnerability*, Dissertation, University of Kansas, 2017, 86.

7 Andrew Solomon: *Far from the Tree: Parents, Children, and the Search for Identity*, New York: Scribner, 2013, 2.

8 Ashley A. Anderson, Dominique Brossard, Dietram A. Scheufele et al.: »The ›Nasty Effect‹: Online Incivility and Risk Perceptions of Emerging Technologies«, in: *Journal of Computer-Mediated Communication* 19, Nr. 3 (2014): 373–387, doi: 10.1111/jcc4.12009.

9 Alan I. Abramowitz, Kyle L. Saunders: »Is Polarization a Myth?«, in: *The Journal of Politics* 70, no. 2 (2008): 542–555, doi: 10.1017/s0022381608080493.

10 W. S. Carlos Poston: »The Biracial Identity Development Model: A Needed Addition«, in: *Journal of Counseling & Development* 69, no. 2 (1990): 152–155, doi: 10.1002/ j.1556-6676.1990.tb01477.x.

11 William E. Cross Jr., *Shades of Black: Diversity in African-American Identity* Philadelphia: Temple University Press, 1991, 39–74.

12 David Morris Schnarch: »Differentiation: Developing a Self-in-Relation«, in: *Passionate Marriage: Love, and Intimacy in Emotionally Committed Relationships*, New York: W. W. Norton, 2009, 53–74.

13 Brené Brown: *Braving Wilderness: The Quest for True Belonging and the Courage to Stand Alone*, New York: Random House, 2017, 37.

14 Robert A. Glover: *No More Mr. Nice Guy! A Proven Plan for Getting What You Want in Love, Sex, and Life*, Philadelphia: Running Press, 2003.
15 Susan Branje, Sanne Geeraerts, Eveline L. de Zeeuw et al.: »Intergenerational Transmission: Theoretical and Methodological Issues and an Introduction to Four Dutch Cohorts«, in: *Developmental Cognitive Neuroscience* 45 (2020): 100835, doi: 10.1016/j.dcn.2020.10085.
16 Hannah Eaton: »The Gottman Institute«, in: *The Gottman Institute* (Blog), abgerufen am 30. Mai 2022, https://www.gottman.com/blog/redefining-individuality-and-togetherness-during-quarantine/.
17 Eli J. Finkel, Elaine O. Cheung, Lydia F. Emery et al.: »The Suffocation Model: Why Marriage in America Is Becoming an All-or-Nothing Institution«, in: *Current Directions in Psychological Science* 24, Nr. 3 (2015): 238–244, doi: 10.1177/0963721415569274.
18 Jandy Nelson: *The Sky Is Everywhere*, New York: Dial Books, 2010, 257.
19 Mary Etchison, David M. Kleist: »Review of Narrative Therapy: Research and Utility«, in: *The Family Journal* 8, Nr. 1 (2000): 61–66, doi: 10.1177/1066480700081009.
20 Brené Brown: *Rising Strong: How the Ability to Reset Transforms the Way We Live, Love, Parent, and Lead*, New York: Random House, 2017, 90–91.
21 Mary D. Salter Ainsworth, Silvia M. Bell: »Attachment, Exploration, and Separation: Illustrated by the Behavior of One-Year-Olds in a Strange Situation«, in: *Child Development* 41, no. 1 (1970): 49–67, doi: 10.2307/1127388.
22 Patty X. Kuo, Ekjyot K. Saini, Elizabeth Tengelitsch et al.: »Is One Secure Attachment Enough? Infant Cortisol Reactivity and the Security of Infant-Mother and Infant-Father Attachments at the End of the First Year«, in: *Attachment & Human Development* 21, Nr. 5 (2019): 426–444, doi: 10.1080/14616734.2019.1582595.
23 REACH Team: »6 Different Types of Abuse«, in: *REACH Beyond Domestic Violence* (Blog), abgerufen am 30. Mai 2022, https://reachma.org/blog/6-different-types-of-abuse/.
24 Catherine Townsend, Alyssa A. Rheingold: *Estimating a Child Sexual Abuse Prevalence Rate for Practitioners: A Review of Child Sexual Abuse Prevalence Studies*, Charleston, S.C.: Darkness to Light, 2013, https://www.d2l.org/wp-content/uploads/2017/02/PREVALENCE-RATE-WHITE-PAPER-D2L.pdf
25 Ann Pietrangelo: »Emotional Abuse: What It Is and Signs to Watch For«, Hrsg. Jacquelyn Johnson, *Healthline*, Healthline Media, 28. Januar 2022, https://health/signs-of-mental-abuse.
26 *Diagnostic and Statistical Manual of Mental Disorders: DSM-5*, 5. Ausg., Washington, DC: American Psychiatric Association, 2013.
27 Janina Fisher: »Dissociative Phenomena in the Everyday Lives of Trauma Survivors«, Aufsatz für die Psychological Trauma Conference im Mai 2001 an der Boston University Medical School, https://pdfs/dissociation.pdf.
28 Bessel A. van der Kolk: *The Body Keeps the Score: Brain Mind, and Body in the Healing of Trauma*, New York: Penguin Books, 2015, 123.
29 Van der Kolk, *The Body Keeps the Score*.
30 Alexandra H. Solomon: *Loving Bravely: 20 Lessons of Self-Discovery to Help You Get the Love You Want*, Oakland, CA: New Harbinger Publications, 2017, 223.
31 Catherine P. Cook-Cottone: »Embodied Self-Regulation«, in: *Mindfulness and Yoga for Self-Regulation: A Primer for Mental Health Professionals*, New York: Springer Publishing Company, 2015, 3–18.

32 Gabor Maté in *The Wisdom of Trauma*, Film von Maurizio Benazzo und Zaya Benazzo, Science and Nonduality, 2021, https://thewisdomoftrauma.com.
33 John M. Gottman mit Nan Silver: »The Four Horsemen of the Apocalypse: Warning Signs«, in: *Why Marriages Succeed or Fail: And How You Can Make Yours Last*, New York: Simon & Schuster, 1995, 68–102.
34 Susan M. Johnson: *Hold Me Tight: Seven Conversations for a Lifetime of Love*, New York: Little, Brown Spark, 2008, 30.
35 Johnson: *Hold Me Tight*, 31.
36 John M. Gottman: *The Marriage Clinic: A Scientifically Based Marital Therapy*, New York: W. W. Norton, 1999.
37 Michele Scheinkman, Mona DeKoven Fishbane: »The Vulnerability Cycle: Working with Impasses in Couple Therapy«, in: *Family Process* 43, Nr. 3 (2004): 279–299, doi: 10.1111/j.155300.2004.00023.x.
38 Alexandra H. Solomon: *Loving Bravely: 20 Lessons of Self-Discovery to Help You Get the Love You Want*, Oakland, CA: New Harbinger Publications, 2017, 134.
39 Shonda Rhimes: *Year of Yes: How to Dance It Out, Stand in the Sun and Be Your Own Person*, New York: Simon & Schuster Paperbacks, 2015, 225.
40 Oriah: *The Invitation*, San Francisco: Harper SanFrancisco, 1999, 2.
41 Nedra Glover Tawwab (@nedratawwab): »Set Boundaries, Find Peace«, Instagram Live, 8. März 2022, https://www.instagram.com/tv/Ca2rtM0lwKl/.
42 Alexandra H. Solomon: *Loving Bravely: 20 Lessons of Self-Discovery to Help You Get the Love You Want*, Oakland, CA: New Harbinger Publications, 2017, 48.
43 Mona DeKoven Fishbane: »Healing Intergenerational Wounds: An Integrative Relational-Neurobiological Approach«, in: *Family Process* 58, Nr. 4 (2019): 796–818, doi: 10.1111/famp.12488.
44 John J. Ratey mit Eric Hagerman: *Spark: The Revolutionary New Science of Exercise and the Brain*, New York: Little, Brown Spark, 2008.
45 Norman Doidge: »Redesigning the Brain«, in: *The Brain That Changes Itself: Stories of Personal Triumph from the Frontiers of Brain Science*, London: Penguin Books, 2008, 45–92.
46 Janice K. Kiecolt-Glaser, Ronald Glaser: »Psychological Stress, Telomeres, and Telomerase«, in: *Brain, Behavior, and Immunity* 24, Nr. 4 (2010): 529–530, doi: 10.1016/j.bbi.2010.02.002.
47 Robert Waldinger: »What Makes a Good Life? Lessons from the Longest Study on Happiness«, Vortrag, aufgenommen im November 2015 bei TEDxBeaconStreet, Brookline, MA, 12:38 min, https://youtu.be/8KkKuTCFvzI.
48 Melanie Curtin: »This 75-Year Harvard Study Found the 1 Secret to Leading a Fulfilling Life«, in: *Inc.* (Blog), 27. Februar 2017, https://www.inc.com/melanie-curtin/want-a-life-of-fulfillment-a-75-year-harvard-study-says-to-prioritize-this-one-t.html.
49 Harriet Goldhor Lerner: *The Dance of Anger: A Woman's Guide to Changing the Patterns of Intimate Relationships*, New York: Harper Collins, 1985.
50 James L. Framo: »The Integration of Marital Therapy with Sessions with Family of Origin«, in: *Handbook of Family Therapy*, Hrsg. Alan S. Gurman, David P. Kniskern, New York: Brunner/Mazel, 1981, 133–157.
51 Mona DeKoven Fishbane: »Healing Intergenerational Wounds: An Integrative Relational-Neurobiological Approach«, *Family Process* 58, Nr. 4 (2019): 796–818, doi: 10.111/famp.12488.

Ebenfalls bei Yes Publishing erschienen

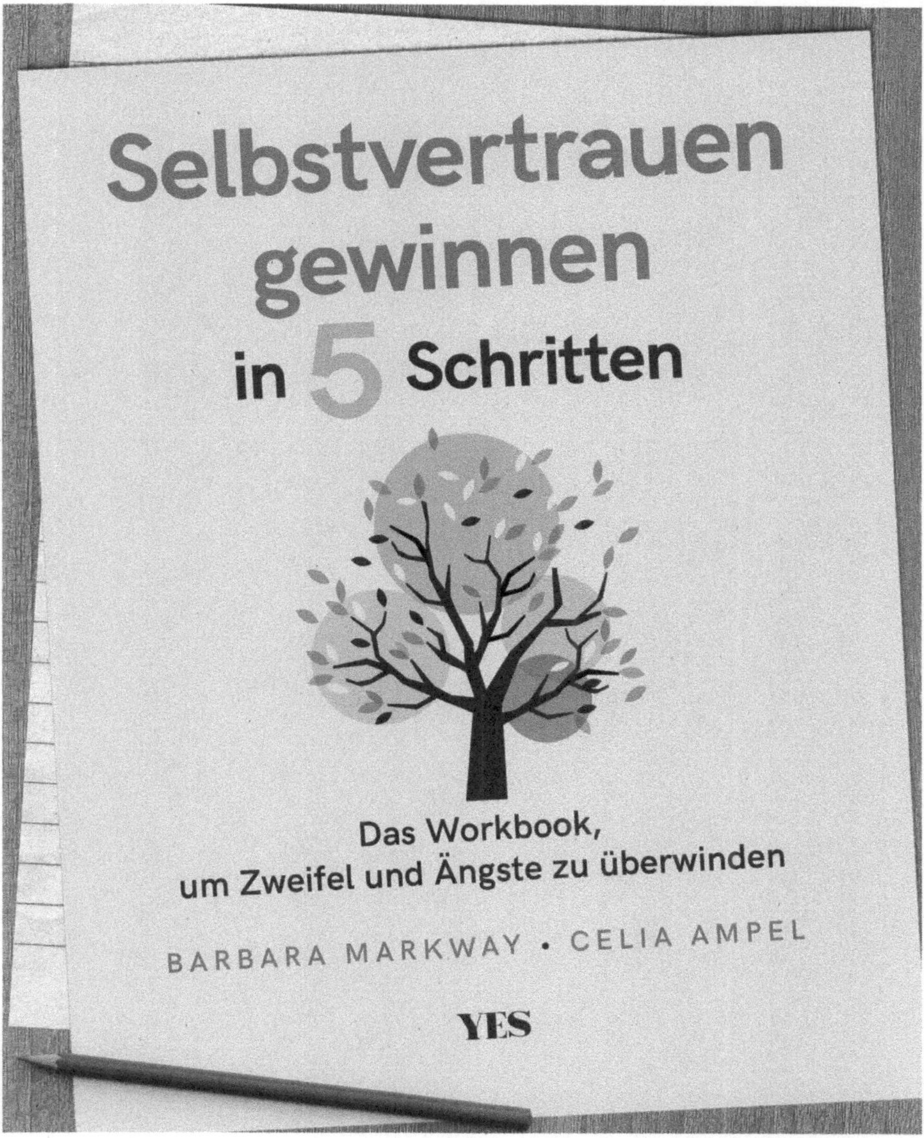
Selbstvertrauen gewinnen
in 5 Schritten
Das Workbook,
um Zweifel und Ängste zu überwinden
BARBARA MARKWAY • CELIA AMPEL
YES

Linda Mitterweger

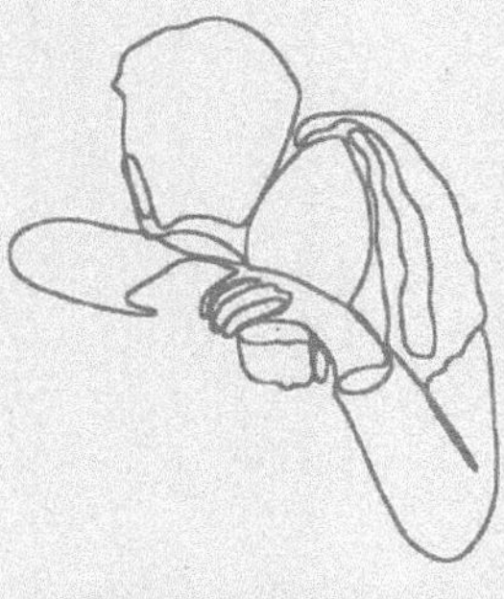

PAARTHERAPIE
für zu Hause

Das Workbook, um Beziehungskonflikte zu lösen und wieder miteinander glücklich zu werden

YES